UTB 2685

Eine Arbeitsgemeinschaft der Verlage

Beltz Verlag Weinheim · Basel
Böhlau Verlag Köln · Weimar · Wien
Wilhelm Fink Verlag München
A. Francke Verlag Tübingen und Basel
Haupt Verlag Bern · Stuttgart · Wien
Lucius & Lucius Verlagsgesellschaft Stuttgart
Mohr Siebeck Tübingen
C. F. Müller Verlag Heidelberg
Ernst Reinhardt Verlag München und Basel
Ferdinand Schöningh Verlag Paderborn · München · Wien · Zürich
Eugen Ulmer Verlag Stuttgart
UVK Verlagsgesellschaft Konstanz
Vandenhoeck & Ruprecht Göttingen
Verlag Recht und Wirtschaft Frankfurt am Main
VS Verlag für Sozialwissenschaften Wiesbaden
WUV Facultas Wien

Heinz Vater

Referenz-Linguistik

WILHELM FINK VERLAG MÜNCHEN

Der Autor:

Heinz Vater, Prof. Dr., Promotion 1962, Habilitation 1969. Associate Prof. für Linguistik des Deutschen an der Indiana University, Bloomington/In 1969-1972. 1972-1997 Professor für Deutsche Sprachwissenschaft an der Universität zu Köln. Hauptgebiete in Forschung und Lehre: Phonologie, Nominalphrasensyntax, Determination, Tempus, Valenz, Raum- und Zeitlinguistik, Textlinguistik. Veröffentlichungen u. a.: *Strukturalismus und generative Transformationsgrammatik* (1982); *Einführung in die Textlinguistik* (1992, UTB 1660); *Einführung in die Sprachwissenschaft. München*: Fink (1994, UTB 1799).

Bibliografische Information Der Deutschen Bibliothek

Die Deutsche Bibliothek verzeichnet diese Publikation in der Deutschen Nationalbibliografie; detaillierte bibliografische Daten sind im Internet über http://dnb.ddb.de abrufbar.

Gedruckt auf umweltfreundlichem, chlorfrei gebleichtem Papier

(Wilhelm Fink GmbH & Co. Verlags-KG, Jühenplatz 1, D-33098 Paderborn)
ISBN 3-7705-4186-3

Internet: www.fink.de

Printed in Germany.
Herstellung: Ferdinand Schöningh, Paderborn
Einbandgestaltung: Atelier Reichert, Stuttgart

UTB-Bestellnummer: ISBN 3-8252-2685-9

Inhaltsverzeichnis

Vorwort

Das Buch bringt einen Überblick über die zentralen Bereiche linguistischer Referenzforschung. Referenz, verstanden als Bezug sprachlicher Ausdrücke auf etwas außerhalb der Sprache (nämlich reale oder fiktive Welten bzw. Bewusstseinswelten) ist vorwiegend innerhalb der Semantik, aber auch in der Logik, Syntax, Pragmatik und Textlinguistik behandelt worden. Von daher wäre der (sonst übliche) Terminus „Referenzsemantik" als Titel dieses Buchs zu eng gewesen, wenn auch die Referenzsemantik den Kern der Darstellung bildet. Das Buch baut auf Vorlesungen an der Universität zu Köln (über Referenzsemantik, Raum- und Zeitlinguistik) und eigenen Untersuchungen (z.B. VATER 1984 und 1991a) auf. Es beginnt mit einführenden Grundannahmen, um dann speziellere Bereiche zu erfassen. Da es bis jetzt noch kein Lehrbuch zum Bereich der Referenz gibt, kann das Buch eine empfindliche Lücke füllen.

Ich danke Herrn PD Dr. Martin Neef für für wertvolle Tipps, Herrn Prof. Dr. Zons für die Anregung zur Verfassung des Bandes; Herrn Holger Reimann vom Fink-Verlag gebührt Dank für die Erarbeitung der Formatierungsvorlage und die Beratung bei technischen Problemen, Herrn Maciej Adamczyk für die umfassende Hilfe bei der Endformatierung.

Köln, Januar 2005 Heinz Vater

1. Definition von „Referenz“

1.0 Vorbemerkungen

Sprache ist nicht um ihrer selbst willen da. Sie dient dem Menschen zum Ausdruck von Empfindungen und Gefühlen, zur Kommunikation mit anderen Lebewesen (vorzugsweise mit Menschen, aber auch mit Haustieren) und dazu, Lebewesen zu einer bestimmten Verhaltensweise zu bewegen. Diese drei Funktionen der Sprache nennt BÜHLER (1934) *Kundgabe*, *Darstellung* und *Appell*. SEARLE (1969) bietet ein differenzierteres Bild der Funktionen sprachlicher Äußerungen, indem er auch Frage, Erlaubnis, Versprechen, Gruß, Dank und weitere einbezieht; er bezeichnet sie als „Illokutionen“. Illokutionen sind normalerweise mit Propositionen verbunden, die eine Prädikation und davon geforderte Argumente enthalten.[1] In einer Äußerung wird explizit oder implizit auf die der Prädikation zugrunde liegende Situation sowie auf die von den Argumenten bezeichneten Orte, Zeitintervalle und Gegenstände Bezug genommen. Diese Bezugnahme wird „Referenz“ genannt. Referenz – vorläufig als Bezug der Sprache auf die Welt zu charakterisieren – ist ein zentraler Bestandteil menschlicher Kommunikation.

Referenzlinguistik befasst sich mit Bezügen sprachlicher Ausdrücke auf Außersprachliches. Was das Außersprachliche ist, auf das Sprachausdrücke referieren, ist Gegenstand der Diskussion. Nahm man früher an, dass Sprachzeichen auf die reale Welt referieren, weitete man das später auf alle möglichen Welten aus, da man ohne weiteres auch auf Gegenstände fiktiver Welten, z.B. den Weihnachtsmann, Frau Holle oder Pegasus, referieren kann. In neuerer Zeit setzt sich mehr und mehr die Ansicht durch, dass sprachliche Ausdrücke – (vgl. BIERWISCH 1983a und JACKENDOFF (1983) – auf Einheiten einer konzeptuellen Welt bzw. einer aus unserem Bewusstsein „projizierten Welt“ referieren. Die Diskrepanzen bei der Bestimmung von Referenz hängen teilweise mit den vielfältigen Aspekten des Gegenstandes, teilweise mit dem wissenschaftlichen Ansatz zusammen. Sehr verschiedene Disziplinen haben sich mit Referenz befasst: Logik und philosophische Semantik, linguistische Semantik, Pragmatik, Syntax, Soziolinguistik, Psycholinguistik und Künstliche Intelligenz (KI). Referenz ist wohl primär ein semantisch-kognitives Phänomen. Andere Disziplinen wie Syntax haben mit Teilaspekten der Referenz zu tun.

Eine einfache Äußerung wie (1-01) enthält explizite Angaben über das Geschehen (die Situation), den Ort und die Zeit des Geschehens und die involvierten Personen bzw. Gegenstände im weiteren Sinne:

---

[1] Grüße enthalten nach SEARLE (1969) keine Proposition, was bei *hallo*, *tschüs* einleuchtet, jedoch bei *guten Tag*, *guten Abend* etc. fraglich ist.

(1-01) Peter las in der Bibliothek ein Buch.

Das Geschehen (Peters Buchlesen) ist hier explizit „verortet“ (in einer Bibliothek)[2] und „verzeitet“ (in der Vergangenheit) und involviert zwei Gegenstände, nämlich die Person *Peter* und ein Buch. Während die Verzeitung in Sprachen wie dem Deutschen oder Englischen obligatorisch ist, ist die Verortung fakultativ: *Peter las ein Buch* ist ein akzeptabler Satz des Deutschen, obwohl der Ort des Lesens nicht genannt wird.[3] Zunächst ist festzustellen, in welcher Weise sprachliche Ausdrücke referieren. Hier einige Beispiele:

(1-02) Das Seil ist dünn.
(1-03) Das Teil ist dünn.
(1-04) Das Heil ist dünn.
(1-05) Das Weil ist dünn.

Die Sätze (1-02) bis (1-05) sind in abnehmendem Maße in ihrer Referenz durchschaubar: Das adjektivische Prädikat *dünn* ist in Verbindung mit dem Subjekt *das Seil* in (1-02) leicht interpretierbar. (1-03) erfordert mehr Kontext, da *Teil* eine allgemeinere Bedeutung hat und in einer Sprechsituation auf ein Stück Holz, in einer anderen auf eine Eisenplatte oder noch einen anderen Gegenstand referieren kann. Das abstrakte Subjekt *das Heil* ist mit dem Adjektiv *dünn* nur verbindbar, wenn *dünn* keine Dimensionseigenschaft, sondern eine abstraktere (metaphorisch umgedeutete) Eigenschaft bezeichnet. (1-05) ist nur in einem sehr speziellen Kontext interpretierbar, z.B. wenn auf einen vorangehenden Satz mit der kausalen Konjunktion *weil* refereriert wird. Der Satz könnte dann bedeuten „die kausale Verknüpfung der beiden Sätze (mit *weil*) ist nur schwach begründet“. Sprachausdrücke sind nicht immer in ihrer Referenz eindeutig, wie folgendes Beispiel zeigt:

(1-06) Gesa und Ina haben ein Brüderchen bekommen. Dank dem Herrn, der über uns wohnt. (Geburtsanzeige, RÖHRICH 1980: 75)

Der witzige Charakter der Mitteilung kommt dadurch zustande, dass *Herr* referenziell ambig ist: Mit *Herr* kann Gott oder aber ein Mieter im gleichen Haus gemeint sein, wobei *wohnen* in Bezug auf Gott metaphorisch zu verstehen ist. Referieren geschieht normalerweise in Texten; erst durch den textuellen Zusammenhang sind Referenzbeziehungen erschließbar (vgl. VATER 2001³: 86ff). Referierend werden im allgemeinen nicht einzelne Wörter, sondern Phrasen oder Sätze verwendet. In einem normalen Text wird referiert. Doch gibt es auch nicht-normale Beispiele wie der in (1-07) zitierte Anfang eines Morgenstern-Gedichts zeigt. Hier kommen nur Nonsensausdrücke vor, denen keine Referenz zugeordnet werden kann:

(1-07) Kroklokwafzi, semememi, seiokrontropro
(Chr. MORGENSTERN, *Das große Lalula*)

---

2 Der bestimmte Artikel grenzt eine bestimmte Bibliothek aus.

3 Oft sind Ortsangaben impliziert; so wird in *komm*! impliziert, dass der Adressat zum Ort des Sprechers kommen soll (vgl. VATER 1996³).

1.1 Referenz und Sinn

Bereits FREGE (1892a) unterscheidet zwei verschiedene Aspekte der Bedeutung sprachlicher Ausdrücke. Leider benutzt er eine recht unglückliche Terminologie – er gebraucht „Bedeutung“ im Sinne von „Referenz“ –, die zwar im Folgenden nicht beibehalten wurde, jedoch auch nicht durch eine einheitliche geeignetere Terminologie ersetzt wurde. Zur Klärung sei hier eine Übersicht von WUNDERLICH (1974: 242) angeführt, wobei als übergeordnete Termini „Objektbezug“ und „Begriffsbezug“ gewählt wurden:

Tab. 1-1

	Objektbezug	**Begriffsbezug**
MILL (1862)	Denotation	Connotation
FREGE (1892a)	Bedeutung	Sinn
RUSSELL (1905)	Denotation	Meaning
CARNAP (1947)	Extension	Intension
BLACK (1949)	Reference	Sense

In der Logik haben sich die von CARNAP (1947) benutzten Ausdrücke „Extension“ und „Intension“ durchgesetzt, in der Linguistik (z.B. bei LYONS 1977 und darauf aufbauenden Werken) „Referenz“ und „Sinn“. Mit „Referenz“ ist Bezug auf außersprachliche „Referenten“ (vgl. LINSKY 1971 und LÖBNER 2003: 5), gemeint, mit „Sinn“ Bezug auf Innersprachliches, genauer eine semantische Abgrenzung des betreffenden Zeichens von anderen Zeichen der gleichen Sprache, so wie sie DE SAUSSURE (1916) beschrieben hat.[4]

FREGE (1892a: 40) geht davon aus, dass „a=a“ und „a=b“ Sätze von verschiedenem Erkenntniswert sind: „a=a“ gilt a priori und ist nach Kant analytisch (tautologisch, immer wahr), während „a=b“ eine wertvolle Erweiterung unserer Erkenntnis enthalten kann und nicht a priori zu begründen ist. An folgenden Beispielen Freges kann man sehen, worum es ihm geht:

(1-08) Der Sieger von Austerlitz ist der Sieger von Austerlitz.
(1-09) Der Sieger von Austerlitz ist der Verlierer von Waterloo.

(1-08) ist ein analytischer Satz, (1-09) nicht, denn er besagt, dass die Bezeichnungen *der Sieger von Austerlitz* und *der Verlierer von Waterloo* auf die gleiche Person (Napoleon Bonaparte), zutreffen, obwohl die beiden Bezeichnungen keineswegs synonym sind. Andererseits müssen synonyme Ausdrücke wie *Gynäkologe* und *Frauenarzt* (oder *Apfelsine*

4 Während SAUSSURE (1916) das Zeichen bilateral auffasst, aus einer Ausdrucksseite („signifiant“) und einer Inhaltsseite („signifié“) bestehend, sehen OGDEN / RICHARDS (1923) und MORRIS (1938) das Zeichen als monolateral an, nur aus dem Zeichenkörper (Saussures „signifiant“) bestehend, der sich auf ein (außersprachliches) Designatum bezieht; als dritten Faktor beim Gebrauch von Zeichen sehen sie den Zeichenbenutzer, so dass sich eine „Dreiecksbeziehung“ ergibt.

und *Orange*) nicht notwendig referenzidentisch verwendet werden; in (1-10) und (1-11) gibt es keinen Hinweis darauf, dass beide Frauen zum gleichen Arzt gehen:

(1-10) Maria geht morgen zum Gynäkologen..
(1-11) Auch Anna geht morgen zum Frauenarzt.

LYONS (1977: 207) unterscheidet wie BLACK (1949) „sense“ und „reference“, fügt aber noch „denotation“ hinzu:

> “By the denotation of a lexeme ... will be meant the relationship that holds between that lexeme and persons, things, places, properties, processes and activities external to the language-system.”

Statt des nicht eindeutigen „Denotation“ sollte man den Terminus „Referenzpotenzial“ wählen. Zum Referenzpotenzial von *Haus* gehören alle existierenden und denkbaren Häuser, auf die sich dies Wort beziehen kann. Das Referenzpotenzial umfasst (wie „Extension“ in Logik und Mengenlehre) die Menge aller Elemente, auf die eine Bezeichnung zutrifft. Der Sinn einer Bezeichnung dagegen besteht mengentheoretisch in der Intension, d.h. der Merkmalsmenge, durch die eine Menge gekennzeichnet ist – wie z.B. [±abstrakt], [±belebt] usw. – (vgl. ALLWOOD / ANDERSSON / DAHL 1977: 4f und VATER 1986a: 21). So lässt sich die Menge aller Teilnehmer einer Vorlesung auf zweierlei Art festlegen:

– extensional, d.h. durch Aufzählung ihrer Elemente: <Anna Assmann, Bruno Baum, Cäsar Casanova, David Dussel usw.>;
– intensional, z.B. als <„Student(in)“ & „an der Universität Köln immatrikuliert“ & „Hörer(in) der Vorlesung ‚Referenz‘“ >.

Während das Referenzpotential das einzelne Wort (i.S.v. ‚Lexem’ bzw. ‚lexikalisches Wort’) betrifft, kommt Referenz einem Ausdruck oder Satz zu, der im konkreten Äußerungskontext von einem Sprachproduzenten verwendet wird (vgl. BOGUSLAWSKI 1982, BISLE-MÜLLER 1991, MEIBAUER et al. 2002: 178); „Sinn“ ist hierin neutral, d.h. sowohl mit einzelnen lexikalischen Wörtern als auch mit (geäußerten) Ausdrücken verbunden.

1.2 Referenz und Prädikation

SEARLE (1965, 1969) betrachtet Referenz im Zusammenhang mit Sprechakten. Eine sprachliche Äußerung wird normalerweise zum Kommunizieren benutzt. Jeder Satz enthält mindestens einen Sprechakt. Ein Sprechakt besteht nach SEARLE (1965) aus mehreren Teilakten:

– dem Äußerungsakt (oder lokutiven Akt),
– dem Propositionsakt,
– dem Illokutionsakt,
– dem perlokutiven Akt.

Der Äußerungsakt betrifft das phonologische und morphologische Material und die syntaktische Struktur des betreffenden Sprechakts. Der Illokutionsakt – der im Zentrum von Searles Untersuchungen steht – betrifft die Funktion der Äußerung als Bitte, Befehl, Aussage, Frage, Erlaubnis usw. Der Perlokutionsakt (den Searle vernachlässigt) betrifft globale Intentionen des Sprechers, z.B. ob er den Adressaten informieren oder irritieren will (vgl. SEARLE 1965:221).[5] Der Propositionsakt betrifft den zugrundeliegenden , also das, was bei Verbindung mit der Illokution „Aussage" wahr oder falsch sein kann. Proposition und Illokution sind nach SEARLE (1965 und 1969) untrennbar miteinander verbunden; eine Proposition wird normalerweise nicht ohne illokutive Funktion geäußert; eine Illokution ist an einen Propositionsakt gebunden, es sei denn, man wählt einen nicht-sprachlichen Äußerungsakt, z.B. indem man sich an die Stirn oder dem Adressaten auf die Schulter tippt.

Proposition und Illokution können unabhängig voneinander variieren:

(1-12) Fritz liest die Zeitung.
(1-13) Liest Fritz die Zeitung?
(1-14) (Fritz!) Lies die Zeitung!
(1-15) Komm her! (1-16) Geh! (1-17) Leg dich hin!

In (1-12) – (1-14) variiert die Illokution bei gleicher Proposition, in (1-15) – (1-17) die Proposition bei gleicher Illokution. Der Propositionsakt teilt sich bei SEARLE (1969) in einen Referenz- und einen Prädikationsakt. Diese auf der Subjekt-Prädikat-Strukturierung aufbauende Einteilung lässt außer Acht, dass auch innerhalb der Prädikation referiert wird (vgl. VATER 2001[3]: 93f):

(1-18) Paul kennt Maria.
(1-19) Dem Jungen war komisch zumute.
(1-20) Es regnet / schneit / dämmert.

In (1-18) referiert außer dem Subjekt auch das Objekt, im subjektlosen Satz (1-19) nur das Objekt, in (1-20) referiert (im Sinne von SEARLE 1969, LYONS 1977, THRANE 1980 u.a.) gar nichts; das unpersönliche *es* wird hier nicht-referierend gebraucht; man kann nicht fragen: *Wer regnet* etc.?, während man bei *Es weint* fragen kann *Wer weint*? und als Antwort z.B. *Das Kind* bekommt. Nimmt man mit DAVIDSON (1967) u.a. Ereignis- bzw. Situationsreferenz an (vgl. 5.), dann referiert (1-20), aber gerade nicht im Subjekt *es*: Die Situationsreferenz enthält hier keine Dingreferenz. SEARLE (1983: 220ff) hat sein Referenz-Konzept modifiziert. Die Sprechakteinteilung in Referenz- und Prädikationsakt findet sich

---

5 SEARLE (1965 und 1969) unterscheidet nicht klar zwischen (intendiertem) Perlokutionsakt und (nicht notwendig intendiertem) perlokutivem Effekt. So sollte das von Searle genannte „Langweilen" eher als Beispiel für einen perlokutiven Effekt als für einen perlokutiven Akt dienen.

dort jedoch noch wie auch in neueren textlinguistischen Darstellungen (z.B. bei BRINKER 1999³: 24).[6]

Es sind charakteristischerweise Sätze, mit denen man auf Situationen referiert. Doch werden auch Nominalisierungen zur Situationsreferenz benutzt; vgl. *In der Verhandlung wiederholte Peter seine Aussage*, wo auf drei Situationen referiert wird: die Gerichtsverhandlung, die Aussage und das Wiederholen der Aussage.

1.3 Referenz und Deixis

„Referenz" und „Deixis" sind in ihrem jeweiligen Wirkungsradius und ihrer Beziehung zueinander kurz zu erklären. Dabei soll bei Referenz insbesondere auf FREGE (1892), LYONS (1977), BIERWISCH (1983a), JACKENDOFF (1983) SCHWARZ (1992) und GEIGER (1995a) Bezug genommen werden, bei Deixis auf BÜHLER (1934), RAUH (1983a/b) und EHRICH (1992). Unterschiedliche Deixis-Auffassungen diskutiert BLÜHDORN (1993, 1995) und stellt seinen eigenen Ansatz zur Behandlung von Deixis vor (ähnlich auch BERDYCHOWSKA 2002). Zur deiktischen Referenz (inkl. indirekte Deixis und Anapher) vgl. auch CONSTEN (2004).

„Referenz" betrifft nach LYONS (1977: 206) den Teil der Bedeutung sprachlicher Ausdrücke[7], der den Bezug zu ihren außersprachlichen Gegenstücken – den „Referenten" – betrifft. Referenz ist das Verhältnis der Zeichen zu den durch sie bezeichneten „Referenten" in der Welt. Referenz ist scharf zu trennen von einem andern Bedeutungsteil, dem „Sinn", der den Bezug zu anderen sprachlichen Ausdrücken im gleichen Sprachsystem betrifft (vgl. 1.1). Mit einem Ausdruck referiert der Sprachproduzent[8] in einem konkreten (sprachlichen und situativen) Kontext (vgl. LINSKY 1971: 76) – weshalb Referenz immer ein subjektives Phänomen ist (vgl. GEIGER 1995a: 12) –, während der Sinn einem Ausdruck auf Grund seiner lexikalischen Struktur (d.h. seines Aufbaus aus Lexikoneinheiten) anhaftet. *Haus* als lexikalische Einheit (Wörterbucheinheit) hat einen Sinn, aber keine Referenz, sondern nur ein Referenzpotential (nach LYONS 1977: 207 „denotation"). Referenz hat *Haus* nur als Bestandteil eines Ausdrucks innerhalb einer Äußerung wie in (*Ich sehe)*

---

6 Ähnlich sieht FREGE (1892b: 67) den Begriff als prädikativ an, als „Bedeutung eines grammatischen Prädikats". Ein „Gegenstandsname" referiert, ein Prädikat nicht. In *Der Morgenstern ist die Venus* haben wir zwei Eigennamen, aber der zweite ist Teil des Prädikats und referiert nicht. Das Prädikat *ist die Venus* bezeichnet einen Begriff, unter den hier nur ein einziger Gegenstand fällt. Dass „der bestimmte Artikel immer auf einen Gegenstand hinweist, während der unbestimmte ein Begriffswort begleitet" (FREGE 1892b:69), ist zu bestreiten.

7 „(Sprachlicher) Ausdruck" ist eine zusammenfassende Bezeichnung für eine sprachliche Sequenz, die im Minimalfall aus einem einzigen Wort besteht, im Maximalfall aus einer Phrase oder einem Satz.

8 „Sprachproduzent" ist der zusammenfassende Terminus für „Sprecher" und „Schreiber"; „Sprachrezipient" fasst „Hörer" und „Leser" zusammen.

ein Haus. Dabei sieht die neuere Referenzforschung Referenz als Prozess, als Teil des Sprechakts, an (vgl. SCHWARZ (1995: 462). In der Referenzforschung werden vor allem folgende Fragen diskutiert:

- Welche sprachlichen Ausdrücke (können) referieren?
- Worauf wird referiert? Anders ausgedrückt: Wo sind die Referenten sprachlicher Ausdrücke anzusiedeln?
- Wann sind zwei oder mehr sprachliche Ausdrücke „koreferent", d.h. wann und wie referieren sie auf den gleichen Referenten?
- Welche anderen Relationen zwischen referenziellen Ausdrücken kommen vor, und wie werden diese Relationen markiert?

Deixis läßt sich definieren als Referenz auf die Sprechsituation bzw. ihre Bestandteile.[9] BÜHLER (1934; vgl. 1965^2: xxxii) legt dar, wie der Mensch als Sprecher sich als primären Bezugspunkt setzt; er spricht vom „hier-jetzt-ich-System der subjektiven Orientierung". Darin bezeichnet das „Zeigwort" *ich* den Sprecher, *hier* den Ort des Sprechers, *jetzt* die Zeit des Sprechvorgangs. Entsprechend gibt es „Zeigwörter" für den Adressaten und seinen Ort, nämlich *du* und *da*; dem Adressaten lässt sich jedoch nicht ein besonderer Zeitabschnitt zuordnen, jedenfalls nicht beim gesprochenen Dialog, der Simultaneität impliziert: *jetzt* gilt gleichzeitig für Sprecher und Hörer. Ich, Hier und Jetzt sind psychologisch und sprachlich bestimmbare Größen mit dem Ego des Sprechenden als primärem Bezugspunkt. Deiktika sind variable Bezeichnungen: *Ich* wechselt von Sprecher zu Sprecher, *du* von Adressat zu Adressat, was Kindern bei der Spracherlernung Schwierigkeiten macht; sie sehen oft nicht ein, dass jemand anders als es selbst sich *ich* nennen darf. Neben der (bisher besprochenen) von BÜHLER (1934) „demonstratio ad oculos et ad auros" genannten Deixis gibt es noch abgeleitete Deixisarten. Dazu gehören nach BÜHLER (1934:121ff.) Anaphorik und „Deixis am Phantasma" (vgl. dazu die Diskussion in CONSTEN 2004:22–26). BÜHLER (1934:121) gibt eine historische Erklärung für die Einbeziehung der Anaphorik in die Deixis:

> „Man weist mit *dieser* und *jener* (oder *hier* und *dort* u. dgl. m.) auf soeben in der Rede Behandeltes zurück, man weist mit *dér* (*derjenige*) und anderen Zeigwörtern auf sofort zu Behandelndes voraus. Das heißt von alters her Anaphora. Wer sie in ihrem ganzen Bereich ausmessen will, darf nicht vergessen, das Moment des Zeigens auch in solchen Wörtern noch aufzusuchen, wo es mit spezielleren grammatischen Funktionen verquickt ist. So enthalten nicht nur die Relativpronomina im engeren Sinne des Wortes, sondern auch die Konjunktionen ein Moment des Zeigens, und zwar eines Zeigens auf etwas, was nicht an Plätzen des Wahrnehmungsraumes, sondern an Plätzen im Ganzen der Rede aufgesucht und vorgefunden werden soll. Ich verweise zur Illustration etwa auf das deutsche *da* in den verschiedenen Funktionen, die es allein und in Verquickung mit an-

9 In Anlehnung an den BÜHLERschen Ansatz vertritt BERDYCHOWSKA (2002:13) eine prozedurale Deixis-Auffassung, die „kommunikativ pragmatisch", bestimmt ist und „kommunikativ-kognitiv interpretiert" wird. Und an anderer Stelle (2002: 25): „In der Fortsetzung der BÜHLERschen Tradition wird die Deixis als Prozess des Zeigens auf Größen der außersprachlichen Realität betrachtet". Zur soziolinguistischen Deixis-Auffassung vgl. auch JAWORSKI (1983).

> deren Partikeln erfüllt. Es ist im Wahrnehmungsfeld ein Positionszeigwort; es wird anaphorisch in *darum = deshalb* und in dem (sowohl sachzeitlich wie anaphorisch verwendeten) *danach*; und schließlich erscheint es isoliert wieder als Konjunktion in Begründungssätzen (=*weil*), womit ihm aber das anaphorische Moment (zurück oder vorwärts) keineswegs verloren gegangen ist."

Ich halte Bühlers Entscheidung für problematisch. Für mich gehört Anaphorik[10] zwar mit zur Referenz, aber nicht zur Deixis . Hier je ein Beispiel für Anaphorik und Kataphorik:

(1-21) Paul ist da. Er will dich sprechen.
(1-22) Als er abdankte, war Ludwig I. ein verbitterter Mann.
(BUSSMANN 2002³: 326)

In (1-21) bezieht sich *er* auf vorangehende Information und wird „Anaphora" genannt, während sich *er* in (1-22) auf folgende Information bezieht und „Kataphora" genannt wird. Ich halte diese Verwendungsweisen nicht für deiktisch, da nicht auf den Text (als Bestandteil der Situation) verwiesen wird, sondern auf einen Referenten außerhalb des Textes (vgl. THRANE 1980): Koreferente Ausdrücke verweisen auf den gleichen außersprachlichen Referenten. Man muss berücksichtigen, dass BÜHLER 1934 das „Referenz"-Konzept nicht zur Verfügung stand, so dass „Deixis" bei ihm in einem weiteren Sinne gebraucht wird.

Als dritten „Zeigemodus" unterscheidet BÜHLER (1934: 123) die „Deixis am Phantasma", bei der nicht der Sprecher als Bezugspunkt genommen wird, sondern ein imaginärer Punkt in der Fantasie bzw. der Erinnerung. Bühler argumentiert folgendermaßen:

> „So wie ein gläubiger Christ *hier* sagt und das ganze Diesseits (die Erdoberfläche oder mehr noch) einschließt, mag einer, der in geologischen Zeitmaßen denkt, in ein 'jetzt' die ganze Periode nach der letzten Eiszeit einschließen. Und genau so wie das Hier kann auch das Jetzt im Phantasma an eine beliebige Stelle versetzt werden ... ."

Hier einige Beispiele:

(1-23) *Hier* liegt Basra. (Sprecher zeigt auf Landkarte)
(1-24) „Auch diese Ehe dauert nicht, doch findet sich C. [Colette, H.V.] *jetzt* auf der Höhe ihrer Kunst." (PONGS, *Das kl. Lexikon der Weltlit.*, 355)

---

10 HALLIDAY / HASAN (1976: 33) prägen den Anaphorik und Kataphorik zusammenfassenden Terminus „endophora", der sich jedoch nicht eingebürgert hat. Deixis bezeichnen sie als „exophora" („Verweisen aus dem Text heraus"). Die Auffassung, dass man beim „endophorischen" Verweisen auf Teile des Textes verweist, weist THRANE (1980: 10) als inadäquat zurück.

1.4 Das Gedächtnis

Konzepte sind nicht isoliert gespeichert, sondern durch verschiedene Relationen mit anderen Konzepten zu Schemata verknüpft (SCHWARZ 1996²: 91). Bei der Sprachverarbeitung (d.h. Sprachproduktion oder -rezeption) werden Konzepte bzw. Schemata dem Langzeitgedächtnis entnommen und aktiviert (d.h. im Arbeitsspeicher verarbeitet). In der Kognitionswissenschaft nimmt man seit ATKINSON / SHIFFRIN (1968) als Gedächtnisspeicher das Ultrakurzzeitgedächtnis (UKZG), das Kurzzeitgedächtnis (KZG) und das Langzeitgedächtnis (LZG) an, letzteres oft unterteilt in semantisches und episodisches Gedächtnis (vgl. TULVING 1972 und 1983).[11]

Abb. 1.1 Das Gedächtnis

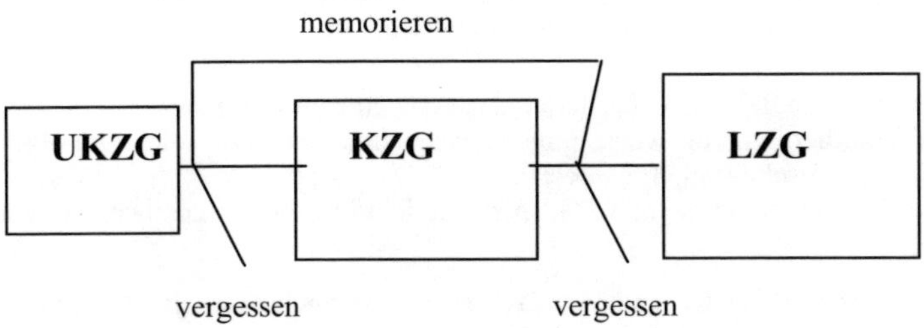

Das UKZG ist ein ikonischer kurzfristiger Speicher, in dem sich Reize für den Bruchteil einer Sekunde befinden. Aufgenommene Informationen werden noch nicht bewusst gespeichert. Bewusst wird ein Reiz erst oberhalb der Bewusstseinsschwelle von 250 Millisekunden. Danach gelangt er in das KZG (den „Arbeitsspeicher"). Das KZG kann nach MILLER (1956) ungefähr sieben Elemente (± zwei) simultan speichern. Sie bleiben nur so lange im KZG, wie man ihnen bewusste Aufmerksamkeit schenkt (WETTLER 1980: 17), z.B. wenn man eine Telefonnummer so lange vor sich hinspricht, bis man sie gewählt hat. Unterbricht man das Memorieren oder wird man gestört, vergisst man die Nummer.

Das LZG ist ein permanenter Speicher. Der Teil des LZG, in dem Wörter mental repräsentiert sind, wird „mentales Lexikon" genannt.[12]] Experimenten von BADDELEY (1964) zufolge wird beim Übergang vom KZG ins LZG nicht die Gedächtnisspur des KZG kopiert. Die Repräsentation von *Schimmel* ist im KZG die gleiche für „weißes Pferd" und „Schimmelpilz". Im LZG wird für jedes dieser beiden Homonyme eine unterschiedliche Gedächtnisspur aufgebaut. Nach ATKINSON / SHIFFRIN (1968) ist die Verarbeitung von Reizen ein gerichteter Prozess, bei dem der Reiz vom UKZG ins KZG, von da ins LZG

---

[11] Zur Struktur des semantischen Gedächtnisses vgl. SCHWARZ (1996²:78ff.) und RICKHEIT / STROHNER (1993), zum Verhältnis zwischen Gedächtnis und Computer JOHNSON-LAIRD (1980 und 1988).

[12] Ausführlich dargestellt wird das mentale Lexikon in AITCHISON (1987) und HANDKE (1995); vgl. auch SCHWARZ (1996²: 84).

übertragen wird. Sie vernachlässigen, dass das LZG diese Prozesse steuert, wie die „Wahrnehmungsabwehr“ bezeugt: Bei visueller Vorgabe von Wörtern ist die minimale Darbietungszeit für das richtige Erkennen bei sozial tabuisierten Wörtern bedeutend höher als bei neutralen (vgl. z.B. *Arsch* vs. *Barsch*).

Die Aufnahme des Worts ins KZG wird also von dem im LZG gespeicherten Wissen über Bedeutung und soziale Akzeptierbarkeit dieses Worts mitbestimmt. Nach WETTLER (1980:18) kann man viele Ergebnisse von Experimenten nach dem Modell von ATKINSON / SHIFFRIN (1968) trotz dessen Einseitigkeit sinnvoll interpretieren. Es gibt physiologische Hinweise auf eine Gliederung des Gedächtnisses. Offenbar entsteht im LZG die Gedächtnisspur durch Eiweiß-Moleküle, die Erregungsübertragungen zwischen Nervenzellen steuern. Modelle wie das von ATKINSON / SHIFFRIN (1968) sind nicht als Abbild neuronaler Prozesse zu interpretieren, sondern als psychologische Konstrukte, die Verhalten erklären. Die Hauptunterschiede zwischen KZG und LZG sind folgende:

- Das KZG hat eine begrenzte Kapazität, das LZG eine unbegrenzte.
- Das KZG kodiert vorzugsweise physikalische und phonologische Charakteristika, das LZG semantische (vgl. *Schimmel*).
- Beim LZG, nicht jedoch beim KZG, spielt die Synthese gewisser Eiweißenzyme eine Rolle.

Vor der detaillierteren Behandlung von „Referenz“ ist noch eine „Begriffsklärung“ zu leisten, genauer: eine terminologische Klärung in Bezug auf *Wort* und *Begriff*.

2. Exkurs: Wort und Begriff

Denn eben, wo Begriffe fehlen,
Da stellt ein Wort zur rechten Zeit sich ein.
(GOETHE, *Faust I*, Schülerszene)

Seit einigen Jahren werden *Wort* und *Begriff* in deutschen Medien (in Zeitungen wie im Radio und Fernsehen) zunehmend häufiger verwechselt. Da wird in einer Talkshow jemandem vorgeworfen, er habe „einen falschen Begriff verwendet"; da ist von einem „englischen Begriff" die Rede (vgl. (2-01)); da werden sogar Begriffe „falsch übersetzt" oder „auf der Zunge getragen" (vgl. (2-02)):

(2-01) *Shrimp* ist der englische Begriff für kleine Garnelen.
(WDR III, 7.12.98, 6^{10}, *Lebensmittelreport*)

(2-02) Mal ist Berlin Wissenschafts-, mal Wirtschaftsstandort. Nun sogar Kunststandort. Den Begriff tragen Kulturpolitiker auf der Zunge.
(Frank FLESCHNER, „Stürmische Zeiten auf der Sonne", *Berliner Zeitg.*, 30.9.98:13)

Ja, ein Begriff kann sogar buchstabiert werden:

(2-03) Diesen Begriff müssen die Gewerkschaften noch buchstabieren lernen.
(WDR III, 8.12.93, 7^{15}, *Themen des Tages*)

In einer Broschüre kann man lesen, dass ein Begriff etwas „bedeutet":

(2-04) „TAI CHI ist ein Begriff der alten chinesischen Philosophie und bedeutet 'Firstbalken', im übertragenen Sinne 'höchstes Gesetz'."
(*tai chi chuan* – der authentische Yang-Stil, ITCCA-Schule A. HEYDEN, S.3)

Diese Verwechslung von *Wort* und *Begriff* findet man auch im akademischen Bereich – in Referaten von Studenten (vgl. (2-05)) wie in Büchern von Professoren (vgl. (2-06)), sogar im geisteswissenschaftlichen Bereich, wo *Wort* und *Begriff* doch zum täglich Brot gehören.

(2-05) "... obwohl der Begriff *Fuß* bislang in Untersuchungen des Deutschen kaum systematisch gebraucht wurde" (J. SCHMOLL 1998:3)

(2-06) Während sich noch im Herbst 1945 in offiziellen Veranstaltungen und Veröffentlichungen der CDU der Ausdruck Christlicher Sozialismus immer stärker durchgesetzt hatte, wandte sich vor allem Konrad Adenauer ... schon früh gegen den Begriff Sozialismus in der CDU.
(STÖTZEL / WENGELER 1995, *Kontroverse Begriffe*, 37)

Hier wird „Ausdruck“ adäquat als Bezeichnung für eine größere sprachliche Einheit verwendet (vgl. 1.), während das Wort *Sozialismus* – ein Bestandteil des vorerwähnten Ausdrucks *Christlicher Sozialismus* – zum „Begriff“ wird.[13]

So schwer sich das Wort *Wort* definieren lässt, kann man doch mit Sicherheit sagen: Wort ist eine Spracheinheit, die kleinste (atomare) Einheit der Syntax, die größte (maximale) Einheit der Morphologie (vgl. VATER 2002[4]: 101). Die Syntax hat es mit dem Aufbau von Phrasen und Sätzen aus Wörtern zu tun, die Morphologie (in Flexion und Wortbildung) mit dem internen Aufbau von Wörtern. Das gilt unabhängig davon, ob man annimmt, dass Wörter aus kleineren Einheiten (den Morphemen) aufgebaut sind.[14]

Zu unterscheiden ist zwischen lexikalischem und flexivischem Wort. Ein flexivisches Wort ist ein Wort in seiner konkreten Form, z.B. *Haus*, *Hauses*, *Häuser*. Ein lexikalisches Wort ist eine abstrakte Einheit, die immer nur in einem flexivischen Wort realisiert wird. Da man in einem Wörterbuch – wo es um lexikalische Wörter geht – solche abstrakten Einheiten sichtbar machen muss, gebraucht man „Nennformen“: eins der flexivischen Wörter wird dazu ausersehen, das lexikalische Wort zu repräsentieren. Bei Substantiven wird das flexivische Wort im Nominativ Singular (das die am wenigsten markierte Form im ganzen Paradigma darstellt), also z.B. *Haus*; bei Verben im Deutschen der Infinitiv (z.B. *lieben*) als Nennform benutzt.[15] Was man „lexikalische Bedeutung“ nennt, ist gewöhnlich einem lexikalischen Wort zugeordnet, das einfach sein kann (vgl. *Haus*), aber auch abgeleitet (vgl. *häus-lich*) oder zusammengesetzt (*Holz-haus*; *Bau-haus*; *Hoch-haus*). Doch kommt es oft genug vor, dass eine lexikalische Bedeutung nicht einem einzelnen (einfachen oder komplexen) Wort zugeordnet ist, sondern einer Phrase:[16] *roter Faden*, *rote Bete*[17], *kleine Anfrage*, *im großen und ganzen*, *Schlange stehen*, *den kürzeren ziehen*, *jemandem den Garaus machen* etc.

Gerade dadurch, dass hier eine lexikalische Bedeutung (der als kognitive Einheit ein Begriff entspricht)[18] mit einer größeren Einheit als einem Wort gekoppelt ist, entsteht bei manchen Sprechern des Deutschen der Eindruck, dass es sich in Fällen wie *Schlange ste-*

13 Zur Ehrenrettung der Autoren kann man sagen, dass sie im Buch meist richtig von „Wörtern“, „Vokabeln“ oder „Ausdrücken“ sprechen, wenn sie den Gebrauch von Wörtern oder Wendungen diskutieren. So bringen sie S.33f eine Liste, die „Beleg- und Stichwörter“ überschrieben ist.

14 ANDERSON (1992), NEEF (1996) u.a. teilen Wörter nicht in Morpheme.

15 Im Lateinischen bildet die 1. Pers. Sing. Präsens die Nennform (z.B. *amo*).

16 Eine Phrase ist eine syntaktische Einheit zwischen Wort und Satz (vgl. VATER 1999[3]:110f).

17 Da mich der Rechtschreib-Duden hier im Stich ließ, kaufte ich ein Glas mit dem betreffenden Gemüse und las die Aufschrift.

18 Die Frage, ob neben der semantischen Struktur (mit lexikalischen Bedeutungseinheiten) auch eine gesonderte konzeptuelle Struktur (mit Konzepten als Einheiten) anzunehmen sei, ist noch nicht entschieden (vgl. BIERWISCH 1983, SCHWARZ 1992, LANG 1994).

hen um Begriffe handle.[19] Als neutraler Terminus für eine sprachliche Sequenz, der eine lexikalische Bedeutungseinheit zugeordnet ist, steht *Ausdruck* zur Verfügung (vgl. Fn. 7). Im Titel einer sprachwissenschaftlichen Abhandlung wie der folgenden dürfte daher *Begriff* keineswegs vorkommen:

(2-07) *Kontroverse Begriffe. Geschichte des öffentlichen Sprachgebrauchs in der Bunderepublik Deutschland.*

(Titel eines Buchs von G. Stötzel, / M. Wengeler 1995)

Hier geht es explizit um „öffentlichen Sprachgebrauch“; *Deutschland*, *Ossi* und *Wessi* (S.334ff) sind eindeutig **Wörter**, *Bundesrepublik Deutschland*, *staatliche Einheit* und *geistig-moralische Zusammenführung* (S. 336f) sind Phrasen (im linguistischen Sinne). Insgesamt wäre also **Ausdrücke** angebracht. Die inadäquate Gleichsetzung von *Begriff* und *Wort* wird – ausgerechnet mit Bezug auf die „Gesellschaft für deutsche Sprache“ – besonders deutlich in einer „Zeitzeichen"-Sendung des WDR:

(2-08) "... wählte die Gesellschaft für deutsche Sprache in Wiesbaden den Begriff *Sozialabbau* zum Wort des Jahres."

(WDR III, *Zeitzeichen*, 20.1.1999, 13[10])

Wie Goethe (s. obiges Motto) machten auch die meisten deutschen Philosophen einen klaren Unterschied zwischen *Wort* und *Begriff*. Frege widmete dem Begriff mehrere Aufsätze, wobei er „Begriff“ von „Bedeutung“ deutlich unterschied.[20] FREGE (1892, zitiert nach 1962: 66) musste sich bereits mit „Begriffsverwirrung“ herumschlagen, wenn auch nicht mit der Verwirrung, um die es hier geht:

> „Das Wort ‚Begriff‘ wird verschieden gebraucht, teils in einem psychologischen, teils in einem logischen Sinne, teils vielleicht in einer unklaren Mischung aus beiden.“

FREGE (1892; 1962: 66f; vgl. auch FREGE 1891) entscheidet sich für „einen rein logischen Gebrauch“ und definiert Begriff als „Bedeutung eines grammatischen Prädikats“, also als etwas durch Sprache Bezeichnetes, nicht als (sprachlich) Bezeichnendes.[21] Frege unterscheidet klar zwischen *Begriff* als Denkeinheit und *Wort* als Spracheinheit. Der Begriff ist die kleinste Einheit des Denkens (die man sich jedoch durchaus als strukturiert vorstellen kann); *Begriff* wird in der Psychologie und der Künstlichen Intelligenz synonym mit *Konzept* verwendet. MORIK (1993: 250) definiert *Begriff* als „eine mentale, kognitive Einheit,

19 Dieser falsche Eindruck entsteht oft bei komplexen Wörtern. Ein Journalist wollte mir nicht glauben, dass man täglich neue Wörter in der Zeitung findet. Beispiele wie *Atomabkommen*, *Kennedy-Besuch* oder *Zieh-dich-gut-an-Tag* waren für ihn „keine Wörter, sondern Begriffe“.

20 Vgl. FREGE (1891, 1892) (wieder in FREGE 1962, hg. von G. PATZIG).

21 Vgl. auch MEIXNER (2004: 160), der im Anschluss an Frege Begriffe als „stets prädikativ, also ungesättigt“ bezeichnet.

die sich auf eine Kategorie bezieht."[22] Begriffsbildung kann in mehrere Phänomenbereiche unterteilt werden:

> „Die Aggregation gruppiert Objekte, Ereignisse und Sachverhalte der Welt in Klassen oder Kategorien. Eine Kategorie ist die Extension eines Begriffs. Die Charakterisierung beschreibt eine Kategorie, so daß für neue Objekte entschieden werden kann, in welche Kategorie sie gehören. Die intensionale Beschreibung der Kategorie dient also zur Bestimmung der Klassenzugehörigkeit." (MORIK 1993: 250)

Wir klassifizieren ein Objekt als Würfel, wenn es dreidimensional ist, von sechs gleichen Quadraten begrenzt ist und zwölf gleiche Kanten hat. Wir bilden dabei einen Begriff, der diese Merkmale enthält. Ein Begriff als kognitive Einheit ist weder ein Gegenstand (z. B. der Würfel in unserer Hand) noch ein Wort: Das deutsche Wort *Würfel* und das englische Wort *cube* bezeichnen denselben Begriff. *Shrimp* in (2-01) ist kein englischer Begriff, sondern ein englisches Wort. Oft steht für einen Begriff kein sprachlicher Ausdruck zur Verfügung. Beim Kind geht Begriffsbildung der Wortbildung voraus. Auch Tiere sind zur Begriffsbildung (zum mindesten i. S. v. Aggregation) fähig. Ich kann auf Mäuse verweisen, die in meiner Wohnung eine Zigarettenpackung so anfraßen, dass sie den Tabak vernachlässigten und nur Löcher in das Papier bissen. Sie unterschieden zwischen dem, was für sie bekömmlich war, und dem, was nicht bekömmlich war, obwohl sie sicher nicht imstande waren, diese beiden Kategorien zu benennen.

Die Ähnlichkeit von Objekten reicht zur Bildung einer Kategorie nicht aus.[23] Merkmale sind nicht vorgegeben, sondern stammen nach MORIK (1993: 252) aus der Wahrnehmung.[24] Zur Charakterisierung eines Begriffs könnten im Prinzip unendlich viele Merkmale herangezogen werden. Weitere Einschränkungen sind nötig. Bei der Charakterisierung kann (wie bei der Kategorienbildung) „die Definition anderer Begriffe zur Auswahl der Merkmale herangezogen werden" (MORIK 1993: 252). Bei Alltagsbegriffen werden auch Handlungen zur Charakterisierung herangezogen. Etwas wird z.B. als Tasse eingeordnet, wenn man daraus trinken kann (MORIK 1993: 254).

Gott sei Dank wird gelegentlich noch zwischen einem Begriff und seiner sprachlichen Benennung deutlich unterschieden:

---

22 Vgl. hierzu auch STRUBE et al. (1993: 319): „Begriffe schaffen Ordnung in unserem Denken dadurch, daß sie Klassen von Objekten mit gemeinsamen Eigenschaften bereitstellen."

23 Ich muss bei zwei Socken, die für mich bei Lampenlicht gleich bzw. ähnlich aussehen, bei Tageslicht überprüfen, ob sie farblich übereinstimmen, also z.B. beide zur Kategorie „schwarze Socken" gehören.

24 Wahrnehmung ist offenbar gattungsspezifisch. MORIK (1993:252) sagt: „Land hat gezeigt, daß die Farbwahrnehmung nicht nur auf der Wellenlänge beruht, sondern ebenso auf der Textur des Objekts und der Lichtreflexion [Land 1983]. ... Ein Vogel mag Farben anders erfahren."

(2-09) Wir beide haben einen unterschiedlichen Begriff von dem, was wir 'Sozialpolitik' nennen.
(K. Escher in *Christiansens Talkmagazin*, ARD, 11.10.1998, 22^{20})

Wort ist eine Spracheinheit, *Begriff* dagegen eine Einheit des Denkens. Ein Wort (oder ein sprachlicher Ausdruck aus mehreren Wörtern) kann einen Begriff wiedergeben, ist aber kein Begriff. Es ist darauf hinzuweisen, dass diese Verwechslung eine rein deutsche Angelegenheit ist. Es lässt sich nicht beobachten, dass ein Anglophoner *concept* statt *word* oder dass ein Frankophoner *concept* statt *mot* verwendet. Möglicherweise hat jedoch der unter englischem Einfluss erfolgte Gebrauch von *Konzept* in deutschsprachigen psychologischen Arbeiten dazu beigetragen, *Begriff* (dessen Synonymie mit *Konzept* offenbar vielen deutschen Sprechern/Schreibern nicht bekannt ist) als Bezeichnung für eine Spracheinheit umzufunktionieren.

Bei der Behandlung von Referenz, wie auch bei der Diskussion des Verhältnisses von Sprache und Denken und generell bei jeder sprachpsychologischen Erörterung ist eine klare Unterscheidung von *Begriff* und *Wort* unerlässlich (vgl. dazu VATER 1999).

3. Zur Referenzforschung

Verschiedene Disziplinen – innerhalb und außerhalb der Linguistik – befassen sich mit Referenz: Logik und philosophische Semantik, Syntax, linguistische Semantik, Pragmatik, Soziolinguistik, Psycholinguistik und Künstliche Intelligenz (KI). Zielsetzung und Methodik der einzelnen Disziplinen bestimmen dabei weitgehend die Art und Weise, in der Referenzphänomene behandelt werden. So steht in der Logik die Frage im Vordergrund, wie mit Hilfe referierender Ausdrücke wahre Aussagen zustande kommen, während man in der Syntax Regularitäten in Bezug auf syntaktische Konstruktionen (z.B. Infinitive und Proformen) anhand von Referenzeigenschaften sprachlicher Ausdrücke ermittelt und in der Semantik Referenzpotentiale von Wörtern und Referenzeigenschaften sprachlicher Ausdrücke untersucht. Der Sprechakttheorie geht es um Bedingungen für erfolgreiches Referieren, der Psycholinguistik um Strategien von Sprecher und Hörer beim Referieren bzw. Interpretieren referierender Ausdrücke. Natürlich gibt es Einflüsse einer Disziplin auf andere Disziplinen (so wurde die semantische Referenzanalyse weitgehend von der logischen Analyse geprägt) und natürlich gibt es in jeder Disziplin verschiedene Ansätze, die verallgemeinernde Aussagen erschweren. Im Folgenden sollen einige für die Behandlung von Referenz typische Vorgehensweisen dargestellt werden, wobei auf (teilweise noch nicht gelöste) Probleme hinzuweisen ist. Neuere philosophische Studien zur Referenz wie GEIGER (ed.) (1995) und TEXTOR (ed.) (2004) werden in Kap. 6. eingehender diskutiert.

3.1 Logik und philosophische Semantik

3.1.1 Formale Logik

Nach KLAUS / BUHR (1975[11]: 720) erforscht die formale Logik

> „die extensionalen Gesetze der Verknüpfung von Aussagen, der Bildung und Verknüpfung von Begriffen in Gestalt von einstelligen Prädikaten und zwei- oder mehrstelligen Prädikaten (Relationen), liefert die Grundlagen für die Lehre von den Schlüssen, der deduktiven Methode und der Definition und findet ihre Krönung in der Axiomatik.“

Während die Aussagenlogik die Verknüpfung von Sätzen mit Konnektoren wie *und*, *oder* oder dem Negations-Operator hinsichtlich ihrer Wahrheitswerte untersucht, befasst sich die **Prädikatenlogik** mit der inneren logisch-semantischen Struktur von Sätzen. Ein Satz wird zerlegt in Prädikat und Argumente. Prädikate unterscheiden sich nach der Zahl ihrer Argumente:

(3-01)	K(x)	„klug sein"	(einstellig)
(3-02)	L(x,y)	„lieben"	(zweistellig)
(3-03)	G(x,y,z)	„geben"	(dreistellig)

Die in natürlichen Sprachen feststellbare **Valenz** von Verben, Adjektiven und Substantiven spiegelt logische Eigenschaften von Prädikaten, doch nicht in 1:1-Relation. So ist das logisch zweistellige Prädikat *essen* im Deutschen zwar zweiwertig, doch ist eine der geforderten Ergänzungen (das Objekt) fakultativ: *Paul isst.*[25] Notiert werden Prädikate mit Großbuchstaben für das Prädikat selbst und eingeklammerten kleinen (durch Komma getrennten) Buchstaben für seine Argumente. Die Argumente in (3-01) – (3-03) sind Variable, bezeichnet durch die letzten Buchstaben des Alphabets. Prädikate mit Variablen haben keinen Wahrheitswert. Durch Einsetzung von Konstanten werden aus Prädikaten Sätze mit Wahrheitswerten.[26] Sätze werden aus Prädikaten auf drei Arten gebildet:

- durch Einsetzung von Eigennamen (EN), gewöhnlich bezeichnet durch die ersten Buchstaben des Alphabets oder mit Index (vgl. „x_1"):

(3-04) L(a,b) Hans liebt Grete.

- durch Bindung der Variablen an einen Quantor:[27]

(3-05) $\forall x\ M(x) \rightarrow S(x)$ Alle Menschen sind sterblich.
(3-06) $\exists x\ K(x,a)$ Jemand kennt Adam.

- durch Einsetzung eines Iota-Operators ι in ein Prädikat wie S(x), so dass eine definite Kennzeichnung entsteht:

(3-07) $\iota x\ S(x)$ der Student

Die Formel bedeutet: „das x, das die Eigenschaft *Student sein* hat".

Definite Kennzeichnungen sind Individuen-Konstanten wie EN, charakterisieren aber ein Individuum nicht bloß durch Identifizierung, sondern durch Zuordnung einer Eigenschaft, Tätigkeit oder Relation: *Goethe* ist ein EN, *der Autor des „Faust"* eine definite Kennzeichnung. Eine Kennzeichnung kann Argument eines Prädikats sein:

---

25 Während die Logik nur mit der Stelligkeit eines Prädikats arbeitet, muss die Linguistik (speziell die Valenzforschung) die Wertigkeit berücksichtigen; dabei geht es nicht nur darum, wie viele Leerstellen ein Prädikat eröffnet, sondern auch wie diese kategoriell besetzt werden (z.B. ob mit Nominal- oder Präpositionalphrasen etc.).

26 Dies ist einzuschränken auf Aussagesätze. Frage- und Befehlssätze haben keinen Wahrheitswert. Vgl. hierzu und zur folgenden Darstellung REICHENBACH (1947), KUTSCHERA (1967), ALLWOOD / ANDERSSON / DAHL (1977) und MCCAWLEY (1981).

27 Die Bindung der Variablen x an den Allquantor ∀ besagt, dass die Prädikation für jedes Element der Klasse (in (3-05) die Klasse aller Menschen) gilt. Der Existenzquantor ∃ besagt, dass es (mindestens) ein Element der betreffenden Klasse gibt, für die das Prädikat gilt.

(3-08) K(ιx S(x)) D(ies)er Student ist klug.

Der Iota-Operator ist nicht mit dem Allquantor zu verwechseln:

> „The iota-operator looks a little like a quantifier, but it is important to understand the difference. A quantifier is put in front of an open sentence and makes it into a sentence, but the iota-operator makes an open sentence into a term (an individual constant).“ [28]
> (ALLWOOD / ANDERSSON / DAHL 1977:152)

„Term“ fasst Variable, EN und definite Kennzeichnungen zusammen, also alles, was als Argument eines Prädikats dient. EN und (durch Quantor oder Iota-Operator) gebundene Variable referieren auf „Referenten“ in der Welt und tragen daher entscheidend zur Wahrheitsbewertung eines Satzes bei.[29] So ist (3-04) genau dann wahr, wenn es eine Person namens Hans gibt, die eine Person namens Grete liebt, und (3-08) ist wahr, wenn es einen bestimmten (z.B. in der Äußerungssituation anwesenden) Studenten gibt, der klug ist.

FREGE (1892a, zit. nach 1962: 40f) wies auf die Notwendigkeit hin, bei Sprachausdrücken zwei Arten von Bedeutung zu unterscheiden; die eine nennt er *Bedeutung*, die andere *Sinn*. Für *Bedeutung* i.S.v. von Frege sagt man heute *Referenz*, wogegen *Bedeutung* als übergeordneter Terminus für *Referenz* und *Sinn* üblich ist (vgl. 1.1). Frege erläutert seine Unterscheidung an Beispielen wie (3-09)a/b:

(3-09) a Der Morgenstern ist der Morgenstern.
b Der Morgenstern ist der Abendstern.

(3-09)a gilt a priori immer und ist immer wahr, während die Wahrheit des (synthetischen) Satzes (3-09)b empirisch überprüft werden muss:

> „a=a und a=b sind offenbar Sätze von verschiedenem Erkenntniswert: a=a gilt a priori und ist nach Kant analytisch zu nennen, während Sätze von der Form a=b sehr wertvolle Erweiterungen unserer Erkenntnis enthalten und a priori nicht immer zu begründen sind.“ (FREGE 1892a, zit. nach 1962: 40)

Morgenstern und *Abendstern* haben nach Merkmalen, die Wörter innersprachlich abgrenzen, nicht den gleichen Sinn: Das eine Wort bezeichnet einen Stern, der am Morgen leuchtet, das andere einen Stern, der am Abend leuchtet. Da sich beide aber auf den gleichen Gegenstand beziehen (nämlich die Venus), haben beide gleiche Referenz. LYONS (1977: 198) weist darauf hin, dass dies Beispiel nicht ganz glücklich ist, da *Morgenstern* und *Abendstern* den EN nahestehen; sie fallen „somewhere between proper names and definite descriptions“; von EN nehmen die meisten Semantiker (allerdings nicht alle) an,

---

28 ALLWOOD / ANDERSSON / DAHL (1977) gebrauchen den Terminus „open sentence“ i.S.v. „Prädikat“ (vgl. KUTSCHERA 1967).

29 Diese Bestimmung von Referenz wird später insofern erweitert, als neben Termen auch Prädikate Referenz haben und zudem nicht nur auf die wirkliche Welt, sondern auf mögliche Welten referiert werden kann.

dass sie nur Referenz, aber keinen Sinn haben. Echte definite Kennzeichnungen wie die in (3-10) können den Unterschied, den Frege im Auge hat, deutlicher machen:

(3-10) a Der Verlierer von Waterloo ist der Verlierer von Waterloo.
b Der Sieger von Austerlitz ist der Verlierer von Waterloo.

Ausdrücke mit verschiedenem Sinn können gleiche Referenz haben (hier auf Napoleon Bonaparte): *Der Gewinner von Austerlitz* und *der Verlierer von Waterloo* sind extensional gleich, d.h. referenzidentisch, aber nicht intensional, nicht sinngleich (synonym).[30]

Eine Menge kann extensional definiert werden durch Aufzählung ihrer Elemente, z.B. {Anton Assmann, Birgit Bremer, David Deller, ... Zenon Zipfel} oder intensional durch gemeinsame Merkmale, z.B. {die Individuen, die die Vorlesung „Referenz" besuchen}. Zwei Mengen können extensional gleich sein, ohne intensional gleich zu sein, z.B. {die Menge aller Lebewesen mit Herz} und {die Menge aller Lebewesen mit Leber}. Während definite (wie auch indefinite) Kennzeichnungen sowohl extensional als auch intensional definiert werden können, ist bei Eigennamen nach Meinung der Mehrheit der Linguisten und vieler Logiker nur extensionale Bestimmung möglich; danach lässt sich die Menge aller Personen, die Klaus heißen, nur durch Aufzählung ihrer Elemente bestimmen, nicht durch gemeinsame Merkmale wie „klausig".

Sinngleichheit – *Synonymie* genannt – garantiert nicht Referenzidentität, wie Beispiel (3-11) zeigt, wo Hilde und Maria nicht notwendig zum gleichen Frauenarzt (bzw. Gynäkologen) gehen:

(3-11) Hilde geht morgen zum Frauenarzt und auch Maria hat einen Termin beim Gynäkologen.

Man kann in natürlicher Sprache auch auf natürliche Sprache referieren. Man nennt das „Metasprache". In (3-12)b ist *Sokrates* metasprachlich gemeint (als das Wort *Sokrates*); man kennzeichnet das dann durch Kursivdruck (oder Anführungsstriche):

(3-12) a Sokrates ist ein Philosoph.
b *Sokrates* ist ein Eigenname.

30 Den Unterschied zwischen Extension und Intension machen ALLWOOD / ANDERSSON / DAHL (1977: 4f) noch deutlicher an einem pluralischen Sprachbeispiel: „Consider a noun-phrase which describes a set, e.g. *the Englishmen who have red hair*. We can say that this noun-phrase picks out (or refers to) certain entities or things in the world by specifying a number of properties that are common to them. The entities picked out ... constitute the extension of the noun-phrase, whereas the way in which they are picked out – i.e. the criteria used to determine the extension of the expression – would be the intension of the phrase."

3.1.2 Pragmatische Logik

Eine Logik, die die Situation einbezieht, in der Sätze geäußert werden, kann „Pragmatische Logik" genannt werden. Besonders relevant sind dabei Annahmen des Sprechers in Bezug auf den Adressaten der Äußerung oder den Inhalt der Äußerung. Hier sind besonders **Präsuppositionen** zu behandeln. Der Begriff – aber noch nicht der Terminus – *Präsupposition* taucht offenbar erstmalig bei FREGE (1892a, im Abdruck 1962: 54f) auf:

> „Wenn man etwas behauptet, so ist immer die Voraussetzung selbstverständlich, daß die gebrauchten einfachen oder zusammengesetzten Eigennamen eine Bedeutung haben."

FREGE (ebd.) erläutert das anhand des Satzes „Kepler starb im Elend": Bei der Äußerung dieses Satzes setzt der Sprecher voraus, dass der Name *Kepler* „etwas bezeichne". Jedoch ist der Gedanke, dass der Name „Kepler" etwas bezeichne, im Satz „Kepler starb im Elend" nicht eigentlich enthalten:

> „Daß der Name „Kepler" etwas bezeichne, ist vielmehr Voraussetzung ebenso für die Behauptung ‚Kepler starb im Elend' wie für die entgegengesetzte." (ebd.)

Präsuppositionen haben zwar einen Wahrheitswert, aber sie machen nicht den Behauptungssatz, in dem sie vorkommen, wahr, da sie bei Falschheit der Behauptung im gleichen Maße gelten. (3-13)c ist nach FREGE (1892a) Präsupposition von (3-13)a wie auch von b:

(3-13) a Kepler starb im Elend.
b Kepler starb nicht im Elend.
c Der Name „Kepler" bezeichnet etwas.

Nur, wenn der Name *Kepler* etwas bezeichnet (d.h. nicht referenzlos ist), kann man sowohl Satz (3-13)a als auch dessen Negation b sinnvoll äußern. REIS (1977:11) formuliert das Verhältnis zwischen Präsupposition und darauf aufbauendem Satz folgendermaßen:

(3-14) S präsupponiert S' gdw. gilt:
(i) Aus S folgt S'. (ii) Aus nicht S folgt S'.

Die Definition lässt offen, ob „folgt aus" semantisch oder pragmatisch zu interpretieren ist (und wenn semantisch, ob im Sinne einer zwei- oder dreiwertigen Logik). REIS (1977) weist anhand vieler Beispiele nach, dass es sich um eine pragmatische, nicht semantische Relation handelt, d.h., dass sowohl die Beschaffenheit der Äußerung als auch Eigenschaften des Kontextes bestimmen, was als Präsupposition des geäußerten Satzes zu gelten hat. Sie zeigt an Beispielen wie (3-15), dass Präsuppositionen nicht nur bei Negation konstant sind, sondern auch gegenüber allen illokutiven Funktionen des Satzes:

(3-15) a Paul liest die Zeitung.
b Paul liest nicht die Zeitung.
c Paul, lies die Zeitung!
d Paul, du darfst die Zeitung lesen.
e Paul, liest du die Zeitung?

Wenn bei Änderung der Illokution die Proposition (nach WUNDERLICH 1976 der propositionale Gehalt) gleich bleibt, dann bleibt die Präsupposition konstant. Alle fünf Fälle in (3-15) präsupponieren, dass es jemand namens Paul und eine bestimmte Zeitung gibt (nach FREGE 1892a: dass *Paul* und *die Zeitung* etwas bezeichnen). Die Negation einer Assertation wird im Allgemeinen als Assertion aufgefasst, als Behauptung, dass etwas nicht der Fall ist. Vom pragmatischen Standpunkt kann man jedoch hier auch einen illokutiven Akt des Bestreitens annehmen. REIS (1977: 43) verallgemeinert ihre Definition:

(3-16) S präsupponiert S' gdw.:
- (i) Aus S folgt S'.
- (ii) Aus allen illokutionären Entsprechungen von S folgt S';
- (iii) S' ist von allen illokutionären Abwandlungen von S unbetroffen.

Besonders interessant im Zusammenhang mit Referenz ist die Existenz-Präsupposition, d.h. die Voraussetzung, dass der Referent existiert. RUSSELL (1905) nimmt noch an, dass sie eine Assertion, keine Präsupposition darstellt.[31] Im oft zitierten Beispiel (3-17) enthält der Satz nach RUSSELL (1905: 309) die Teilaussagen a und b:

(3-17) The present king of France is bald.
- a There is (at the present time) a king of France.
- b The king is bald.

Da eines der Konjunkte falsch ist, ist die Gesamtaussage falsch.[32] Dem gegenüber vertritt STRAWSON (1950) die Ansicht, dass ein Satz als solcher nicht wahr oder falsch sein könne, sondern nur die Äußerung eines Satzes in einer bestimmten Situation. Das Nicht-Zutreffen einer Präsupposition in (3-17) macht zudem die Äußerung des Satzes nicht falsch, sondern pragmatisch unangemessen. Auch nach KEMMERLING (1976: 42) gilt:[33]

> „es gibt keine Person, die man mit der Verwendung der Kennzeichnung 'der gegenwärtige König von Frankreich' identifizierend sprechen könnte."

Die meisten Philosophen und Linguisten (vgl. REIS 1977: 10) vertreten heute den Standpunkt von STRAWSON (1950), wonach eine zutreffende Präsupposition eine Voraussetzung für die sinnvolle Äußerung eines Satzes ist. Die Existenz-Präsupposition betrifft nicht nur Aussagen.[34] Aufforderungen wie (3-18), im Jahr 2004 geäußert, sind mangels Existenz eines Referenten nicht durchführbar.

---

31 Vgl. STALNAKER (1978:315) „... an act of assertion is ... the expression of a proposition".

32 Für die logische Konjunktion gilt, dass sie nur wahr ist, wenn ihre beiden Bestandteile (Konjunkte) wahr sind. RUSSELL (1905) sieht (3-17) als aus zwei durch logische Konjunktion verbundene Aussagen an.

33 *Gegenwärtig* ist als „zu unserer (bzw. Russells) Zeit" interpretierbar.

34 Neben der Existenz-Präsupposition gibt es auch eine Unikalitäts-Präsupposition. Nach REIS (1977) präsupponiert der Satz Paulas Sohn ist volljährig a) Paula hat

(3-18) Schreiben Sie an den König von Frankreich!

Dagegen ist (3-19) akzeptabel, da der Referent der definiten NP in einer möglichen Welt existent anzusiedeln ist (vgl. 4.):

(3-19) Geh zum Teufel!

Im Übrigen gilt nach SEARLE (1969: 77):

> „‚Exist' has to be construed tenselessly. One can refer to what has existed or what will exist as well as to what now exists."

Daher sind sowohl Sätze wie (3-12)a sinnvoll äußerbar, sondern auch Sätze wie (3-20) im Fall, wo der Sprecher (noch) keinen Sohn hat:

(3-20) Mein Sohn soll auf keinen Fall Philosophie studieren.

DONNELLAN (1966; wieder 1971) und KEMMERLING (1976) behandeln Fälle, in denen eine definite Kennzeichnung nicht die Existenz eines bestimmten Referenten präsupponiert:

(3-21) Birgits Freund ist arm dran. (KEMMERLING 1976:51)
(3-22) (Hilfe, ich habe mein Studienbuch verloren!) Der ehrliche Finder erhält eine Belohnung. (REIS 1977:125)

(3-21) hat neben der referenziellen Lesart, wo der Sprecher eine bestimmte Person als Birgits Freund kennt, eine „nicht-referenzielle" (bzw. „attributive"), wo der Sprecher eine Aussage über einen potenziellen Freund von Birgit macht. Der ehrliche Finder in (3-22) ist wohl auf jeden Fall potenziell bzw. nicht-referenziell. (vgl. 6.1).[35]

3.2 Syntax

Referenz ist primär ein semantisch-kognitives Phänomen; die Syntax hat vor allem mit Bedingungen für Referenz zu tun (vgl. VATER 1986a). In der traditionellen Sprachwissenschaft konzentrierte sich die Syntax auf Bereiche wie Kasusgebrauch und Rektion, die wenig mit Referenz zu tun hatten. Im Strukturalismus, wo die synchrone syntaktische Analyse ins Zentrum rückte, war die strenge, auf distributionellen Eigenschaften beruhende Wortklasseneinteilung von Bedeutung. So bilden nach FRIES (1952: 77ff) alle Wörter, die im Testsatz *The concert was good* für *concert* einsetzbar sind, die „Class 1" (traditionell Substantive), und alle, die im ersten Slot, unmittelbar vor Class-1-Wörtern vorkommen, die „Group A" der Funktionswörter. Sie umfasst neben *the* und *a*(*n*) – der traditionellen Wortart „Artikel" – auch *this*, that und Quantoren (*all*, *every*, *some*, *no* etc.).

---

einen Sohn, b) Paula hat genau einen Sohn. Für alle Präsuppositionen gilt Abhängigkeit von der Äußerungssituation.

35 DONNELLAN (1966) hat als erster diese Verwendung definiter Kennzeichnungen erörtert. Er nennt sie „attributiv". Vgl. dazu PADILLA GÁLVEZ (1988: 63–67).

Außer durch ihre Position sind sie durch ihre Funktion als „markers of class 1 words" charakterisiert. Eine ähnliche Klasse wird in VATER (1963; 1979^2) in Anlehnung an TOGEBY (1951) und FRIES (1952) fürs Deutsche postuliert. Diese später (bei SMITH 1964 und CHOMSKY 1965) *determiners* („Determinantien", „Determinierer") benannte Klasse spielt eine wichtige Rolle bei der Referenz von Nominalphrasen (vgl. 6.).

In der ersten Phase der Generativen Grammatik (GG), ist die Analyse von Determinantien und Pronomina noch recht taxonomisch. Sie werden bei CHOMSKY (1957) durch eine Phrasenstruktur-Regel (PS-Regel) „NP → T + N" eingeführt (wo „T" für Determinantien steht).[36] Carlota SMITH (1964) berücksichtigt bereits Selektionsrestriktionen zwischen D(eterminantien) und Relativsätzen und semantische Eigenschaften von D: Je nach der Kookurrenz mit appositiven (A) Relativsätzen und restriktievn (R) unterscheidet sie drei Typen von D:

- Unspecified determiners: *any*, *all* etc. – mit R-Relativsätzen;
- Specified determiners: *a*, *the*, 0 – mit R- und A-Relativsätzen;
- Unique determiners: 0 bei EN – nur bei A-Relativsätzen.

Dabei verlässt sich SMITH (1964) bei der semantischen Charakterisierung ganz auf die jeweiligen Relativsatztypen, mit denen sich das jeweilige D verbindet. Der schwarze Peter wird nur weitergegeben; der Gehalt eines Merkmals, z.B. als „specified", wird nicht analysiert.

In der klassischen Phase der GG – eingeleitet durch CHOMSKY (1965) – werden vor allem zwei referenzrelevante Themen behandelt:

- Vorkommens- und Interpretationsbedingungen (nominaler) Proformen,
- "Equi-NP-Tilgung", d.h. die Tilgung einer NP aufgrund von Referenz-Identität mit einer anderen NP.

Da die Wahl eines geeigneten Pronomens syntaktischen Regeln unterliegt, wurden **Pronomina** – vor allem in ihrer Funktion zur Markierung von Koreferenz, d.h. Bezug auf den gleichen Referenten (vgl. 3.3) – in der Syntax behandelt. Das gilt sowohl für die Syntax bestimmter Sprachen wie Englisch und Deutsch als auch für die Analyse universeller Eigenschaften von Pronomina. Nach LEES / KLIMA (1963, wieder in REIBEL / SCHANE 1969) ist das Vorkommen von Pronomina nicht semantisch, sondern durch syntaktische Regeln bestimmt, die z.B. die Ungrammatikalität von (3-23)e-f erklären:

(3-23)	a I see him.	b He sees me.	c I see myself
	d He sees himself.	e *I see himself.	f *He sees myself.

[36] PS-Regeln zerlegen einen Satz (S) schrittweise in immer kleinere Konstituenten, zunächst in Phrasen (vgl. S → NP + VP), letztendlich in Wörter wie T und N, wo T wohl *the* abkürzt und N für *noun* steht.

Dieser Distribution tragen sie durch folgende Regeln Rechnung:

(3-24) Reflexivierungs-Regel:
X – Nom – Y – Nom' – Z → X – Nom – Y – Nom' + Self – Z

(3-25) Pronominalisierungs-Regel
X – Nom – Y – Nom' – Z → X – Nom – Y – Nom' + Pron – Z

Zusätzliche Bestimmungen besagen, dass Nom=Nom' ist[37] und dass bei Reflexivierung Nom und Nom' im gleichen einfachen Satz vorkommen, während bei Pronominalisierung Nom im Matrixsatz, Nom' im eingebetteten Satz vorkommt. Letztere Bedingung erklärt das Pronomen *me* in (3-26):

(3-26) I told John to protect me. (LEES / KLIMA 1969: 147)

Allerdings wird dadurch noch nicht das Vorkommen von Pronomina in einfachen Sätzen wie (3-23)a/b erklärt und auch nicht das Vorkommen von *I* im Matrixsatz von (3-26). Bei *I* und *you* (wie auch dt. *ich* und *du*), wo Referenzidentität mit Sprecher und Hörer des Satzes vorliegt, kann ohnehin nicht die syntaktische Umgebung für das Vorkommen der Pronomina verantwortlich gemacht werden.[38] Nach LANGACKER (1969: 160ff) versagen die Regeln von LEES / KLIMA (1963 bzw. 1969) auch in anderen Fällen: Ein Pronomen kann auch mit einer NP in einem koordinierten Satz referenzidentisch sein wie in (3-27) oder mit einer (im Matrixsatz) folgenden wie in (3-28). Die Beschränkung des Auftretens von Pronomina auf Konstituentensätze ist zudem ganz unsinnig, da Sätze wie (3-29) zeigen, dass ein Vorkommen der referenzidentischen NP in einem Vorgängersatz (der nicht ein Nachbarsatz sein muss!) für Pronominalisierung genügt.

(3-27) That man can sing and he can dance.
(3-28) The woman who hated Alexander slandered him.
(3-29) There comes John. ... I see him.

LANGACKER (1969) hat eine intelligente Regel angeboten, die auch Fälle wie (3-27) – (3-29) erklären kann. Dabei spielt die von ihm erstmalig erkannte Relation command ("kommandieren") eine Rolle:

> „We will say that a node A 'commands' another node B if (1) neither A nor B dominates the other; and (2) the S-node that most immediately dominates A also dominates B.“
> (LANGACKER 1969: 167)

Das erlaubt die Formulierung einer Pronominalisierungs-Regel:

---

[37] LEES / KLIMA (1963/1969) sagen nicht, dass das Gleichheitszeichen Referenzidentität bezeichnet, was LANGACKER (1969) explizit vermerkt.

[38] Aber auch Pronomina der 3. Ps. im Matrixsatz von (3-26) wie *He/she told J. to protect me* können durch Regel (3-25) nicht erklärt werden!

(3-30) NP^a kann NP^p pronominalisieren, sofern NP^p nicht (1) NP^a vorausgeht, (2) NP^a kommandiert.

Dabei steht „NP^a" für die Antezedens-NP und „NP^p" für die pronominalisierbare NP. In (3-31) geht NP^a voran und kommandiert NP^p; Pronominalisierung von NP^p ist möglich (vgl. Diagramm (3-31'):

(3-31) Ralf ist intelligenter als er aussieht.

(3-31')

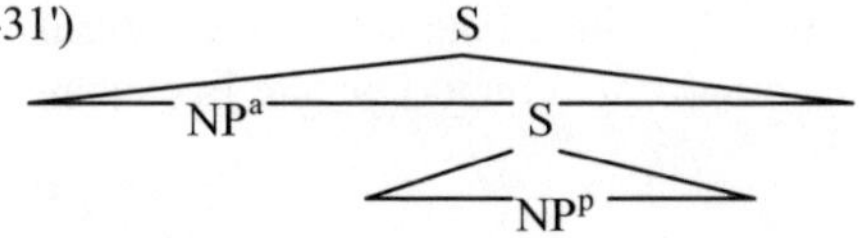

Das Baumdiagramm (3-31') gibt die Struktur des komplexen Satzes wieder: Das oberste S (der Matrixsatz) dominiert sowohl die NP^a *Ralf* als auch den Konstituentensatz S, der seinerseits NP^p dominiert.[39] NP^a kommandiert sowohl S (seine „Schwester") als auch NP^p (seine Nichte). Da dies der Fall ist kann NP^p pronominalisiert werden. Dagegen darf in (3-32) keine Pronominalisierung eintreten, da hier NP^p vorangeht, das zudem auch nicht von NP^a kommandiert wird:

(3-32) Er ist intelligenter als Ralf aussieht.[40]

(3-32')

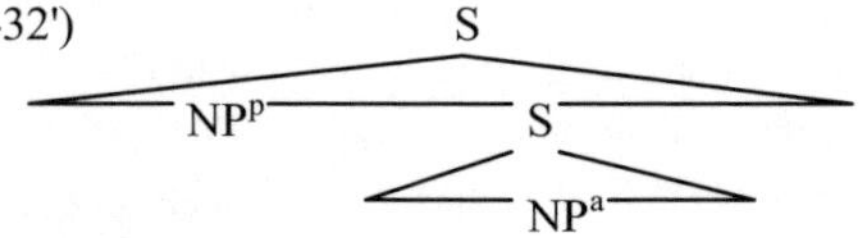

Dass nur die Command-Relation, nicht die Vorgänger-Relation wesentlich ist, zeigt Beispiel (3-33), wo das Pronomen *sie* von der NP *die Studentin* kommandiert wird, dieser NP jedoch vorangeht.

(3-33) Da sie fror, zog die Studentin ihren Mantel an.

REINHART (1976: 32) revidiert daher Regel (3-30) dahingehend, dass NP^a NP^p pronominalisieren kann, sofern NP^p nicht NP^a c-kommandiert, wobei „c-command" eine Spezifizierung von Langackers command-Relation ist, die sie folgendermaßen definiert:

> „Knoten A c(onstituent)-kommandiert Knoten B, wenn weder A noch B den anderen Knoten dominiert und der erste verzweigende Knoten, der A dominiert, auch B dominiert." (übersetzt von H.V.)

---

[39] Die Dominanzrelation ist die wesentliche Relation in einer Konstituentengrammatik: „A dominiert B + C" heißt: B und C sind Konstituenten von A. Metaphorisch gesehen ist A die *Mutter*, B und C sind *Töchter*.

[40] Der Satz ist nicht ungrammatisch, doch kann er auf keinen Fall referenzidentisch mit seinem „Postzedens" Ralf sein, sondern nur mit einer anderen (vorangegangenen) NP.

In dieser Formulierung spielt die Relation „c-command“ in der neueren Literatur (z.B. bei CHOMSKY 1981) eine wichtige Rolle. Aus obiger Definition leitet REINHART (1976:33) folgende Definition von „syntaktische Domäne“ ab:

> „Die Domäne eines Knotens A besteht aus A zusammen mit allen und nur den Knoten, die von A c-kommandiert werden.“ (übs. von H.V.)

Während alle bisher behandelten Fälle von Pronominalisierung im Wesentlichen durch syntaktische Regeln lösbar sind, stellen Fälle, wo mehrere Antezedenten für ein Pronomen in Frage kommen, ein unlösbares Problem für Syntaktiker dar:

(3-34) Paul hat Hans einen Brief gebracht. Er hat ihn gelesen.

Später gab man den Versuch auf, Pronominalisierung als rein syntaktisches Phänomen zu behandeln. Pronominalisierung erwies sich als ein überwiegend semantisch-konzeptuelles Phänomen, bei dem Referenzidentität die Hauptrolle spielt und wo das Antezedens (oder Postzedens), das das Auftreten von Pronomina und anderen Proformen auslöst, weder im gleichen (komplexen) Satz noch im unmittelbar vorangehenden Satz lokalisiert sein muss, wohl aber im gleichen Text oder in der betreffenden Äußerungssituation.[41]

Zur sogenannten **Equi-NP-Tilgung** (und zur Kontrolltheorie allgemein) gibt es eine umfangreiche Literatur (vgl. insbesondere SIEBERT-OTT 1983), die hier nur knapp referiert werden kann.

In der Kontrolltheorie geht es um die Referenzbeziehungen zwischen der (unausgedrückten) Subjekts-NP eines infiniten Komplements zu einer der NPs im Matrixsatz. Während ROSENBAUM (1967) glaubte, die Kontroll-NP durch das „Minimal Distance Principle“ (MDP) bestimmen zu können, nach dem die nächstvorangehende NP des Matrixsatzes die (leere) NP des eingebetteten Satzes kontrolliert (und dessen Tilgung bewirkt), sah man bald, dass damit zwar Fälle wie (3-35)a/b erklärt werden können, nicht aber Fälle wie (3-36):

(3-35) a *Paul* versuchte __ zu gehen.
b Paul befahl *Fritz* __ zu gehen.
(3-36) *Paul* versprach seiner Frau, __ Obst zu kaufen.

In (3-35) funktioniert das MDP, in (3-36) nicht, weil nicht *seiner Frau* (die nächstvorangehende NP) referenzidentisch mit dem Subjekt der Infinitivkonstruktion ist, sondern die (ganz entfernt stehende) Subjekts-NP *Paul*. Auch Zusatz-Mechanismen konnten Rosenbaums MDP-Ansatz nicht retten. Auch hier zeigte sich, dass syntaktische Regeln allein nicht die betreffenden Strukturen erklären konnten. Wichtige Anregungen zur Lösung des Problems kamen einerseits von der Theorie der thematischen Rollen (bei FILLMORE 1968 zunächst „cases“ genannt) sowie von der Sprechakttherie (vor allem in der Theorie von SEARLE 1969), wo Bedingungen für Illokutionen spezifiziert wurden – z.B., dass man et-

[41] POSTAL (1969) sieht Pronomina als Determinantien an (vgl. 6.2).

was anordnet, was ein anderer ausführt, aber etwas verspricht, was man selbst ausführt (vgl. (3-35)b vs. (3-36)) –, die offenbar das Auftreten leerer Subjekte in Infinitivkonstruktionen weitgehend steuern. In der weiteren Entwicklung der GG wurde die Standardtheorie von neuen Ansätzen wie Government-Binding-Theorie (GB) und Minimalistisches Programm abgelöst. Als besonders wichtige Station erscheint mir die GB-Theorie (bzw. Prinzipien-und Parameter-Theorie):

> „Dabei scheint diese Theorie eine besondere Faszination auch deswegen auszuüben, weil sie den Anspruch erhebt, gleichzeitig auch eine Erklärung der menschlichen Sprachfähigkeit liefern zu können, indem sie ermöglicht, allgemeine Prinzipien, Bedingungen und Regeln aufzufinden, welche Struktur und Verwendung einer Sprache bestimmen, und daher Elemente menschlicher Sprache sein sollen aus biologischer Notwendigkeit; diese Prinzipien werden aufgefaßt als Bestandteil einer universalen Grammatik und ihnen wird psychologische Realität zugeschrieben." (SIEBERT-OTT 1983: 11)

CHOMSKY (1981: 17) schlägt eine Anordnung der Universalgrammatik (UG) vor, nach der Syntax-Regeln S(urface)-Strukturen generieren. Ein System interpretativer Regen assoziiert S-Strukturen mit Repräsentationen in „phonetischer Form" (PF). Ein anderes System assoziiert S-Strukturen mit Repräsentationen in „logischer Form" (LF):

(3-37)
```
        Syntax
          |
      S-Struktur
       /      \
     PF        LF
```

Auf der allgemeinsten Beschreibungsebene ist das Ziel der Grammatik, die Assoziation zwischen Form-Repräsentationen und Bedeutungs-Repräsentationen auszudrücken. CHOMSKY (1981) betont den modularen Charakter der Grammatik: Verschiedene Komponenten und Subkomponenten interagieren miteinander beim Zustandekommen grammatischer Konstruktionen. Daneben gibt es das Lexikon, in dem die abstrakten morphophonologischen Strukturen jeder lexikalischen Einheit mit allen relevanten syntaktischen und semantischen Merkmalen aufgelistet sind (CHOMSKY 1981: 5). Die Syntax teilt sich in eine kategoriale Komponente, die Basis-Strukturen (Tiefenstrukturen) erzeugt, und eine darauf aufbauende Transformations-Komponente, die S-Strukturen erzeugt. Die Basis-Regeln funktionieren nach dem „X-bar-Prinzip": Sie erzeugen gestaffelte Phrasenstrukturen für alle lexikalischen Kategorien (N, V, A und P)[42], die auf jeder Stufe einen Kopf, Komplemente und Modifikatoren enthalten (vgl. FANSELOW / FELIX 1993[3], II: 54 und VATER 2002[4], §4.5). Diese Regeln haben die allgemeine Fom:

(3-38) $X^{n} \rightarrow \ldots X^{n-1} \ldots$

[42] N = Nomen, V = Verb, A = Adjektiv, P = Präposition. X ist eine Variable für diese vier Kategorien. In einer NP ist jeweils N auf den verschiedenen Stufen der Kopf, in einer VP V usw.

Dabei dominiert eine Kategorie einer bestimmten Stufe (X^n) eine Kategorie der nächstniedrigen Stufe (X^{n-1}) zusammen mit weiteren Elementen, die in (3-38) durch „...“ angedeutet sind. So dominiert N^n N^{n-1} (plus etwaige Komplemente, Determinantien usw.) und V^n dominiert V^{n-1} (plus etwaige fakultative und/oder obligatorische Komplemente wie Objekte und Adverbiale).

Bestimmte Theorien (bzw. Prinzipienmengen) charakterisieren zudem den Aufbau der Grammatik. Es sind dies unter anderem:

(3-39)(i) Rektions-Theorie (government theory),
(ii) Theta-Theorie,
(iii) Bindungs-Theorie
(iv) Kasus-Theorie,
(v) Kontroll-Theorie

Die **Rektions-Theorie** beschreibt die Relation zwischen dem Kopf einer Konstruktion und den davon regierten Konstituenten (z.B. zwischen V und seinen Objekten), wobei Rektion als eine Kommand-Relation aufgefasst ist: eine Konstituente α c-kommandiert eine Konstituente β genau dann, wenn β von α minimal c-kommandiert wird, d.h., wenn es keinen von α c-kommandierten Knoten gibt, der β c-kommandiert (vgl. BENNIS / GROOS 1982:263). In der **Theta-Theorie** geht es um die Zuweisung von Theta-Rollen wie Agens, Instrument, Thema usw.; in (3-40) weist das Verb *bearbeiten* der Subjekts-NP die Agens-Rolle, der Objekts-NP die Thema-Rolle und der PP die Instrument-Rolle zu:

(3-40) Der Schmied bearbeitete das Eisen mit dem Hammer.

Die im Zusammenhang mit Referenz wichtige **Bindungs-Theorie** betrifft Relationen zwischen Anaphern und möglichen Antezedenten (vgl. (3-23) – (3-36)). Sie wird auf der LF-Ebene angewendet, da es um die logisch-semantische Interpretation von NP-Typen in bestimmten Positionen geht. Hier werden nur einige wichtige Prinzipien skizziert.

– Für **lexikalische Elemente** gilt: Sie sind (nach Bindungsprinzip B2) „in jeder regierenden Kategorie frei“ (BENNIS / GROOS 1982: 269); d.h. ihnen wird keine Koreferenz-Bedingung durch ein regierendes Element auferlegt. Daher ist (3-41) mit Koreferenz der beiden Vorkommen von *Paul* ungrammatisch; Koreferenz muss in einem (einfachen) Satz durch ein Reflexivpronomen ausgedrückt werden ($Paul_i$ *sah* $sich_i$):

(3-41) * $Paul_i$ sah $Paul_i$.[43]

– **Pronomina** (genauer: Personalpronomina) sind in ihrer minimalen regierenden Kategorie frei (ebd.). Die Pronomina in (3-42) können nicht als koreferent mit der NP *Paul* interpretiert werden:

(3-42) a Paul sah ihn.
b Paul rechnete mit ihm.
c Ich sah Pauls Bild von ihm.

---

43 Grammatisch wäre $Paul_i$ *sah* $Paul_j$ (ohne Referenzidentität).

In (3-43) dagegen kann das (unterstrichene) Pronomen mit *Paul*, dem Subjekt des Matrixsatzes (das außerhalb der minimalen regierenden Kategorie steht), koreferent sein:

(3-43) a *Paul* glaubte, dass er gewinnen würde.
b *Paul* sah mein Bild von ihm.
c *Paul* betrachtete *sein* Bild von mir.

– **PRO**, eine kontrollierte Leerstelle wie in (3-35) und (3-36), ist nicht regiert und unterliegt daher keinen Bindungsprinzipien. Das ergibt sich daraus, dass Pro von S und (dem höheren) S' dominiert wird, S' aber eine Schranke für die Rektion ist (vgl. BENNIS / GROOS 1982: 264). PRO ist gewöhnlich Subjekt eines infiniten Satzes. In den Beispielen in (3-44) erkennt man, dass PRO sowohl mit dem Subjekt (in a) als auch mit dem Objekt (b) referenzidentisch sein kann (durch illokutive Faktoren gesteuert; vgl. die Diskussion um (3-35) und (3-36)). Ja, es kann sogar mit einem nicht ausgedrückten Element (in c z:B. *für uns* oder *für ihn*) referenzidentisch sein.

(3-44) a Paul versprach ihr [[PRO zu kommen]]
b Paul überredete Maria [[PRO zu kommen]]
c Es ist unmöglich [[PRO zu gewinnen]]

– **Spuren**, das sind leere Kategorien, die sich – anders als PRO – durch Wegbewegung einer Konstituente (also durch eine Transformation) ergeben. In der GB-Theorie nimmt man nur noch einen Transformationstyp an, der sich auf die Formel „Bewege α" bringen lässt, wobei α eine NP oder ein *w*-Element (wie *wer*, *was*, *wo*, *wie* usw.) sein kann. Die Bewegungstransformation hinterlässt eine Spur an der Stelle, von der die betreffende Konstituente wegbewegt wurde. (3-45) illustriert (nach BENNIS / GROOS 1982: 275) zwei Fälle von NP-Bewegung. In beiden Fällen ist die Spur innerhalb ihrer minimalen Kategorie gebunden.

(3-45) a $Paul_i$ wurde getötet t_i (t = trace „Spur")
b $Paul_i$ scheint [S t_i zu kränkeln]

In der **Kasustheorie** geht es um die Zuweisung abstrakter (noch nicht morphologisch spezifizierter) Kasus an bestimmte kasusfähige Konstituenten (Nomina, Pronomina). Die bereits erwähnte **Kontroll-Theorie** bestimmt das Referenzpotenzial für das abstrakte Pronominal-Element PRO (das den Leerstellen in Infinitivkonstruktionen wie in (3-35) und (3-36) entspricht).

3.3 Semantik

Obwohl Semantik eine relativ junge Disziplin ist, kann LYONS (1968: 400) darauf hinweisen, dass sich Philosophen und Linguisten seit der Antike mit semantischen Problemen beschäftigt haben:

– Theoretisch ist der seit Platons *Kratylos* diskutierte Streit zwischen Realisten und Nominalisten über die Art der Relation zwischen Wörtern und Dingen zu nennen, der durch Saussure (1916) zu Gunsten letzterer dahingehend entschieden wurde, dass Sprachzeichen arbiträr seien.[44]

– Praktisch stellt die Arbeit der Lexikographen in Antike und Mittelalter, d.h. das Herstellen von Wörterbüchern, eine semantische Betätigung dar.

Gegenstand der Semantik ist das Studium der Bedeutung von Wörtern und grammatischen Konstruktionen. Doch lässt sich „Bedeutung" nicht einfach definieren. Die Linguisten unterteilen daher Bedeutung. LEECH (1974: 26) unterscheidet sieben Bedeutungsbestandteile („ingredients"):

1. conceptual meaning: „logical, cognitive, or denotative content",
2. connotative meaning: „what is communicated by virtue of what language refers to",
3. stylistic meaning: „what is communicated of the social circumstances of language use"),
4. affective meaning: „what is communicated of the feelings and attitudes of the speaker",
5. reflected meaning: „what is communicated through association with another sense of the same expression",
6. collocative meaning: „what is communicated through association with words ... in the environment...",
7. thematic meaning: „what is communicated by the way in which the message is organized....".

Die Bestandteile 2. – 6. fasst LEECH (ebd.) zusammen als „associative meaning". LYONS (1977: 50f) unterscheidet drei Hauptarten von Bedeutung:

- *deskriptive Bedeutung* , d.i. die (wahre oder falsche) Beschreibung von Zuständen („state-of-affairs"); sie kann bejaht oder verneint und in günstigen Fällen objektiv überprüft werden;
- *expressive Bedeutung*, d.i. der Bedeutungsaspekt, der mit charakteristischen Eigenschaften des Sprechers korreliert;
- *soziale Bedeutung*, d.i. der Aspekt, der dazu dient, soziale Relationen zu etablieren und aufrechtzuerhalten.

Die deskriptive Bedeutung ist nach REIS (1980) die eigentliche Domäne der Semantik, während expressive und soziale Bedeutung vorwiegend Gegenstand der Pragmatik und Soziolinguistik sind.[45] Innerhalb der deskriptiven Bedeutung unterscheidet LYONS (1977):

---

44 Hermogenes sagt im Kratylos-Dialog zu Sokrates: „Kratylos hier, o Sokrates, behauptet, jegliches Ding habe seine von Natur ihm zukommende richtige Benennung, und ... es gebe eine natürliche Richtigkeit der Wörter, für Hellenen und Barbaren insgesamt die nämliche. ... Ich, meines Teils, Sokrates, ... kann mich nicht überzeugen, daß es eine andere Richtigkeit des Wortes gibt, als die sich auf Vertrag und Übereinkunft gründet. ... Denn kein Name irgendeines Dinges gehört ihm von Natur, sondern durch Anordnung ... derer, welche die Wörter zur Gewohnheit machen und gebrauchen" (PLATON 1990[3],3: 382ff).

- *Sinn*, d.i. (nach LYONS 1977: 206) die Relation zwischen Wörtern bzw. Ausdrücken einer bestimmten Sprache unabhängig von der Relation zwischen diesen Wörtern oder Ausdrücken und ihren Referenten;
- *Referenz* als Relation zwischen einem Sprachausdruck und einem Refe-renten (1977: 175). Referenz ist äußerungsgebunden; es ist der Sprecher, der mit Hilfe eines geeigneten Ausdrucks referiert (1977: 177).[46]
- *Denotation*, d.i. (nach LYONS 1977: 207) die Relation zwischen einem Lexem (einem Wort als Lexikoneinheit) und der Klasse von Personen, Dingen, Eigenschaften, Lokalitäten usw., auf die das Lexem korrekt angewendet werden kann. Da der Terminus *Denotation* in der Literatur sehr unterschiedlich verwendet wird (so ist „denotative content" bei LEECH (1974) eher im Sinne von „sense" zu verstehen), sollte man statt dessen „Referenz-Potenzial" für die Gesamtheit der möglichen Referenten eines sprachlichen Ausdrucks verwenden (vgl. 1.1).

Für LÖBNER (2003: 29f) ist die deskriptive Bedeutung eines Inhaltsworts „ein Konzept für seine potenziellen Referenten" und die deskriptive Bedeutung eines Satzes (d.h. seine Proposition) „ein Konzept für seine potenziellen Referenzsituationen".

Es sei nochmals betont, dass nur Phrasen (und Sätze) referieren, nicht einzelne Wörter; *das alte Haus* hat einen Referenten, nicht etwa drei. Andererseits sind es, entgegen der Annahme von SEARLE (1969), nach neueren Erkenntnissen – vgl. JACKENDOFF (1983) und EHRICH (1992) – nicht nur Subjektphrasen, die referierend gebraucht werden, sondern auch Phrasen in anderen Funktionen (vgl. 1.2 und 4.). Andererseits gibt es Phrasen, so im Deutschen, die in Sätzen wie (3-46)a/b nur aus syntaktischen Gründen, nicht jedoch zum Referieren benutzt werden:

(3-46) a *Es* regnet / dämmert / ist spät / wird Nacht.
b *Es* geht um die Wurst.[47]
c Paul hat *es* geschafft, den Wettbewerb zu gewinnen.
d Er verdankte sein Leben *dem Umstand*, dass gleich Hilfe kam.

Die (nur aus einem Wort bestehende Phrase) *es* dient in (3-46)a-c lediglich als Statthalter zur Füllung der Subjekt- bzw. Objekt-Position; ähnlich füllt *dem Umstand* in (3-46)d die Objektposition (und ist als Dativ markiert, da verdanken einen Dativ verlangt), die an sich

[45] REIS (1980) nimmt als weitere pragmatische (nicht-semantische) Bedeutungskomponenten situative und implikative Bedeutung (i.S. von GRICE 1975) an. Vgl. auch BIERWISCH (1979).

[46] Die Unterscheidung von Sinn und Referenz findet sich bereits bei LYONS (1968:404, 424ff), doch berücksichtigt Lyons' Definition von „Referenz" nicht die Erkenntnis von STRAWSON (1950), dass nicht Wörter oder Sätze referieren, sondern Äußerungen von (Wörtern und) Sätzen durch einen Sprecher in einer bestimmten Äußerungssituation.

[47] Hier kann man ebensowenig fragen „Um welche Wurst geht es?" wie „Wer oder was geht um die Wurst?", was zeigt, dass auch *um die Wurst* nicht-referierend gebraucht wird. So wie die gesamte (idiomatische) Wendung nur einen nicht-zerlegbaren Sinn hat, hat sie offenbar auch nur einen (situativen) Referenten.

dem Konstituentensatz *dass gleich Hilfe kam* gebührt. Nicht-referierend ist auch das *es*-Subjekt in (3-47), wo das („logische“) Subjekt folgt.

(3-47) Es zogen drei Burschen wohl über den Rhein.

Während Referenz situationsgebunden, also variabel ist, ist der Sinn – zum mindesten bei einem (lexikalischen) Wort konstant.[48] Der Sinn eines Worts wird von Linguisten (seit KATZ / FODOR 1963) durch **semantische Merkmale** analysiert. Eine lexikalische Einheit wird in semantische Komponenten zerlegt, die abstrakte Einheiten, nicht Teil des Vokabulars einer Sprache, sind:

(3-48)	a	*Mann*	[–Abs, –Kon, +Bel, +Menschl, +Männl]
	b	*Ochse*	[–Abs, –Kon, +Bel, --Menschl, +Männl]
	c	*Haus*	[–Abs, –Kon, –Bel, –Hum]
	d	*Wasser*	[–Abs, +Kon, –Bel, –Hum]
	e	*Furcht*	[+Abs, +Kon, –Bel, –Hum]
	f	*Freude*	[+Abs, –Kon, –Bel, –Hum]

Durch solche (als notwendig und hinreichend angesehene) Merkmale wird der Sinn der Wörter systematisch aufeinander bezogen: *Mann* und *Ochse* haben [–Abs(trakt)], [+Bel(ebt)] und [+Männl] gemein und unterscheiden sich in [±Menschl(ich)]. *Wasser* und *Furcht* teilen das Merkmal [+Kon(tinuierlich)] – d.h.: nicht in gleichartige Elemente zerlegbar – und unterscheiden sich in [±Abs]; *Furcht* und *Freude* sind beide [+Abs], unterscheiden sich aber in [±Kon]. In dieser Merkmalsmatrize (nach BECHERT et. al.1970) fehlen einige Merkmale (z.B. „erwachsen“ bei *Mann*); andere sind redundant. Merkmale werden als geordnet angenommen, wobei [±Abs] gewöhnlich als oberstes Merkmal rangiert. Dann ergibt sich [±Bel] durch weitere Zerlegung von [–Abs] und [±Menschl] durch weitere Zerlegung von [+Bel]. Für Einheiten mit [+Bel] ist danach die Angabe [–Abs] redundant, ebenso für Einheiten mit [±Menschl] die Angabe [+Bel].[49]

Die Merkmal-Analyse nach KATZ / FODOR (1963) wurde mit Recht kritisiert, weil sie in vielfach versagt. So können z.B. Farbbezeichnungen wie *rot* und *grün* nicht hinreichend gekennzeichnet werden. Wenn KATZ/ FODOR(1963) nach oberen Merkmalen ([+Abs, +Eigenschaft, +Farbe]) als unterste Merkmale „distinguishers“ wie [rot] oder [grün] verwenden, findet keine Zerlegung mehr statt. Dann könnte man sich die Obermerkmale sparen und rein „holistisch“ vorgehen, indem man sagt, dass *rot* die Farbe „rot“ bezeichnet. Von Komponentenanalyse kann dann freilich nicht mehr die Rede sein.

---

[48] Wie LINSKY (1967) sieht SCHWARZ (1995) Referenz als Prozess (vgl. auch CONSTEN 2004). Von der Äußerungssituation abhängig ist auch der „kommunikative Sinn“ eines Satzes (vgl. BIERWISCH 1983a: 65).

[49] Die hier präsentierte Merkmalzerlegung ist streng binär. AARTS / CALBERT (1979) zeigten jedoch anhand von Beispielen, dass Binarität nur bei den obersten Merkmalen sinnvoll anzusetzen ist.

Hier stellt die **Prototypentheorie** einen Fortschritt dar. In psychologischer Hinsicht unterscheiden sich prototypische Vertreter einer Kategorie von peripheren dadurch, dass sie schneller erkannt, leichter gelernt und häufiger verwendet werden (KLEIBER 1988: 25). Sie sind optimale Vertreter ihrer Klasse. Es gibt „Grade der Mitgliedschaft" einer Kategorie, die sich auf einem Kontinuum der Kategorienmitgliedschaft anordnen lassen. Der Stuhl mit viereckiger Sitzfläche und vier Beinen ist eher Mitglied der Kategorie STUHL als der mit runder oder dreieckiger Sitzfläche oder nur einem Bein. Die Merkmalsemantik tut sich schwer mit Ausnahmen, so z.B. mit Vögeln, die nicht fliegen können. Flugfähigkeit ist eine typische, aber nicht notwendige Eigenschaft von Vögeln. ROSCH (1977:4) fand, dass die Fokalfarben Prototypen sind, die sich aufgrund ihrer Helligkeit und anderer physikalischer Eigenschaften besonders von den übrigen Farbschattierungen abheben, besonders leicht kodifiziert und im Gedächtnis behalten werden, unabhängig vom System der Farbbezeichnungen in der Muttersprache der Versuchspersonen. Trotz verschiedener Grenzziehungen innerhalb des Farbspektrums zeigte sich große Übereinstimmung bei Sprechern von zwanzig Sprachen.

CHUR (1993) unterscheidet bei sog. generischen Phrasen im Anschluss an KLEIBER (1988: 26) zwischen Generizität und Prototypikalität. So ist (3-49)a eine echte generische Aussage, die auf die Gesamtheit bzw. Art aller Schimpansen bezieht. (3-49)b referiert dagegen auf einzelne Mitglieder der Art.

(3-49) a Schimpansen sind Affen.
b Schimpansen verstellen sich.

KLEIBER (1988: 2ff) warnt davor, Prototypen als „Wunderwaffe" zu verstehen; die alle Probleme der klassischen Merkmaltheorie löst (vgl. zu weiteren Einzelheiten VATER 1994 und VATER 2002^4, §5.3.3).

Mit Merkmalen lassen sich semantische Relationen zwischen Wörtern bzw. Phrasen und Sätzen bestimmen. Synonym sind zwei Wörter, wenn sie gleich sind in allen denotativen („deskriptiven") Merkmalen.[50] **Synonymie** besteht zwischen Sätzen, wenn sie in bezug auf gleiche Kontexte wahr sind. REIS (1980: 5) definiert Synonymie so, dass S_2 in allen Situationen wahr sein muss, wo S_1 wahr ist, und umgekehrt.[51] Diese strenge Synonymie liegt bei (3-50)a/b vor, nicht jedoch bei (3-51)a/b. Zusätzlich zu der Lesart, in der jeder (mit einem nicht genannten Partner) verheiratet ist, hat (3-51)a die (symmetrische) Lesart, dass beide miteinander verheiratet sind, in der a nicht mit b synonym ist. Es ist zu unterscheiden zwischen strenger Synonymie und Synonymie, die nur für gewisse Kontexte gilt.

50 „Konnotation" betrifft Stilebene, Register, emotionale Bewertungen usw. *Gesicht* ist die neutrale Bezeichnung für die Vorderseite des Kopfs; *Antlitz* und *Angesicht* sind gehoben, *Visage* ist umgangs-sprachlich/jargonhaft, *Fresse* vulgär. Denotativ gleiche Substantive wie *Mutter*, *Mutti* und *Mama* unterscheiden sich in emotionalen, Verben wie *sterben*, *verscheiden*, *abkratzen* in stilistischen Konnotationen.

51 *Synonymie* ist eine „bilaterale Implikation" (BUSSMANN 2002^3: 673).

(3-50) a Hans und Peter schlafen fest.
b Hans schläft fest und Peter schläft fest.
(3-51) a Hans und Ingrid sind verheiratet.
b Hans ist verheiratet und Ingrid ist verheiratet.

(3-50) und (3-51) sind strukturelle Paraphrasen, (3-52) lexikalische. Sowohl strukturelle als auch lexikalische Paraphrasen können sich stilistisch erheblich voneinander unterscheiden, wie (3-53) zeigt, oder in ihrer regionalen Geltung, wie (3-52)c gegenüber a/b bezeugt.[52]

(3-52) a Maria hat eine Apfelsine gegessen.
b Maria hat eine Orange gegessen.
c Maria hat eine Pomeranze gegessen.
(3-53) a Wasch dir dein Antlitz!
b Wasch dir dein Gesicht!
c Wasch dir deine Visage!

Bedeutungsinklusion (Implikation) besteht zwischen zwei Sätzen, wenn in jeder Äußerungssituation, in der S_1 wahr ist, auch S_2 wahr ist, aber nicht umgekehrt:

(3-54) a Hans und Peter schlafen fest. b Hans schläft fest.
(3-55) a Hans ist eingeschlafen. b Hans schläft.

Auch hier lässt sich neben der strengen Bedeutungsinklusion, die für zwei (oder mehr) Sätze in allen möglichen Kontexten gilt, eine weniger strenge unterscheiden, die nur für eine Teilmenge gilt. Der zweite Fall gilt für (3-55)a/b, da Hans vor dem Sprechzeitpunkt wieder aufgewacht sein kann, wie die Fortsetzung in (3-55') zeigt:

(3-55') Hans ist eingeschlafen, ist aber wieder aufgewacht.

Bei der Bedeutungsinklusion zwischen Wörtern spricht man von **Hyponymie**: Das Hyponym, z.B. *Rose*, impliziert das Hyperonym, in diesem Fall *Blume*. Jede Rose ist eine Blume, aber nicht umgekehrt. Synonymie lässt sich logisch als Äquivalenz bzw. als bilaterale Implikation definieren: Die Wahrheit von S_1 impliziert die Wahrheit von S_2 (in allen Kontexten) und umgekehrt: $S_1 \rightarrow S_2$ & $S_2 \rightarrow S_1$.

Inkompatibilität liegt vor, wenn zwei Sätze S_1 und S_2 in bezug auf den gleichen Kontext nicht beide wahr sein können. Die Wahrheit von S_1 impliziert die Falschheit von S_2: $S_1 \rightarrow \neg S_2$:

(3-56) a Pauls Haare sind schon weiß.
b Paul hat eine Glatze.

52 Ein Beispiel für strukturelle Paraphrasen mit unterschiedlichem Stilwert wäre: *Indem er den Brief überflog, runzelte er die Stirn* vs. *Den Brief überfliegend, runzelte er die Stirn*.

Kontradiktion, ein Spezialfall von **Inkompatibilität**, liegt vor, wenn S_1 synonym mit der Negation von S_2 ist. Kontradiktorische Adjektive sind nicht steigerbar, wie (3-58') zeigt.

(3-57) a Es regnet. b Es regnet nicht.
(3-58) a Der Fisch ist lebendig. b Der Fisch ist tot.
(3-58') *Der Fisch hier ist lebendiger/töter als der dort.[53]

Antonymie, eine andere Inkompatibilitätsart, betrifft den Gegensatz zwischen Einheiten auf einer Skala, die Zwischenstufen zulässt:

(3-59) a Das Wasser ist warm.
b Das Wasser ist kalt.

Negation von *warm* ergibt nicht unbedingt *kalt*, da auch *lau* in Frage kommt, möglicherweise auch *heiß*.[54] Antonyme Adjektive sind graduierbar und mit einschränkenden oder verstärkenden Adverbien verbindbar: *Das Wasser ist wärmer / ziemlich warm / sehr warm.*

Semantische Ähnlichkeit ist relativ und lässt sich nach dem Anteil gleicher Merkmale bewerten. Die Objekts-Substantive in (5-29)b-d sind dem Objekts-Substantiv in a in abnehmendem Maße ähnlich:

(3-60) a Paul isst einen Apfel.
b Paul isst eine Birne.
c Paul isst einen Regenwurm.
d Paul isst einen Nagel.

Liegt keine andere Relation vor, können zwei Sätze im Verhältnis der **Kompatibilität** zueinander stehen. Zwischen (3-61) und (3-62)a-c liegt keine Implikation vor, sondern Kompatibilität. Inkompatibilität besteht lediglich zwischen (3-61) und (3-62)d:

(3-61) Hans ist klüger als Fritz.
(3-62) a Hans ist klug und Fritz ist dumm.
b Hans ist klug und Fritz ist klug.
c Hans ist dumm und Fritz ist dumm.
d Hans ist dumm und Fritz ist klug.

Ein Wort ist **mehrdeutig** („ambig"), wenn ihm mehr als ein Merkmalkomplex zukommt. *Flügel* hat in einer wörtlichen Lesart (z.B. bei einem Vogel) das Merkmal [+Belebt], in der anderen (z.B. als Klavierflügel) [-Belebt], [+Artefakt] (d.h.: künstlich geschaffen). Gemeinsam sind beiden Lesarten Merkmale wie [-Abs] sowie solche, die die Form betreffen.

---

[53] *Lebendig* ist hier nicht metaphorisch, als „lebhaft", zu verstehen.

[54] "The proposition 'X is hot' implies 'X is not cold' ... But 'X is not hot' does not generally imply 'X is cold' ... ." (LYONS 1977: 272)

Homonym sind gleichlautende lexikalische Einheiten, die nicht genügend gemeinsame semantische Merkmale enthalten, um sie als Varianten eines Worts anzusehen, z.B. *Schloss*$_1$ (Gebäude) und *Schloss*$_2$ (Schließvorrichtung). Oft sind Homonyme morphologisch unterschieden, so *Bank*$_1$ (Plural *Bänke*) und *Bank*$_2$ (Plural *Banken*).

Alle beschriebenen semantischen Relationen betreffen den Sinn von Wörtern bzw. sprachlichen Ausdrücken. Natürlich kann man mit sinngleichen (d.h. synonymen) Ausdrücken auf den gleichen Referenten in einer außersprachlichen Welt referieren. Man spricht dann von **Koreferenz** (vgl. 3.2). Schon wegen des Prinzips „variatio delectat" wählt der Sprecher oft Synonyme statt zweimal den gleichen Ausdruck, wenn er Koreferenz anzeigen will:

(3-63) Ich fragte einen Polizisten nach dem Weg.
a Der Polizist sah in seinem Straßenverzeichnis nach.
b Der Schutzmann sah in seinem Straßenverzeichnis nach.

Dass Synonyme nicht Referenzgleichheit garantieren, zeigen Beispiele (1-03) und (1-04) in 1.1, wo nicht der gleiche Frauenarzt gemeint sein muss. Dass andererseits auch nicht-synonyme Ausdrücke Koreferenz bezeichnen können, zeigen Freges Beispiele *der Sieger von Austerlitz* und *der Verlierer von Waterloo* (vgl. (1-02)). Oft wird auch ein Hyperonym bei Referenzgleichheit gewählt, wie z.B. in (3-64)a und c. Renate STEINITZ (1974) macht jedoch auf Beispiele wie (3-64)b aufmerksam, wo ein Hyperonym sich offenbar nicht zur koreferenten Wiederaufnahme eines (hyponymen) Antezedens eignet, wahrscheinlich weil es zu wissenschaftlich („bookish") klingt:

(3-64) a Über die Straße rannte ein Dackel. Der Hund keifte.
b ?Über die Straße rannte ein Dackel. Das Säugetier keifte.
c Über die Straße rannte ein Dackel. Das Tier keifte.

Nach LYONS (1977) und anderen Semantikern verfügen Eigennamen (im Gegensatz zu Gattungsbezeichnungen) nicht über Sinn; sie haben nur Referenz bzw., logisch-mengentheoretisch ausgedrückt, nur Extension, keine Intension. Ein Eigenname wie *Paul* hat danach als Denotation (i.S.v. LYONS 1977) die Menge aller Individuen, die *Paul* heißen; Referenz hat *Paul* (in einer bestimmten Äußerungssituation) auf einen bestimmten Menschen namens *Paul*. Was ihm fehlt, ist ein Sinn, der sich durch ein semantisches Merkmal (s. oben) festmachen ließe, das seinerseits eine Menge von Individuen charakterisiert. Diese Ansicht ist jedoch nicht unumstritten (vgl. TEXTOR ed. 2004). Zudem muss noch angemerkt werden, dass EN im Prädikativ nach *heißen* nicht „normal", sondern metasprachlich referieren:

(3-65) Ich heiße Paul Müller.

Als Objekt von Namensgebungsverben wie *taufen* und *nennen* sind EN „metareferenziell"; darunter versteht LEYS (1979: 81) die sprachliche Festlegung von EN durch einen Tauf- oder Benennungsakt:

(3-66) Solche durch Ablagerung entstandenen Gesteinsschichten nennen wir Sedimente. (WIMMER 1979: 111)

3.4 Pragmatik

SEARLE (1965, 1969) sieht in Anlehnung an AUSTIN (1962) Sprechen als Handeln; als solches unterliegt es (wie jede Handlung) bestimmten Bedingungen. Die relevante sprachliche Einheit ist der Sprechakt. Dabei werden mehrere Akte gleichzeitig vollzogen, die SEARLE (1965) durch Beispiele illustriert:

> „In einer typischen Sprechsituation, die einen Sprecher, einen Hörer und eine Äußerung des Sprechers umfaßt, sind eine Reihe verschiedener Akte mit der Äußerung des Sprechers verknüpft. Charakteristischerweise wird der Sprecher sein Kinn und seine Zunge bewegt und Geräusche gemacht haben. Darüber hinaus wird er charakteristischerweise einige Akte vollzogen haben, die in die Klasse fallen, welche das Informieren oder Irritieren oder Langweilen seiner Zuhörer umfaßt; er wird weiterhin charakteristischerweise einige Akte vollzogen haben, die in die Klasse fallen, welche das Verweisen auf Chruschtschew oder den Nordpol enthält; ebenfalls wird er Akte aus jener Klasse vollzogen haben, welche das Machen von Feststellungen, das Stellen von Fragen, das Erteilen von Befehlen, das Erstatten von Berichten, das Grüßen und das Warnen umfaßt."
> (SEARLE 1965, dt. Übs. 1972:153)

– Der **Äußerungsakt** betrifft die formal-instrumentale Seite eines Sprechakts. Searle spricht vereinfachend vom Betätigen der Sprechorgane und vom Geräuschemachen. Geräusche haben jedoch nur eine Sprechakt-Funktion, wenn es sich um die Produktion von Sprachlauten (Phonemen einer Sprache) handelt, nicht etwa um Geräusche wie Husten oder Rülpsen. Die dabei entstehenden Phonemverbindungen müssen in der betreffenden Sprache Morpheme ergeben, die ihrerseits (nach bestimmten morphologischen Regeln) zu Wörtern verbunden sind (z.B. *Ver-handl-ung*), die nach syntaktischen Regeln zu Sätzen verbunden sind.[55]

– Der **propositionale Akt** teilt sich nach SEARLE (1969) in einen Referenzakt und einen Prädikationsakt. Der **Referenzakt** wird im obigen Zitat illustriert durch das Verweisen des Sprechers auf Chruschtschow und den Nordpol. Für den **Prädikationsakt** gibt er kein Beispiel, aus verständlichen Gründen: Der Prädikationsakt ist aufs engste sowohl mit dem Referenzakt verbunden (vgl. 1.1) als auch mit dem Illokutionsakt. Die Proposition kann konstant bleiben bei Wechsel der Illokution:

(3-67) a Paul holt die Zeitung.
b Holt Paul die Zeitung?
c Paul, hol die Zeitung![56]

---

55 Viele mit dem Äußerungsakt (bzw. Schreibakt) verbundene Probleme sind noch ungeklärt, z.B. ob (in Liedern vorkommende) „sinnlose" Sequenzen wie *juppheidi*, *simsalabim* und *juwirallala* als Bestandteile des Äußerungsakts zu rechnen sind.

56 Nach WUNDERLICH (1976:78) ist der Vokativ (hier: *Paul!*) ein selbständiger illokutiver Akt mit der Funktion, die Aufmerksamkeit des Adressaten zu erregen; der

– Der **illokutive Akt** betrifft die Funktion einer sprachlichen Äußerung, also „das Machen von Feststellungen, das Stellen von Fragen, ... das Grüßen und das Warnen", genauer gesagt: die vom Sprecher intendierte und vom Adressaten so interpretierte Funktion der sprachlichen Äußerung. Die illokutive Funktion einer Äußerung ist nicht eindeutig aus den verwendeten sprachlichen Mitteln zu erschließen.[57] So kann der Imperativ in (3-67)c sowohl als Aufforderung als auch als Rat interpretiert werden. Besonders ein Aussagesatz ist in illokutiver Hinsicht vielfach verwendbar. Ein Satz wie *Ich komme* kann im geeigneten Kontext als Antwort auf eine Frage, als Versprechen oder als Drohung aufgefasst werden.

– Der **perlokutive Akt** betrifft die (weitergehende) Zielsetzung des Sprechers. Die Beispiele „das ... Irritieren oder Langweilen“ sind von SEARLE (1965; dt. 1972: 153) nicht gut gewählt, da es sich dabei eher um (vom Sprecher nicht unbedingt intendierte) perlokutive Effekte handelt, als um intendierte Akte. Informieren ist ein geeignetes Beispiel Weitere Beispiele wären Überzeugen oder Beleidigen. Die Perlokution ist nicht an eine bestimmte Illokution gebunden; man kann jemand durch einen Aussageakt ebenso beleidigen wie durch einen Frage- oder Befehlsakt:

(3-68) a Du bist ein Idiot..
b Hast du Tomaten auf den Augen?
c Rutsch mir den Buckel runter!

Nach WUNDERLICH (1976) sind Illokutionen immer mit einem „propositionalen Gehalt“ verbunden; dieser kann nur bei Aussagen „Proposition“ im vollen Sinne des Wortes genannt werden (mit einem Wahrheitsgehalt); Aufforderungsakte sind mit „offenen Propositionen“ verbunden: (3-67)a kann wahr oder falsch sein, b/c nicht. So wie eine Illokution durch besondere sprachliche Mittel, „illokutive Indikatoren“, ausgedrückt werden kann, so wird eine Proposition durch „propositionale Indikatoren“ ausgedrückt. Illokutive Indikatoren sind die Modi (z.B. der Imperativ in (3-67c), performative Formeln wie *ich erlaube dir*, Wortstellung wie im Fragesatz (3-68b). Indikator für eine Proposition kann eine Nominalisierung sein wie in (3-69a), ein *dass*-Satz wie in (3-69b) oder eine Infinitivkonstruktion wie in (3-69c).

(3-69) a Ich verbiete Ihnen den Zutritt zum Büro.
b Ich verbiete Ihnen, dass Sie das Büro betreten.
c Ich verbiete Ihnen, das Büro zu betreten.

Bei der Beschreibung der **Referenz** gibt SEARLE (1969) Glückensbedingungen („felicity conditions“) für erfolgreiche Durchführung von Referenzakten an, wobei er sich aller-

---

damit verbundene illokutive Akt (in (3-70)c: Aufforderung) erklärt dann den Zweck dieser Aufmerksamkeitserregung. Doch ist ein Vokativ auch allein äußerbar; so kann der Lehrer *Paul*! rufen, wenn der Schüler gerade schwatzt. Die Aufforderung, das Schwatzen zu unterlassen, bleibt dann unausgedrückt.

57 Die sogenannten „illokutiven Indikatoren“ sind größtenteils nicht eindeutig – also keine Indikatoren –, so dass der Adressat weitgehend auf kontextuelle Faktoren bei der Interpretation einer Illokution angewiesen ist (vgl. MEIBAUER 1999:70, VATER 2002^4:177).

dings – wie zu jener Zeit üblich – auf singularische definite Referenz beschränkt. Innerhalb singularischer definiter Ausdrücke beschränkt er sich zudem auf Individuativa wie *you*, *Caesar*, *the battle of Waterloo*, lässt also auch Kontinuativa wie *the water* und *the patience* außer Betracht. Seinen Glückensbedingungen legt SEARLE (1969:77ff) Axiome zugrunde, bei denen es sich offenbar um Präsuppositionen handelt (vgl. 3.1.2):

– das **Existenzaxiom**: „Whatever is referred to must exist";

– das **Identitätsaxiom**:

> „If a predicate is true of an object it is true of anything identical with that object regardless of what expressions are used to refer to that object."

– das **Identifikationsaxiom**:

> „If a speaker refers to an object, then he identifies or is able on demand to identify that object for the hearer apart from all other objects."

In der späteren Umformulierung lautet dies Axiom:

> „A necessary condition for the successful performance of a definite reference in the utterance of an expression is that either the utterance of an expression must communicate to the hearer a description true of, or a fact about, one and only one object, or if the utterance does not communicate such a fact the speaker must be able to substitute an expression, the utterance of which does." (SEARLE 1969:80)

„Existenz" (vgl. 3.1.2) ist zu relativieren, um auch vergangene, zukünftige und alternative (mögliche) Welten einzuschließen (vgl. PADILLA GÁLVEZ 1988). So steht für *der ehrliche Finder* zum Zeitpunkt der Äußerung nicht fest, ob es einen solchen Finder gibt. Nach KEMMERLING (1976) gilt hier:

> „Bei attributiv verwandter Kennzeichnung wird bloß präsupponiert, daß etwas die Kennzeichnung erfüllt."

Solche „nicht-referenziellen" („attributiven") Fälle lassen sich unter Searle's Axiom subsumieren, wenn man es entsprechend erweitert:

> „Whatever is referred to must exist in some world."

Searles Identitätsaxiom stellt sicher, dass Synonyme, Hyperonyme und Paraphrasen für einen Ausdruck mit gleicher Referenz eintreten können (vgl. LINSKY 1979^2: 88). Mir scheint, dass dies Axiom – das bei Searle eine marginale Rolle spielt – eher den Äußerungsakt als den Referenzakt betrifft, denn es geht dabei um grundsätzliche semantische (also sprachlich strukturierte) Beziehungen (vgl. 3.3).

Das Identifikationsprinzip enthält zwei Axiome (vgl. SEARLE 1969: 85):

- das Unikalitätsaxiom („a description true of one and only one object“);[58]
- das eigentliche Identifikationsaxiom, dem zufolge ein Sprecher beim Referieren einen Referenten eindeutig identifiziert.

Das Unikalitätsaxiom ist problematisch, weil pluralische Referenz (wie in *die Freunde / Häuser*) ausgeschlossen wird. Nach REIS (1977: 130) kann sogar für singularische definite Kennzeichnungen Unikalität bei Kontinuativa und Kollektiva nicht eingefordert werden:

(3-70)	a	*Der Hagel* hat *den Roggen* geknickt.	(REIS 1977: 130)
	b	Das Vieh wird gezählt.	(REIS 1977: 130)
	c	Der Feind kam diesmal von links.	(REIS 1977: 130)

Hier ist weder ein einzelnes Hagelkorn noch ein einzelner Roggenhalm gemeint. Gezählt werden kann nur eine Menge und *der Feind* meint eine Gruppe von Feinden. Auch im generischen Gebrauch ist Unikalität nicht intendiert:

(3-71) Der Rotstift regiert die Kulturpolitik.

Darüber hinaus gibt es sogar nicht-generische singularische Fälle definiter Referenz, auf die Unikalität nicht zutrifft:

(3-72) a Der Arm tut mir weh.
b Die Nachbarin sieht schon wieder aus dem Fenster.

Ein Mensch hat normalerweise zwei Arme, eine Wohnung meist mehr als ein Fenster. Die Sätze sind sinnvoll äußerbar, da eindeutige Identifizierung nicht erwartet wird.[59] Auch das Identifikationsaxiom ist problematisch:

(3-73) Der letzte macht das Licht aus.
(3-74) Der Postbote kommt jeden Tag um elf Uhr.
(3-75) Doch obwohl der Täter in allen drei Fällen eine ähnliche Statur hat und jeweils eine gleichartige Maske trug, muss es sich nicht um dieselbe Person handeln. (*KStA* 28.5.1986: 15)
(3-76) Das Schnitzel ist heute noch zäher als letzten Freitag.

So ist in (3-75) weder Unikalität noch Identifikation anzunehmen. In (3-76) nimmt der Sprecher kaum an, das ihm das gleiche Schnitzel serviert wird wie zuvor. Gemeint ist wohl „das Schnitzel, das in diesem Restaurant serviert wird“. Nach PADILLA GÁLVEZ (1988: 3) hängt Identität zweier Gegenstände „von unserer Welt“ ab, d.h. von der Situation, in der wir etwas beurteilen.

---

[58] Später (1969: 82) taucht die Unikalitätspräsupposition als Teil des neu formulierten Existenzaxioms auf: „There must exist one and only one object to which the speaker's utterance of the expression applies”.

[59] Nach SEARLE (1969) ist Unikalität relevant für die Unterscheidung zwischen „successful reference“ und „fully consumated reference“ (mit eindeutiger Identifizierung durch den Sprecher). Erfolgreich ist Referenz schon, wenn der Sprecher den Gegenstand zwar nicht eindeutig identifiziert, aber dazu in der Lage ist.

3.5 Psycholinguistik und Kognitionsforschung

Nach EBBINGHAUS (1908) und ARNOLD / EYSENCK / MEILI (1991: 746) steht einer Jahrtausende währenden Beschäftigung mit psychischen Phänomenen eine kurze Epoche streng wissenschaftlicher Behandlung dieser Phänomene (mit expliziten Theorien und Methoden) gegenüber.[60] Mit der kurzen Wissenschaftsgeschichte hängt es wohl zusammen, dass eine bündige Definition von Psychologie schwer zu finden ist. **Psychologie** lässt sich als Wissenschaft von der Psyche definieren, wobei „Psyche" nach ARNOLD et al. (1991: 1710) als „Bezeichnung für die Seele im weitesten Sinne im Ggs. zum materiellen Körper oder *Soma*" zu sehen ist. **Kognitive Psychologie** befasst sich mit menschlicher Kognition, wobei „Kognition" nach SCHWARZ (1996²: 36) als „Menge aller geistigen Strukturen und Prozesse" aufgefasst werden kann, die die „Gesamtheit menschlicher Wissensaktivitäten" umfasst. Die kognitive Psychologie ist nach GRIMM / ENGELKAMP (1981: 224) damit befasst,

> „wie Organismen Kenntnis von ihrer Welt gewinnen und wie sie dies Wissen gebrauchen, um Entscheidungen zu treffen und effektive Handlungen auszuführen".

Wenn sich die Psychologie mit allen psychischen Phänomenen befasst, stellt die kognitive Psychologie demnach den Teilbereich dar, der sich nur mit kognitiven psychischen Phänomenen befasst. Der restliche Bereich der Psychologie wird nach GRIMM / ENGELKAMP (1981: 18ff) von den Affekten ausgefüllt. Es gilt also die Gleichung „Psyche = Affekt + Kognition". Hat die Affektpsychologie es mit Gefühlen wie Freude, Liebe, Hass, Neid, aber auch physiologisch motivierten Gefühlen wie Schmerz zu tun, so geht es der kognitiven Psychologie um unseren Erkenntnisapparat im weitesten Sinne, also nach FODOR (1983) Inputsysteme (zu denen er neben Wahrnehmung auch Sprache rechnet) und zentrale Systeme. All diesen Systemen sind wiederum Prozesse zugeordnet.

Nach SCHWARZ (1996²: 55) umfasst die **Kognitive Linguistik (KL)** „repräsentationale und prozessuale Aspekte aller Komponenten des sprachlichen Systems". Die Kognitive Linguistik lässt sich dann als Teilbereich der Psycholinguistik auffassen, der sich mit kognitiven Strukturen und Prozessen befasst, nicht mit affektiven (vgl. z.B. das Schema in GRIMM / ENGELKAMP 1981: 18). Sie ist ein interdisziplinäres Gebiet, in dem sich Linguistik und **Kognitive Wissenschaft** (Cognitive Science) überschneiden. Letztere entstand nach SCHWARZ (1996²: 16) Mitte der siebziger Jahre aus KI-Forschung und Psychologie.

---

60 Nach ARNOLD et al. 1991:734) gehen die Ursprünge der Psychologie „Tausende von Jahren zurück ... Volksdenken, Magie, Religion, Philosophie und Wissenschaft trugen zum Entstehen der Psychol. bei. Es ist wahrscheinlich, daß jede Kultur ihre eigene Psychol. hatte, um bestimmte menschliche Gedanken, Handlungen und Ereignisse zu ergründen. Diese früheste G. d. P. wie die Geschichte des westlichen Denkens im allg., ist uns im wesentlichen durch die Schriften der griechischen Philosophen übermittelt worden." Nach WESSELLS (1984: 23) lässt sich die Begründung der Psychologie als experimentelle Wissenschaft Wilhelm WUNDT zuschreiben, der 1879 in Leipzig sein Labor einrichtete und aufsehenerregende Experimente durchführte.

„KI" („Künstliche Intelligenz") ist ein Gebiet, das aus den Erfordernissen der Mensch-Maschine-Kommunikation in der Computerwissenschaft und -praxis entstand und sich unter anderem mit Simulation des Sprachverstehens befasst (EISENBERG 1977: v).

Nach BIERWISCH (1983b: 16) fallen Sprachphänomene in den Bereich der Psychologie,

> „sofern es z.B. um ihre Wahrnehmung, ihren Erwerb, ihre Verankerung und Auffindung im Gedächtnis, die Motivation ihrer Hervorbringung geht; umgekehrt fallen psychische Erscheinungen dann in den Bereich der Linguistik, wenn in ihnen Wörter, deren Verknüpfung zu Sätzen, die Abhängigkeit von grammatischen Regeln eine bedingende Rolle spielen."

Für BIERWISCH (1987: 645) bezeichnet der Terminus „Kognitive Linguistik" jedoch nicht ein Teilgebiet der Linguistik, „zwischen Psycholinguistik und Semantik, sondern ...ein bestimmtes Verständnis vom Charakter und der Zielstellung der Wissenschaft von der natürlichen Sprache":

> „Der Gegenstand der kognitiven Linguistik ist daher die Sprachkenntnis, die mentale Struktur, die dem Sprachverhalten, also dem Hervorbringen und Verstehen verbaler Äußerungen, zugrunde liegt."

Auch nach SCHWARZ (1996^2: 39ff.) ist Kognitive Linguistik nicht als interdisziplinärer Bereich zu verstehen, sondern als Paradigma, das aus der Linguistik als beschreibender Wissenschaft durch die „kognitive Wende" eine erklärende Wissenschaft machte: Bereits bei CHOMSKY (1965) ist der Gegenstand der Linguistik nicht materiell (in Form von Texten oder Schallwellen) beschreibbar, sondern kognitiv, als „Kompetenz", d.h. als Fähigkeit, Sprache zu verwenden, zu strukturieren, zu verstehen. Das sprachliche Kenntnissystem wird als Subsystem der Kognition untersucht. Diese durch die „Computermetapher" geprägte Denkweise besagt: Der Geist verhält sich zum Gehirn wie das Programm zum Rechner. Diese Metapher ermöglicht interessante Fragestellungen, lässt aber ein großes Spektrum von Problemen offen, „da wir nicht wissen, welcher Art von Computer das Gehirn tatsächlich entspricht" (ebd.). BIERWISCH (1987: 646) formuliert drei Fragestellungen:

[1] Was ist Sprachkenntnis?
[2] Wie wird Sprachkenntnis erworben?
[3] Wie wird Sprachkenntnis wirksam?

[1] betrifft die statische („repräsentationale") Seite der Kognitiven Linguistik, vor allem die Frage, wie Sprache im menschlichen Gedächtnis gespeichert ist; [2] und [3] betreffen die dynamische („prozessuale") Seite. [2] charakterisiert den Bereich der Spracherwerbsforschung und [3] den der Sprachverarbeitung (Sprachproduktion und Sprachverstehen). Als vierten Bereich nennt CHOMSKY (1988: 3) den der materiellen (neuronalen) Basis für Sprache und Sprachverwendung (den auch die Neurolinguistik untersucht). Weitere Bereiche sind:

- das Verhältnis von Sprache und Denken (vgl. WYGOTSKI 1964, HÖRMANN 1967, ENGELKAMP 1974);
- das Verhältnis von Sprache und Wahrnehmung (vgl. MILLER / JOHNSON-LAIRD 1976);
- Lautnachahmung und Lautsymbolik (vgl. HÖRMANN 1967, XII);
- neuronale Grundlagen des Sprachverhaltens (vgl. NAUTA / FEIRTAG 1988[9] und GESCHWIND 1988[9]).

Mir erscheint es sinnvoll, Kognitive Linguistik als den Teilbereich der Psycholinguistik anzusehen, der sich mit kognitiven Grundlagen sprachlicher Strukturen und Prozesse befasst (i.S.v. GRIMM / ENGELKAMP 1981). Dass die Linguistik durch die Kognitive Wende eine Neuorientierung erfuhr, ist kein Grund zur Namensänderung. „Kognition" ist nach STRUBE (1993) eine Kurzform für „kognitive Informationsverarbeitung"; dazu RICKHEIT / STROHNER (1993: 14):

> „Informationsverarbeitung liegt dann vor, wenn eine bestimmte Information in eine andere Information transformiert wird. Die Transformation ... kann zum einen einfach darin bestehen, daß die Information von einem Code in einen anderen überführt wird. Die Transformation kann aber auch die Struktur der Information betreffen. Dies kann sich so auswirken, daß die Information in ... Teilinformationen zerlegt wird oder daß mehrere Informationen zu einer einzigen Information zusammengefaßt werden. Bei noch weitergehender Veränderung kann die Transformation sogar zur Generierung neuer Information aus der vorhandenen Information führen."

Wahrnehmung, Sprache und Denken sind kognitive Systeme, die zur psychisch-geistigen Ausstattung des Menschen gehören:

Abb. 3-1 Kognitive Systeme und Prozesse

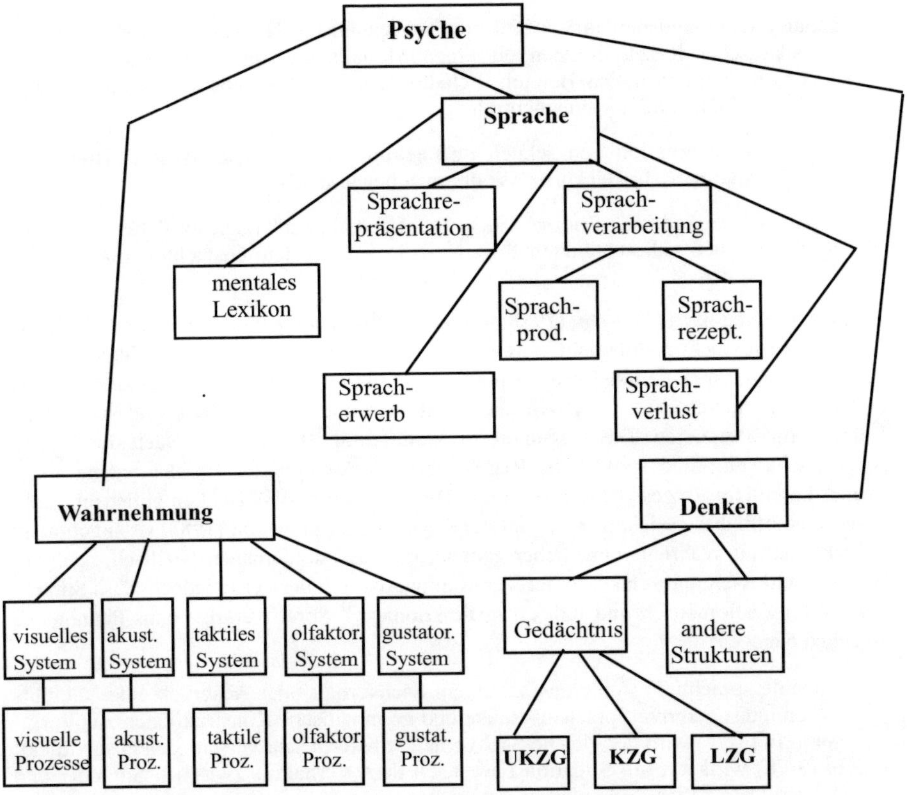

Nach FODOR (1983) sind Wahrnehmungs- und Sprachverarbeitungssysteme *Inputsysteme*, die *zentralen Systeme* umfassen Denksysteme (inkl. Argumentieren, Problemlösen, Lernen). „Inputsystem" ist funktional definiert:

> „such a system takes as its input the output of a sensory transducer, a device that maps in a one to one fashion from a noncomputational pattern of physical energy into a symbolic format; the input is a 'representation' of a proximal stimulus (say, a pattern of light waves impinging on the retina); it is transformed by the input system into a representation of the distal layout (say, a friend's face) and then into a format that makes it accessible to the central thought processes, say a conceptual representation of Here's Susan."
>
> (CARSTON 1988: 41)

Das hier zum visuellen Bereich Gesagte betrifft auch die anderen Perzeptionsbereiche (den akustischen, taktilen, olfaktorischen, gustatorischen) und nach FODOR (1983) auch den Sprachbereich: Sie liefern den Zentralsystemen Informationen über die Welt außerhalb von uns.[61] Nach FODOR (1983: 2ff) gilt:

- Inputsysteme sind modalitäts- und domänenspezifisch. Domänen sind die Bereiche physikalischer Reize, die den einzelnen Modalitäten zugänglich sind, also z.B. Lichtwellen im visuellen Bereich, Schallwellen im akustischen. Zentrale Systeme sind modalitäts- und domänenneutral.
- Inputsysteme funktionieren schnell und automatisch, zentrale Systeme langsamer, weniger automatisch; Denkprozesse übt man bewusst aus.
- Inputsysteme sind nach FODOR (1983: 2) „abgeschlossen" („encapsulated"), zentrale Systeme haben unbeschränkten Zugang zu Daten aus dem Gedächtnis und aus den Inputsystemen.

All dies bedeutet nach CARSTON (1988: 43), dass Inputsysteme modular, zentrale Systeme typischerweise nichtmodular sind. *Modularität* ist nach FODOR (1983) charakterisiert durch Domänenspezifizität („special-purpose"-Funktion), spezifisches Vokabular und Format, d.h. Ausrüstung mit spezifischen Einheiten und Regularitäten, und spezifische Berechnungs-Prinzipien. Das Gegenteil zu Modularität ist *Holismus*. Nach der holistischen Auffassung sind sprachliche Regeln und Repräsentationen Epiphänomene allgemeiner kognitiver Prozesse und Strukturen. Die Auffasung, dass Denken holistisch funktioniert, ist offenbar gesichert. Kritik an der Auffassung von FODOR (1983) ist angebracht: Sprache hat mit Wahrnehmung sicher gemeinsam, dass sie domänenspezifisch, nach außen abgeschlossen und schnell in der Verarbeitung ist. Ich bezweifle jedoch, dass Sprachverarbeitung automatisch und reflexartig funktioniert.[62] Sprachverarbeitungs-Phänomene sprechen dagegen:

- Für eine sprachliche Äußerung zu einem Sachverhalt oder Ausdruck eines Gefühls stehen meist mehrere Sprachausdrücke und grammatische Konstruktionen zur Verfügung. In (3-77) wird der gleiche Sachverhalt stilistisch sehr verschieden ausgedrückt; in (3-78) wird je nach Situation bzw. nach dem Verhältnis zwischen Sprecher und Adressat sprachlich differenziert:

(3-77) a Der Präsident ist verschieden.
b Der Präsident ist gestorben.
c Der Präsident ist abgekratzt.
d Der Präsident ist krepiert.

---

61 Nach ENGELKAMP (1986: 111) gilt allerdings: „Wahrnehmen beinhaltet ... immer auch Denken".

62 "Fodor (1985) talks of natural language parsing and visual processing as reflex-like; they are reflex-like in their automaticity and encapsulation. However, this analogy breaks down with regard to the other main property of reflexes, that is their direct unmediated response to the appropriate stimulus. Input systems are not 'straight-through' but computational; in this respect they are not to be distinguished from the 'thinking' capacities of the mind" (CARSTON 1988: 42).

(3-78) a Würden Sie mich bitte allein lassen?
b Gehen Sie bitte!
d Mach mal 'ne Mücke!
e Hau ab![63]

– Versprecher wie in (3-79) zeigen, dass einer sprachlichen Äußerung eine gewisse Planung zugrunde liegt, die auch durcheinander geraten kann:

(3-79) a Das Haus sieht ganz *verkommelt* aus. (WIESE 1987)
b Sie hören jetzt von Georg Hann gesungen die Arie des Falstaff „Als Büblein klein an der *Musterbrust*". (Radioansage)

Denken schließt nach CARSTON (1988: 43) so unterschiedliche Aktivitäten ein wie Argumentieren, Problemlösen, Spekulieren, vermutlich auch Fantasieren, Tagträumen und Vorstellen (geistiges Einüben) bevorstehender Interaktionen. Sicher gehört auch (nichtsprachliches) Memorieren dazu. Aber auch komplexe Vorgänge wie Lernen, Kategorisieren und Schließen muss man m.E. dazu rechnen. Diese Aufzählung zeigt, dass „Denken" eine recht pauschale Benennung für unterschiedliche kognitive Aktivitäten ist, die nur gemein haben, dass sie zu den zentralen Prozessen gehören. Das heißt:

– Zentrale Systeme sind modalitäts- und domänenneutral.

– Zentrale Systeme sind langsamer und weniger automatisch als Inputsysteme; man kann Denkprozesse bewusst ausüben.

– Zentrale Systeme haben nach FODOR (1983:2) unbeschränkten Zugang zu Daten aus dem Gedächtnis und aus den Inputsystemen, sind also nicht „encapsulated".

Man kann keinerlei „Denkzentrum" im Gehirn ausmachen. Allenfalls weiß man, dass Mandelkern und Hippocampus für Gedächtnisleistungen zuständig sind. Werden diese Strukturen in beiden Hemisphären verletzt, entsteht eine dauernde schwere Gedächtnisstörung, die anterograde Amnesie. Weniger tiefgreifend ist die Verletzung nur einer Hemisphäre. Dass Denken nicht mit Sprechen verbunden ist, zeigten Versuche, bei denen den Testpersonen das indianische Pfeilgift Curare injiziert wurde, was zu einer Lähmung der Sprechmuskulatur führte, ohne dass die Bewältigung von Problemlösungsaufgaben beeinträchtigt wurde (vgl. GRIMM / ENGELKAMP 1981: 67).

Die Kognitive Psychologie stellt sich laut NORMAN / RUMELHART (1975) die Aufgabe, im menschlichen Gehirn gespeicherte konzeptuelle Relationen präzise und formalisiert zu repräsentieren. Nach SCHWARZ (1996^2: 87) ist eine Kernannahme der Kognitionsforschung, dass die im Gedächtnis gespeicherten kognitiven Strukturen die äußere Welt mental repräsentieren. Als elementare Einheit unserer strukturellen Kognition betrachtet sie in Übereinstimmung mit den meisten Kognitionsforschern das Konzept.[64] Ein **Konzept** ist

63 Zusätzliche (durch soziale Beziehungen bedingte) Differenzierung ergibt sich durch Gebrauch von *du* und *Sie*.

64 SCHWARZ (1996^2: 87) nennt unter anderem KLIX (1984), SNODGRASS (1984), RICHARDSON / BHAVANI (1984) und ENGELKAMP (1986).

ein Baustein unseres Kognitionssystems, eine mentale Organisationseinheit mit der Funktion, Wissen über die Welt zu speichern. Konzepte ermöglichen „die ökonomische Speicherung und Verarbeitung subjektiver Erfahrungseinheiten durch die Einteilung der Informationen in Klassen nach bestimmten Merkmalen“ (ebd.). Zur Orientierung in der Welt muss der Mensch diffuse Reizmengen in invariante Objekte einteilen, die wiederum in Klassen äquivalenter Teilmengen zusammengefasst werden:

> „Identität und Äquivalenz stellen fundamentale Prinzipien bei der Kategorisierung der Welt ... dar. Das Prinzip der Identität läßt uns ein Objekt zu unterschiedlichen Zeitpunkten und in verschiedenen Räumen als ein und dieselbe Entität erkennen. ... Das Prinzip der Äquivalenz läßt uns zwei Objekte aufgrund ihrer gemeinsamen Eigenschaften als zwei Entitäten, die beide Exemplare (oder Instanen) derselben Klasse sind, erkennen. Deshalb kann ich die Eiche im Park und die Eiche im Garten als Exemplare der Gegenstandsklasse BAUM identifizieren.“ (SCHWARZ 1996^2: 88)

Das Erkennen identischer und äquivalenter Objekte wird durch die im LZG gespeicherten Konzepte ermöglicht. Konzepte, die individuelle Objekte repräsentieren, sind Token- bzw. Individualkonzepte; solche, die Informationen über ganze Klassen von Objekten speichern, stellen Kategorien bzw. Type-Konzepte dar (vgl. JACKENDOFF 1983). SCHWARZ (1996^2: 88) nimmt an, dass durch Erfahrungen mit vielen Hunden ein HUND-Konzept entsteht, das aus den Einzelexemplaren extrahierte Merkmale wie (IST EIN TIER, HAT VIER BEINE, KANN BELLEN) enthält. Aufgrund dieser Merkmale kann ein Objekt als Mitglied oder Nicht-Mitglied des HUND-Konzepts identifiziert werden.[65]

Da viele Konzepte ihrer Struktur nach vage sind – was z.B. das berühmte Tassen-Experiment von LABOV (1973) demonstriert hat –, werden Konzepte in neueren Theorien als eher prototypische Einheiten (nach PUTNAM 1976 und ROSCH 1977) aufgefasst.[66] Konzepte sind nicht isoliert gespeichert, sondern, wie SCHWARZ 1996^2: 91–94) darlegt, durch verschiedene Relationen mit anderen Konzepten verknüpft. Durch solche interkonzeptuellen Beziehungen entstehen kognitive Strukturen, für die in der neueren Forschung mehrere Modelle entwickelt wurden. Eine wichtige Rolle spielt dabei die Schema-Theorie. Der Begriff „Schema“ – als strukturierter Wissensbereich – wurde bereits von BARTLETT

---

65 JACKENDOFF (1983) folgend markiere ich Referenten in der konzeptuellen Welt durch Kapitälchen: TISCH. SCHWARZ (1996^2: 89) verweist auf unterschiedliche Auffassungen zum Konzepterwerb: Während Kognitions- und Entwicklungspsychologen allgemein davon ausgehen, dass komplexere Konzepte aus primitiveren entstehen, vertreten einige Kognitionswissenschaftler (so FODOR 1975) die These, dass die wesentlichen Konzeptstrukturen angeboren seien. Vgl. die kritische Diskussion der Forschungslage bei LÖBACH (2000).

66 In dem Experiment sollten Versuchspersonen Gefäße als *vase*, *cup* or *bowl* klassifizieren. Es zeigte sich, dass die VPen relativ problemlos entscheiden konnten, wenn das Gefäß hoch und schlank war (wie bei *vase*) oder niedrig und weit (wie bei *bowl*) oder ausgewogen (mittlere Höhe und Weite wie bei *cup*), dass sie aber Probleme hatten mit Zwischenstufen zwischen *vase* und *cup* oder zwischen *cup* und *bowl*. Ein Henkel, der bei einem zweiten Versuch allen Gefäßen hinzugefügt wurde, verstärkte den Eindruck der „Tassenhaftigkeit“: Unabhängig von den Dimensionen wurden die Gefäße dann meist als *cup* bezeichnet.

(1932) eingeführt, im Rahmen seiner Gedächtnistheorie, die konstruktive Mechanismen annimmt und damit in Opposition zu den rein assoziativen Gedächtnismodellen der Behavioristen stand.[67] Später wurden solche komplexen Repräsentationseinheiten in unterschiedlichen Modellen auch als „frames“ (MINSKY 1975), „Rezepte“ (WETTLER 1980), „Skripts“ oder „Szenarios“ (SANFORD / GARROD 1981) bezeichnet. Als Beispiel führt SCHWARZ (1996²: 92) das GEBEN-Schema an, das drei Konzeptvariable besitzt: X (GEBER), Y (EMPFÄNGER) und Z (GABE). Diese Variablen werden durch partikulare Instanzen gefüllt:

(3-80) Martin gibt Birgit das Buch.

Sprachverarbeitung ist – wie auch Wahrnehmung – schemagesteuert. Dabei werden nicht-explizit genannte Einheiten inferiert (vom Schema hinzugesteuert). Ein gutes Beispiel dafür liefern EHLICH / REHBEIN (1972) mit dem Szenario des Speiserestaurants, wo ein Satz wie *Ich habe im Restaurant ein Steak gegessen* viele Einzelheiten auslässt (z.B. dass ich das Steak von der Speisekarte ausgewählt, beim Kellner bestellt und später bei ihm bezahlt habe), die allesamt zum Szenario gehören und daraus inferiert werden.[68]

Nach NORMAN / RUMELHART (1975: 8f) haben sich bei der Darstellung mentaler Prozesse (nicht nur der sprachlichen) strukturelle Netzwerke besonders bewährt. Sie demonstrieren das an folgendem Beispiel:

(3-81) a Peter put the package on the table.
b Because it wasn't level, it slid off.

Der Adressat der Äußerung wird ohne weiteres das erste *it* als koreferent mit *the table*, das zweite als koreferent mit *the package* auffassen. Dazu benötigt er außer Sprachwissen – das in diesem Fall auch andere Koreferenzen zulassen würde (z.B. Koreferenz des ersten *it* mit *the package*), auch Weltwissen, das ihm sagt, dass ein Gegenstand von einer nicht ebenen horizontalen Fläche herunterrutscht. Der Adressat einer Äußerung muss ein Problemlösungs-Verhalten ausüben, wobei er auf Weltwissen zurückgreift. Ein strukturelles Netzwerk stellt wichtige zugrundeliegende Propositionen dar, die im Fall von (3-84) Ereignisse wie AUF-DEN-TISCH-LEGEN und VOM-TISCH-RUTSCHEN, Zustände wie das SCHRÄGSEIN DES TISCHS und Objekte WIE PETER, PAKET und TISCH einschließen. Abb. 3-2 ist die entsprechende Netzwerk-Darstellung:

67 Bartlett legte seinen VPen Texte zur Einprägung vor und ließ sie von ihnen reproduzieren. Dabei ergaben sich signifikante Veränderungen gegenüber dem Original: Informationen wurden hinzugefügt, modifiziert oder weggelassen, was Bartlett auf den Einfluss des im Gedächtnis gespeicherten Wissens zurückführte.

68 Ein Szenario kann als ein komplexes Schema aufgefasst werden.

Abb. 3-2 Netzwerk-Diagramm von (3-81)

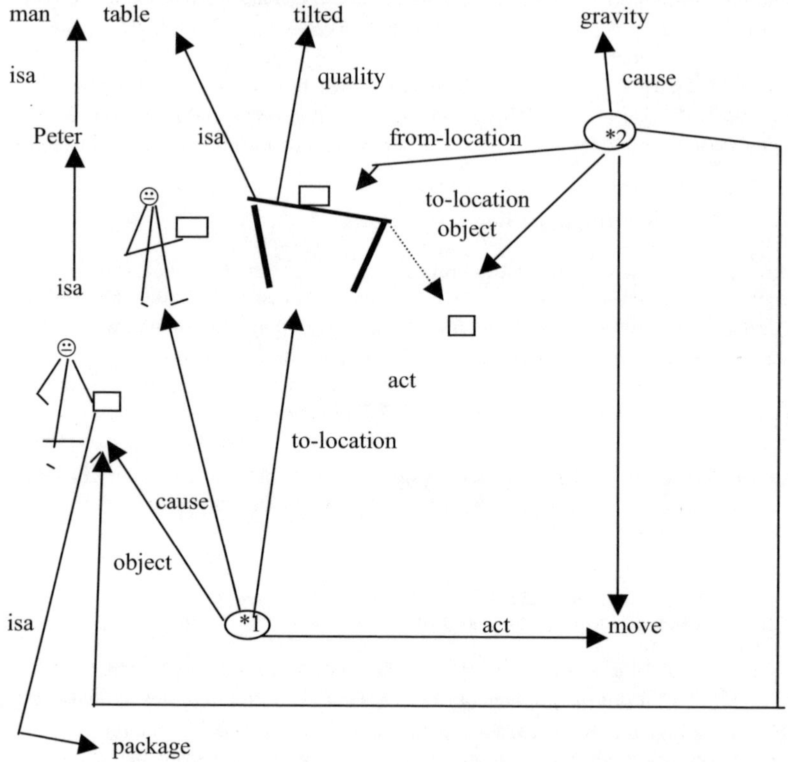

Die Strukturdarstellung ist ein gerichteter Graph mit Knoten, die durch spezifische Relationen miteinander verbunden sind. Das Oval *1 stellt den Akt des Bewegens (*move*) dar, das Peter als Ursache hat; das bewegte Objekt ist ein Paket, das Bewegungsziel (*to-location*) ist der Tisch. Das Oval *2 ist eine andere Bewegung mit dem Paket als Objekt und der Schwerkraft als Ursache der Bewegung, die vom Ausgangsort (Oberfläche des Tischs) zum Ziel (Boden) verläuft. Die Ovale stellen die Haupt-Propositionen dar. Die anderen Konzepte sind im Diagramm nicht weiter zerlegt. Das Bild des Tischs wird durch die Relation *isa* („is an instance of") als Vorkommen des Konzepts TISCH spezifiziert. Die Bilder von Peter und dem Paket werden durch die gleiche Relation als Vorkommen der Konzepte PETER und PAKET gekennzeichnet; das Konzept PETER ist ein Spezialfall des Konzepts MANN. Ähnlich wäre PAKET als Spezialfall von DING zu markieren.

Wichtig im Hinblick auf Referenz ist der Unterschied zwischen Type- und Token-Knoten. In Abb. 3-2 entspricht das Bild des Tischs dem Token und das Wort *table*, zu dem die *isa*-Linie hinführt, dem Type. Types sind Primärknoten im Gedächtnis-Speicher, denen direkt

Sprachkonzepte wie MANN oder TISCH entsprechen. Tokens sind Sekundärknoten, die Instanziierungen von Types in bestimmten Kontexten (z.B. einen Mann namens *Peter*) darstellen.

NORMAN / RUMELHART (1975: 16ff) kommen anhand von eigenen und in der Literatur erörterten Experimenten zur Ansicht, dass der Unterschied zwischen propositionaler und analoger Darstellung keinen krassen Gegensatz darstellt. Offenbar gibt es Zwischenstufen; die im Gedächtnis gespeicherten Eindrücke sind fast nie fotografische Wiedergaben sensorischer oder anderer Erfahrungen. Als Beispiel führen sie einen Wahrnehmungswiedergabe-Test an, der mit Studenten der University of California, San Diego, durchgeführt wurde. Die Studenten wurden gebeten, die Vorderfront des Psychology-Linguistics-Gebäudes, in dem sie täglich ein- und ausgingen, zu zeichnen. Abb. 3-3 und Abb. 3-4 sind zwei charakteristische zeichnerische Wiedergaben der Fotografie des Gebäudes.

Abb. 3-3 **Zeichnung 1**

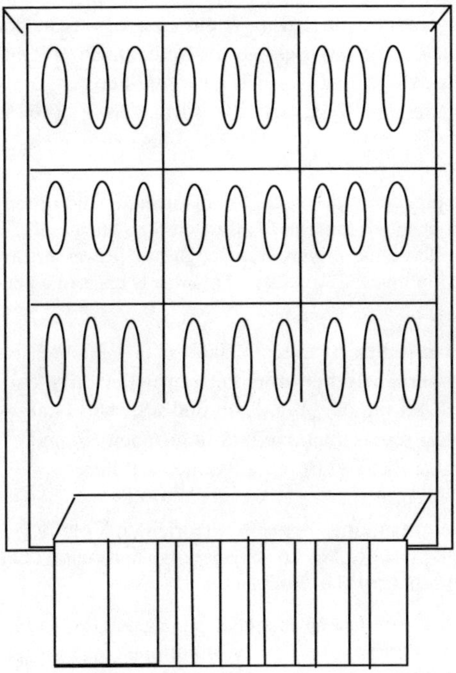

Abb. 3-4 **Zeichnung 2**

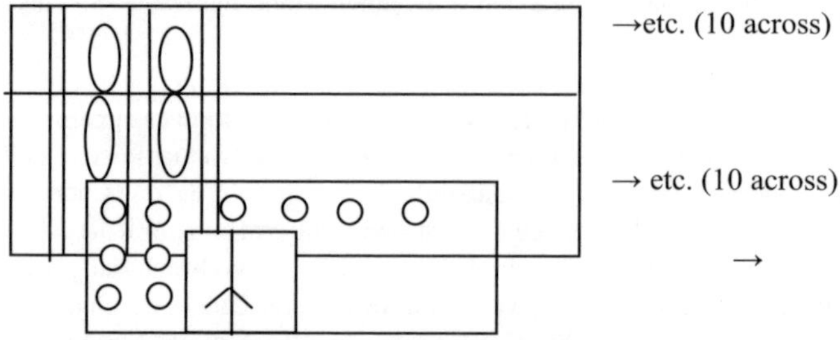

In fast allen Zeichnungen traten bemerkenswerte Irrtümer auf (von denen einige sich in fast allen Skizzen finden): So wurde das Gebäude viel schmaler gezeichnet, als es war, und die Zahl der Fenster wurde durchweg unterschätzt; auf den beiden abgebildeten Zeichnungen sind 9 bzw. 10 Fenster eingezeichnet; die tatsächliche Zahl ist 42. Bei beiden Skizzen ist der Eingang zu weit links eingezeichnet. Ein Wahrnehmungs-Test, bei dem von vier gezeigten Fotos des Gebäudes nicht das richtige als authentisch erkannt wurde (sondern statt dessen ein Gebäude, das zu schmal war und zu wenig Fenster hatte) korrespondierte mit dem Wahrnehmungswiedergabe-Test. NORMAN / RUMELHART (1975: 32) schlussfolgern:

> „... complex cognitive acts accompany the processes of language understanding and of recognizing perceptual events. Information in memory consists of all of our knowledge of the world. The process of understanding involves a large variety of cognitive processes, all working together to integrate new information into the structures that already exist in a person's mind."

Zentral bei der Beschäftigung mit der semantischen Struktur lexikalischer Einheiten ist die Frage nach dem **Verhältnis zwischen semantischer und konzeptueller Struktur** (Denkstruktur). Nach LANG (1994) geht es dabei um die „Frage, ob und wie ‚word knowledge' und ‚world knowledge' strukturell und repräsentationell zu unterscheiden sind".[69] Nach JACKENDOFF (1983: 13ff) muss die Semantik zwei Beschränkungen erfüllen:

- Der *Grammatical constraint* besagt, dass man einer Semantiktheorie den Vorzug gegenüber konkurrierenden Theorien geben sollte, wenn sie Generalisierungen über Syntax und Lexikon zulässt, die andernfalls unerklärt blieben.
- Der *Cognitive Constraint* fordert, dass es eine Ebene mentaler Repräsentationen geben muss, auf der sprachliche Information kompatibel mit Informationen anderer peripherer Systeme wie visuelle Wahrnehmung, nicht-sprachliches Hören, Geruch, Kinästhetik usw. ist. Das ist vergleichbar mit der im obigen Zitat von NORMAN / RUMELHART (1975: 32) ausgedrückten Ansicht und auch mit folgender:

[69] So ist danach zu fragen, ob im mentalen Lexikon die Einheiten des sprachlichen und des konzeptuellen Wissens zusammenfallen oder nicht.

„... the conceptual relationships that we believe exist within human memory ... should not be restricted to linguistic information. Sensory, experiential, emotional, and cognitive aspects of information must all be present." (NORMAN / RUMELHART 1975: 8)

Darauf baut Jackendoffs *Conceptual Structure Hypothesis* auf:

„There is a single level of mental representation, conceptual structure, at which linguistic, sensory, and motor information are compatible." (JACKENDOFF 1983: 17)

Die Interaktion zwischen konzeptueller Ebene und rein sprachlichen Ebenen stellt JACKENDOFF (1983: 21) folgendermaßen dar:

Abb. 3-5 Sprachliche Ebenen und konzeptuelle Ebene

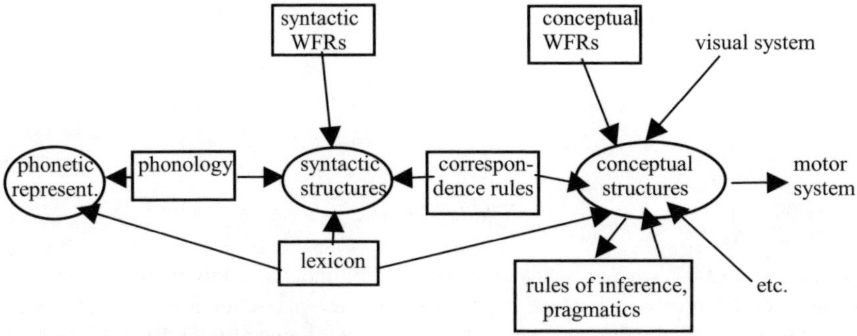

WFR = wellformedness rule

Jackendoff hat seine Ansichten zur Konzeptstruktur und ihrer Interaktion mit den in Abb.3-5 dargestellten Komponenten (Phonologie, Syntax) und Regeln (z.B. den syntaktischen Wohlgeformtheitsregeln – oben im Diagramm) später weiter ausgebaut (vgl. JACKENDOFF 1997). Das Zusammenspiel von syntaktischer und kognitiv-referenzieller Struktur wird in 5. erläutert.

Während nach JACKENDOFF (1983) gilt „Semantic Structure is Conceptual Structure" (1983: 95, Überschrift von Kap.6), handelt es sich nach BIERWISCH (1983a) um zwei verschiedene repräsentationale Ebenen, die jedoch in enger Wechselwirkung zu sehen sind. Sprachliche Ausdrücke sind Bestandteile syntaktischer Strukturen, die semantischen Gehalt haben (etwa der Form: A verursacht B), aber nur teilweise mit konzeptuellen Relationen übereinstimmen. Wir referieren mittels sprachlicher Ausdrücke auf *Konzepte*, die in irgendeiner Weise Gegebenheiten der realen Welt wiederspiegeln.

Die semantische Ambiguität des Satzes (3-82) ist vollständig voraussagbar aufgrund des semantischen Gehalts der in ihm auftretenden Lexeme: *Flügel* kann ein Teil eines (natürlichen oder artifiziellen) Fluginstruments, Teil eines Gebäudes oder einer Partei oder ein Musikinstrument sein; *links* kann eine geometrische Eigenschaft, aber (im Fall des Parteiflügels) auch eine politische Ausrichtung bezeichnen.

(3-82) Der linke Flügel muss erneuert werden.

Satz (3-83) dagegen ist nach BIERWISCH (1983a) semantisch eindeutig, aber konzeptuell verschieden interpretierbar, da jeweils verschiedene konzeptuelle Aspekte des Worts *Schule* in den Vordergrund treten können. Die lexikalische Einheit *Schule* hat nach BIERWISCH (1983a: 82) die kognitive Struktur (3-84).

(3-83) Die Schule muss erneuert werden.

(3-84) Konzeptuelle Struktur von *Schule*

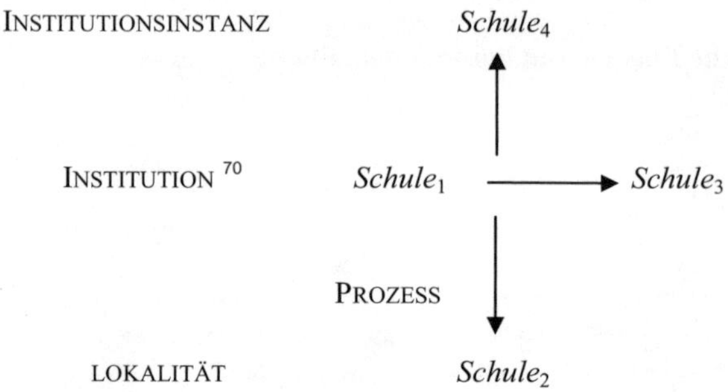

Die Lesarten von (3-83) erklärt BIERWISCH (1983a: 76) dadurch, „daß zwischen den verschiedenen Varianten in verschiedene begriffliche Bereiche verschobene Interpretationen eines sprachlichen Ausdrucks auftreten." Er nennt das „**konzeptuelle Verschiebung**"; dabei werden verschiedene Teilbereiche der Konzeptstruktur von *Schule* aktiviert und spezifiziert. Die Interpretation einer Äußerung ist mitbestimmt vom situativen Kontext (im weiten Sinne), der seinerseits weitgehend vom in unserem Gedächtnis gespeichertem „Weltwissen" abhängt.[71]

---

[70] Bierwischs Terminus „Institution als Prinzip" ersetze ich durch „Institution", seinen Terminus „Institution" durch „Institutionsinstanz".

[71] Einen dritten Ansatz, der eine Zwischenstellung zwischen den Positionen von JACKENDOFF (1983) und BIERWISCH (1983) einnimmt, stellt die Auffassung von SCHWARZ (1992: 98ff) dar. Sie unterscheidet drei Bedeutungsebenen: eine amodale – in der Kognitionsmodalität (auditiv, visuell, sprachlich etc.) nicht festlegbare – konzeptuelle Ebene im LZG, eine lexikalisch-semantische Ebene im LZG, mit Konzeptinhalten, die an phonologische Formen und syntaktische Raster gekoppelt sind und eine Ebene der aktuellen Bedeutungen, deren Einheiten das Resultat eines komplexen Informationsverarbeitungsprozesses sind und die im KZG repräsentiert sind.

3.6 Zur Entwicklung des Referenzbegriffs

GEIGER (1995a: 11ff) gibt einen prägnanten Abriss der Referenzforschung in den letzten Jahrzehnten, der es verdient, hier relativ ausführlich referiert zu werden. Er macht zunächst auf die große Konfusion in der Referenz-Literatur aufmerksam, auf die bereits SEARLE (1969: 79) hingewiesen hatte, der von „extraordinary amount of confusion" spricht. GEIGER (1995a: 12f) schält drei Hauptansätze zur Bestimmung von „Referenz" heraus, denen sich die meisten Ansichten von Referenz zuordnen lassen:

> „For some, it is an abstract semantic relationship. For others, it is a concrete pragmatic act. For still others, it is a shared conversational process. One of the more noteworthy aspects of these varied views is the degree of attention each pays to communicating human beings. On the view of reference as a semantic relationship, human beings as language processors are of entirely negligible importance. ... For specialists more interested in language as a means of communication than in language as an abstract system, the notion of reference sometimes called ‚speaker reference' is the concept worked with, particularly because it is defined pragmatically. ... So on the pragmatic view of reference, the focus of interest is on speech acts performed by an individual speaker ... Finally, on the conversational view reference is a cooperative process which takes place in verbal interaction between speech partners."

Der erste Ansatz ist charakteristisch für den **philosophisch-semantischen Standpunkt**. Die Philosophie war zwar immer an sprachlichen Fragen interessiert, betrachtete Sprache aber nur als Reflexion abstrakten Denkens und ließ den Sprachbenutzer völlig außer Acht. Das änderte sich auch nicht, als man vom Studium der Wahrheitswerte zum Studium der Beziehung zwischen Sprache und Welt überging (vgl. GEERAERTS 1985): Korrekte Referenz lag nach Meinung der Philosophen vor, wenn die Bedeutung eines Sprachausdrucks etwas in der realen Welt „korrekt" beschrieb (GEIGER 1995a: 15). Da dies für den vielzitierten Satz (3-85) – eine Wiederholung von (3-17) – nicht zutrifft, erklärte RUSSELL (1905) ihn für falsch.

(3-85) The present king of France is bald.

Seit der Mitte des 20. Jahrhunderts machte sich in der Philosophie der **pragmatische Standpunkt** geltend. STRAWSON (1950) argumentierte, dass einem Satz wie (3-85) nur ein Wahrheitswert zugeordnet werden kann, wenn man den Äußerer des Satzes und die Äußerungssituation mit berücksichtigt. Zu einem Zeitpunkt geäußert, wo es keinen König von Frankreich gibt, ist der Satz weder wahr noch falsch, sondern nicht sinnvoll äußerbar, d.h. es kann ihm kein Wahrheitswert zugeordnet werden (vgl. 3.1.2). Anstelle „semantischer Fakten" wurden nun Sprecher-Annahmen als entscheidend angesehen.

Gegen Ende des 20. Jahrhunderts wurde der **kognitive Standpunkt** vorherrschend. Die Philosophen (wie auch Psychologen und Linguisten) erkannten, dass man nicht notwendig auf Gegenstände der realen Welt referieren kann. GEIGER (1995a: 16) verweist auf die Diskussion über Referenz ohne Referenten („reference without referents") bei DROSTE

(1978) bzw. Referenz auf nicht-existente Objekte („non-existent objects") bei PARSONS (1980). WRIGHT / GIVÓN (1987: 11) argumentieren:

> „reference in human language is not a mapping from linguistic terms to individuals existing in the Real World, but rather to individuals established verbally ... in the universe of discourse."

Zudem wurde der Adressat der Äußerung einbezogen, da Referenz nur dann erfolgreich ist, wenn sie beim Adressaten „ankommt". SEARLE (1969) nimmt daher Grade des referenziellen Erfolgs („degrees of referential success") an. Für den Stand zu Ende des 20. Jahrhunderts hält GEIGER (1995a: 19) fest, dass Referenz (mit Hilfe von Sprache) in allen Disziplinen, die sich mit Kognition befassen (vor allem in der Philosophie) ein beliebtes Thema geworden ist. Das zeigt, dass Referenz in hohem Grade mit Kognition zu tun hat:

> „The act of referring, of course, reflects cognition, because in mentioning something to someone in order to be able to talk about it, we implicitly, and at times even explicitly, communicate certain aspects of our beliefs about that something."

Mit der Erkenntnis der Kognitiven Linguistik (vgl. JACKENDOFF 1983), dass die Referenten sprachlicher Ausdrücke nicht in der realen oder einer möglichen Welt zu lokalisieren sind, sondern in der (projizierten) „Bewusstseinswelt" des referierenden Menschen, entfallen Probleme, die die strukturelle und die logikbezogene Semantik haben, z.B. bei Bestimmung des Referenten von Abstrakta und Prädikaten. Zudem wird neuerdings verstärkt dem in der Pragmatikforschung (vgl. SEARLE 1969 und 1983) betonten Umstand Rechnung getragen, dass Referieren ein Prozess ist, der eng mit anderen kognitiven Prozessen (wie der visuellen und akustischen Wahrnehmung) zusammenhängt. Wie andere menschliche Handlungen unterliegt Referieren bestimmten Bedingungen, wenn diese auch nicht – oder nur teilweise – den Glückensbedingungen und den ihnen zugrundeliegenden Axiomen entsprechen, die SEARLE (1969) formuliert (vgl. 3.4). Dass Referieren ein Prozess ist, der Bezug auf einen Referenten in unserer Kognition darstellt, lässt sich auch an dem von TEXTOR (2204: 10) diskutierten Satz (S6) *Kurt glaubt, dass Hesperus Phosphorus ist* zeigen: Zur menschlichen Kognition gehören Annahmen und Vermutungen (die sowohl auf Wahrnehmungen als auch auf Schlussfolgerungen von anderen Annahmen beruhen können). Insofern können zwei Personen in Bezug auf den gleichen Gegenstand unterschiedliche Annahmen haben. So kann auch der Satz *Marie glaubt nicht, dass Hesperus Phosphorus ist* eine wahre Aussage darstellen.[72]

---

[72] Die Erklärung, die FREGE (1892a) nach TEXTOR (2004:11) gibt, nämlich, dass „Eigennamen, die in direkter Rede denselben Gegenstand bezeichnen, in indirekter Rede verschiedene Gegebenheitsweisen bezeichnen" können und dass daher

Inwieweit sich Annahmen der Kognitiven Linguistik – z.B. von BIERWISCH (1983a), JACKENDOFF (1983) und GEIGER (1995a) – bei konkreten Referenzakten bestätigen lassen, ist in den folgenden Kapiteln noch zu diskutieren.

---

ko-referentielle Eigennamen in indirekter Rede nicht *salva veritate* ausgetauscht werden können, ist nicht befriedigend, da sie nicht für alle Vorkommen von indirekter Rede zutrifft (vgl. 6.2).

4. Referenzbereiche

Nach THRANE (1980) ist ein Ausdruck „referenziell“, wenn er die Möglichkeit hat zu referieren. Einen referenziellen Ausdruck, der in einer konkreten sprachlichen Äußerung tatsächlich zum Referieren benutzt wird, nennt er „referierend“, wobei zu beachten ist: Nicht der Ausdruck referiert, sondern ein Mensch referiert mittels dieses Ausdrucks (vgl. LINSKY 1971: 76). Das Bezugsobjekt eines referierenden sprachlichen Ausdrucks wird „Referent“ genannt.[73] Zur Frage, wo Referenten anzusiedeln sind, gibt es unterschiedliche Meinungen. Früher nahm man an, dass Sprachausdrücke auf die „reale Welt“ referieren. Später fanden Philosophen und Linguisten, dass man auf mögliche Welten referieren kann, da man auch auf Gegenstände fiktiver Welten, z.B. den WEIHNACHTSMANN, FRAU HOLLE, PEGASUS, ACHILLES, DORNRÖSCHEN oder auf Referenten vergangener Welten wie SOKRATES bzw. zukünftiger Welten wie DIE MARSBESTEIGUNG verweisen kann (vgl. PADILLA GÁLVEZ 1988 und CRESSWELL 1991). Neuerdings nehmen Linguisten wie BIERWISCH (1983a) und SCHWARZ (1992) an, dass sprachliche Ausdrücke auf Einheiten einer konzeptuellen Welt referieren (vgl. 3.6).[74] Nach JACKENDOFF (1983) referieren Menschen mit sprachlichen Ausdrücken nicht auf die reale, sondern auf eine projizierte Welt, wobei er sich auf die Gestaltpsychologie stützt, wonach Menschen etwas in die wahrgenommenen Gegenstände hineinprojizieren, ja, dass sie wahrgenommene Gestalten erst in ihrem Bewusstsein schaffen. So wird Abbildung 4–1 als Viereck wahrgenommen, obwohl physikalisch gesehen nur 4 Punkte existieren; der Rest wird hinzugedacht.

Abb. 4-1

Abb. 4-2

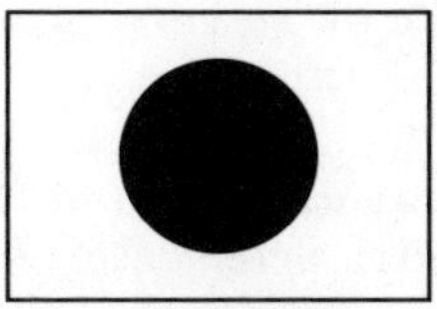

---

[73] In der philosophischen Referenzliteratur wird „Gegenstand“ synonym zu „Referent“ verwendet. MEIXNER (2004: 36) fasst Gegenstand enger i. S. v. „Körper“, wobei er einen merkwürdigen Unterschied macht: „Namen nehmen Bezug, Sätze und Prädikate drücken aus“ (ebd.). Bei Autoren wie FREGE (1892a/b), SEARLE (1969), THRANE (1980) und TEXTOR (2004), die nur Dingreferenz annehmen, fällt *Gegenstand* (als das durch einen EN oder eine Kennzeichnung in einer Sprache Bezeichnete) mit *Ding* zusammen.

[74] Zur Markierung von Konzepten in der konzeptuellen (bzw. projizierten Welt) durch Kapitälchen (SOKRATES, FRAU HOLLE etc.) vgl. 3.5.

In Abb. 4-2 wird entweder eine viereckige Platte mit einem Loch gesehen oder eine runde Platte auf einer viereckigen Unterlage. Hier entsprechen einer Entität der realen Welt zwei verschiedene wahrgenommene Gestalten. Wir können sogar Bewegungen konstruieren, z.B. in einem Trickfilm oder einer einfachen Zeichnung, die vortäuscht, dass ein Ball hinter einem Balken verschwindet und auf der anderen Seite wieder herauskommt (vgl. Abb. 4-3):

Abb. 4-3

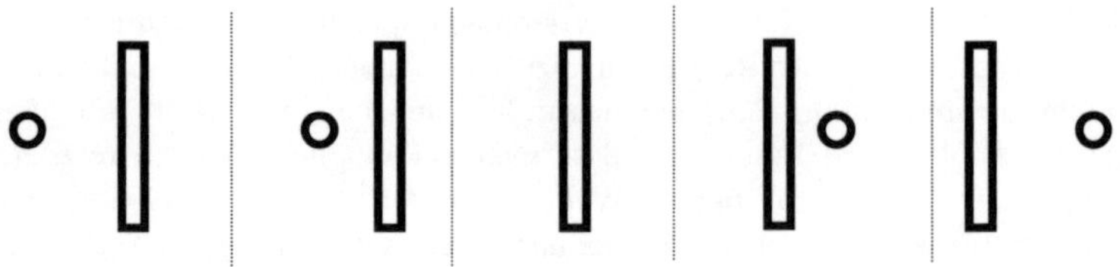

Das zweite Argument von JACKENDOFF (1983) stützt sich auf die Tatsache, dass wir genauso gut über abstrakte Einheiten wie Propositionen, Mengen, Zahlen und Prädikate – denen schwerlich etwas in der realen Welt entsprechen dürfte – sprechen können wie über konkrete Einheiten. JACKENDOFF (1983:42) macht folgende Unterscheidung: Einheiten der realen Welt – die wir als solche nicht wahrnehmen – sind things (d.h. drucktechnisch nicht gekennzeichnet). Einheiten der projizierten Welt sind #things#; Einheiten der mentalen Repräsentation („conceptual constituents“), die, wenn man sie sich bewusst macht, zu Einheiten der projizierten Welt werden, sind [THINGS].

Nach THRANE (1980) sind nur Nominalphrasen (NPs) referenziell. Seit DAVIDSON (1967) nehmen viele Linguisten – z.B. BIERWISCH (1983a, 1988), JACKENDOFF (1983) und EHRICH (1992) – an, dass auch andere Phrasen, also Präpositionalphrasen (PPs), Adjektivphrasen (APs), (VPs) sowie Sätze referieren können, d.h. referenziell sind. Nicht-referenziell wären demnach nur sprachliche Ausdrücke, die sprachstrukturellen Erfordernissen genügen, z.B. Konjunktionen wie *und*, *denn*, *dass* oder *weil*, oder die spontane Gefühlsäußerungen wiedergeben, also Interjektionen wie *au* oder *ach*.[75]

JACKENDOFF (1983: 52f) führt sprachliche Evidenz dafür an, dass neben [DING]-Referenz noch andere Arten von Referenz anzunehmen seien. Es gibt nämlich nicht nur Proformen für [DING]-Bezeichnungen (engl. *this*, *that*, *who*, *what*), sondern auch für Bezeichnungen von [ORTEN] (*there*, *where*), [RICHTUNGEN] (im Deutschen *dorthin* und *wohin*), [HANDLUNGEN] (vgl. *what did you do*?), [EREIGNISSE] (*what happened*?), [ART UND WEISE] (*how*).[76] Diese Proformen können anaphorisch und deiktisch verwendet werden. Ein an-

---

[75] Für FREGE (1892b:67) – wie offenbar noch für SEARLE (1969) – sind auch Prädikate nicht-referenziell. Im Satz *Der Morgenstern ist die Venus* bezeichnet das Prädikat *ist die Venus* einen Begriff, unter den nur ein einziger Gegenstand fällt (nämlich die Venus).

[76] Jackendoffs „Ereignis“ ist durch „Situation“ zu ersetzen (vgl. 1.3).

schauliches Beispiel für deiktischen Gebrauch ist (4-01), wo die Bewegung der beiden Hände eine konzeptuelle Einheit (die Länge des Fischs) projiziert; die Proform *that* referiert auf diese projizierte Länge.

(4-01) The fish was that (Sprecher zeigt mit den Händen) long.

Zum Referieren werden in allen Referenzbereichen Phrasen, bei Situationsreferenz auch Sätze, benutzt.[77] Eine Phrase lässt sich als Sequenz aus 1–n Wörtern auffassen, mit einem Kopf, der die morpho-syntaktischen Eigenschaften der Phrase (Wortkategorie, Person, Genus, Kasus, Numerus etc.) bestimmt (vgl. VATER 2002^4: 101f).[78] JACKENDOFF (1983: 70) geht davon aus, dass alle Phrasen, die konzeptuelle Konstituenten ausdrücken (mit Ausnahme von [TYPE]-Phrasen) referenziell sind. [79]

Die wichtigsten Referenzbereiche sind folgende:

- **Situationsreferenz** ist die übergeordnete Referenzform: Ein Satz referiert gewöhnlich auf eine Situation (nach LÖBNER 2003: 29 auf eine „Referenzsituation").
- **Dingreferenz** ist der klassische Fall von Referenz; ursprünglich wurde Referenz ausschließlich als Dingbezug gesehen. „Ding" ist im weiteren Sinne aufzufassen (d.h. Personen sind „Dinge"). Für Dingreferenz werden fast ausschließlich Nominalphrasen (NPs) – nach neuerer Auffassung Determinansphrasen (DPs) – wie *das Haus*; *das weiße Haus*; *das Haus am Wald* usw. – benutzt. Dazu *gehören* auch „intransitive" Pronomina wie *er*, *sie*, *jemand*, die selbst NPs (bzw. DPs) sind und eine vorangehende NP/DP in einem Text wiederaufnehmen („anaphorisieren") können.[80]
- **Ortsreferenz** fasst Positionierung eines Dings oder einer Situation (Ortsreferenz im engeren Sinne) und direktionale Referenz, d.h. Bewegung zu einem Ort hin zusammen. Eine dritte Ortsreferenzart ist Bezug auf den lokalen Ausgangspunkt (vgl. *X kommt aus Bonn*). Zu weiteren Ortsreferenzarten (z.B. Art der Positionierung und Dimensionsbestimmung) vgl. VATER (1996^3).

---

[77] Als „Referenzbereich" bezeichne ich in Anlehnung an KLEIN / VON STUTTERHEIM (1987) den ontologischen Bereich, in dem ein Referent anzusiedeln ist.

[78] Eine Phrase besteht minimal aus einem Wort; in *Ich trinke Wein* bildet *Wein* gleichzeitig ein Wort (ein Nomen) und eine (Nominal-)Phrase.

[79] TYPES entsprechen ontologischen Kategorien, also THING TYPES, EVENT TYPES, PLACE TYPES etc. (vgl. JACKENDOFF 1983: 79). Die Repräsentation eines einzelnen Dings (Ereignisses, Orts etc.) ist demgegenüber ein TOKEN (vgl. JACKENDOFF 1983: 78). Dem token entspricht in der Logik eine Konstante (vgl. 3.1.1). Nach MEIXNER (2004:18) sind ontologische Kategorien „ganz allgemeine Einteilungsbegriffe für Seiendes überhaupt", „ontologische Arten". Eigenschaften sind Entitäten, rechnen aber – ebenso wie Ereignisse – nicht zu den ontologischen Kategorien (ebd.). Eine Entität ist Seiendes, aber keine Kategorie, denn „der Begriff der Entität ist kein Einteilungsbegriff" (S.19).

[80] Pronomina sind Determinantien. Bei „intransitivem" Gebrauch wie in *er, jemand, dieser (kommt)* füllen sie eine Determinansphrase (DP) aus, bei „transitivem" wie in *das/ dies/ jenes Haus*, regieren sie eine NP (vgl. HAIDER 1988; OLSEN 1991 und VATER 1991b; 2000).

- **Zeitreferenz** betrifft temporale (zeitliche) Relationen zwischen Situationen, also $t_i = t_j$ (vgl. *Während Ida redete, sah Paul aus dem Fenster*), t_i vor t_j (vgl. *Nach dem Essen legte man sich zur Ruhe*), t_i nach t_j.[81] Sprachlich wird Zeitreferenz durch Tempora des Verbs, Temporaladverbiale und Temporalsätze bezeichnet.

Dazu kommen marginale, bisher weniger behandelte Referenzbereiche:

- **Eigenschaftsreferenz**, bezeichnet durch Adjektive (vgl. [*Das Haus war*] *weiß* / *schön* / *alt* – [*das*] *weiße* / *schöne* / *alte* [*Haus*]), aber auch durch Substantive wie in *die Schönheit* [*des Hauses*] oder *das Alte* (vgl. JACKENDOFF 1983). Nach LÖBNER (2003: 28) haben Adjektive keine eigene Referenz, sondern tragen zur Beschreibung eines NP-Referenten bei.
- **Modal(itäts)referenz**, d.h. Bezug auf die Art und Weise, in der etwas vor sich geht (vgl. [*Alles geschah*] *blitzschnell*). Hierzu rechnet auch Modalität im engeren Sinne, die durch Modalverben (*müssen*, *können*, *wollen* etc.), Modaladverbien (*vielleicht*, *möglicherweise*) oder Modaladjektive (*sicher*, *wahrscheinlich*, *offensichtlich*) bezeichnet wird. Zu Referenzeigenschaften von Modalverben und anderen Modalausdrücken vgl. VATER (1975) und WUNDERLICH (1976), zur modallogischen Behandlung Quine (1979^2) und LINSKY (1979^2).
- **Quantitätsreferenz**, d.h. Spezifizierung der Quantität eines Dings oder Ereignisses (vgl. die sehr aufschlussreiche Erörterung von Beispiel (4-01) *The fish was that long* in JACKENDOFF 1983).

Ausführlich werden die vier Haupttypen von Referenz in den folgenden Kapiteln (5 – 8) behandelt. Auf die eher marginalen (bzw. bisher dürftig behandelten) Referenztypen wird nur in Verbindung mit den Hauptreferenztypen eingegangen. Aufschlussreiche Bemerkungen zur Eigenschafts-, Modalitäts- und Quantitätsreferenz finden sich in JACKENDOFF (1983).

Die These von JACKENDOFF (1983), dass semantische und konzeptuelle Struktur eines Satzes identisch sind, wird nicht allgemein geteilt. BIERWISCH (1983a: 63) kritisiert Jackendoffs Konzeption. Sein Hauptargument besagt,

> „daß konzeptuelle Strukturen, also gedankliche Einheiten und Operationen, zwar eine Form der internen, mentalen Repräsentation haben müssen, daß diese Repräsentation aber nicht notwendig an Strukturen der natürlichen Sprache gebunden sein muß.“

Wenn man getrennte Ebenen für Semantik und Kognition annimmt, kann man erklären, warum gleiche Konzepte in verschiedenen Sprachen verschieden ausgedrückt werden, und zwar so, dass die Ausgrenzung mit Hilfe sprachlicher Ausdrücke zu einem in den einzelnen Sprachen jeweils verschiedenen Bedeutungsumfang dieser Ausdrücke führt. Ein Standardbeispiel ist engl. *put*, das ins Deutsche mit *setzen*, *stellen*, *legen* (manchmal auch *hängen*) übersetzt werden muss. Die Bedeutung von *legen* ist – schon aufgrund seiner

81 Wenn t_i das erste und t_j das zweite Ereignis bezeichnet, ist t_i *nach dem Essen* und t_j *legte man sich zur Ruhe*.

Opposition zu *stellen* und *setzen* – anders als die von *put*. Trotzdem kann man davon ausgehen, dass ein Englischsprechender annähernd die gleichen Konzepte zugrundelegt wie ein Deutscher, wenn er ausdrückt, dass jemand ein Buch auf den Tisch legt.

Für JACKENDOFF (1983) sind im übrigen Konzepte universell. Auch die Tatsache, dass vage sprachliche Ausdrücke wie *er*, *der* und *hier* erst durch konkrete Bezüge zu Teilen der Sprechsituation oder des Texts referenziell spezifiziert werden, scheint für Bierwischs Trennung von Semantik und Kognition zu sprechen.[82] Die Diskrepanzen bei der Bestimmung von Referenz hängen teilweise mit den vielfältigen Aspekten des Untersuchungsgegenstandes, teilweise mit dem verwendeten wissenschaftlichen Ansatz zusammen.

[82] Andererseits bestätigt LÖBACH (2000) die These von JACKENDOFF mit Argumenten aus dem semantischen Spracherwerb. Zur Diskussion der Relation von semantischer und konzeptueller Struktur vgl. LANG (1994).

5. Situationsreferenz

5.0 Allgemeines

In 4. wurde dargelegt, dass – entgegen der traditionellen Annahme, dass nur Nominalphrasen referenziell sind – auch Phrasen anderer Typen (VP, AP, PP) sowie Sätze zum Referieren benutzt werden.[83] Als sprachliche Evidenz führt JACKENDOFF (1983: 52f) Proformen für Handlungs- und Ereignisreferenz, Orts- und Zeitreferenz etc. an (vgl. 4.). Die Einsicht von DAVIDSON (1967), dass Sätze auf Sachverhalte oder Ereignisse („events“) referieren, ist relativ neu und wird noch nicht von allen Linguisten und Logikern geteilt.[84] EHRICH (1992) spricht im Anschluss an BARWISE / PERRY (1983) jedoch von Referenz auf Situationen, da diese neben Ereignissen auch Zustände umfassen (vgl. 5.1). VAN DIJK (1980: 25) zufolge referieren Propositionen auf Sachverhalte (und nicht einfach auf Wahrheitswerte):[85]

> „Ein Satz ist dann wahr, wenn der Sachverhalt, auf den er ‚verweist', existiert, sonst ist er falsch.“

Ähnlich nehmen DE BEAUGRANDE / DRESSLER (1981) eine Texten zugrundeliegende Konzeptstruktur an, in der Ereigniskonzepte miteinander und mit Gegenstands- und Ortskonzepten durch Relationen verbunden sind.

Für PADUČEVA (1988: 171) ist Referenz „Inbeziehungsetzen der Äußerung und ihrer Teile mit der Wirklichkeit – mit Objekten, Ereignissen, Situationen, Sachlagen ...“.

---

83 Statt der NP wird in der neueren linguistischen Literatur die DP als Referenzträger für Dingreferenz angenommen (vgl. 6.0).

84 Die traditionelle Einschränkung der Referenz auf Dingreferenz wird in der Linguistik noch von THRANE (1980) vertreten, in der Philosophie von SEARLE (1969) und sogar noch von TEXTOR (2004) (vgl. 4.). Nach MEIXNER (2004: 31) dagegen wird ein Satz – jedenfalls ein Aussagesatz – „dazu verwendet, um auf etwas Bezug zu nehmen, um davon etwas auszusagen“. MEIXNER (2004) gebraucht in seiner Ontologie-Einführung „Bezug nehmen“ durchweg im Sinne von „referieren“; bei der Referenz von Sätzen gebraucht er daneben „aussagen“ (vgl. obiges Zitat). Allerdings sagt er (S. 33) auch, dass Sätze im Gegensatz zu Namen „nicht der Bezugnahme auf etwas dienen ..., sondern dem Ausdrücken von etwas.“

85 VAN DIJK (1980: 25) macht dazu folgende Fußnote: „In der (formalen) Semantik ist es nicht üblich, ‚Sachverhalte' als Referenten von Sätzen anzunehmen, sondern eher Wahrheitswerte, wie ‚wahr' und ‚unwahr'. Abgesehen von der Tatsache, daß solche Wahrheitswerte fast nur auf indikative Sätze angewandt werden können (Behauptungen), bestehen noch andere Gründe dafür, von Satzreferenten zu sprechen, z.B. von Sachverhalten.“ Er verweist auf VAN DIJK (1977) für eine weitere Auseinandersetzung mit der Problematik.

5.1 Situationen, Sachverhalte und Tatsachen

Als „Satzreferenten" (vgl. VAN DIJK 1980: 25) werden in 5.0 sowohl „Sachverhalte" genannt (bei VAN DIJK 1980) als auch „Ereignisse" („events" bei REICHENBACH 1947, DAVIDSON 1967 und KAMP 1979), schließlich „Situationen" (bei BARWISE / PERRY 1983 und EHRICH 1992) bzw. „Referenzsituationen" (bei LÖBNER 2003). Da ich „Situation" als geeignetsten (weil umfassendsten) Terminus für einen Satzreferenten annehme, soll dieser genauer erklärt und von „Sachverhalt", „Ereignis" und „Tatsache" abgegrenzt werden.

5.1.1 Sachverhalte und Tatsachen

„Sachverhalt" wird von KLAUS (1964: 29) – der die marxistische Widerspiegelungstheorie vertritt – folgendermaßen definiert:

> „Die Grundform der gedanklichen Widerspiegelung der Wirklichkeit ist die Aussage, das Urteil. ... Jede Aussage, jedes Urteil ist die – mehr oder weniger adäquate – Widerspiegelung eines Sachverhalts, also etwa der Tatsache, daß einem bestimmten Gegenstand eine bestimmte Eigenschaft zukommt, oder der Tatsache, daß zwischen bestimmten Gegenständen eine bestimmte Beziehung besteht usw. Zunächst erfassen wir nur Sachverhalte. Erst deren genauere Analyse führt uns zu den Gegenständen, Eigenschaften und Beziehungen selbst, die in Begriffen widergespiegelt werden."[86]

Nun sagt Klaus zwar nicht, dass ein Satz auf einen Sachverhalt referiert – so weit war die (philosophische und linguistische) Referenzforschung zum damaligen Zeitpunkt noch nicht – aber er kommt dem sehr nahe, wenn er von „Widerspiegelung eines Sachverhalts" spricht. Der Auffassung der neueren Referenzforschung entspricht auch, dass Begriffe von Dingen und Eigenschaften als Bestandteile von Sachverhalten gesehen werden. Heute würde man sagen: Ding- und Eigenschaftsreferenz (wie auch Orts- und Zeitreferenz) ist der Situationsreferenz untergeordnet (vgl. 4.).

---

[86] Nach KLAUS (1964: 30) ist der Begriff gegenüber der Aussage sekundär: „Der Ausdruck ‚Pferd' im Munde eines eineinhalbjährigen Kindes wird stets bedeuten: ‚Dort läuft ein Pferd' oder ‚Ich will das Spielpferdchen haben' usw. Die ursprüngliche Form des Denkens ist deshalb Aussage bzw. Urteil. Die Betrachtung des Begriffes erfolgt erst auf einer späteren Stufe des abstrakten Denkens. ... Viele Abschnitte über den Begriff, z.B. die Darlegung der Begriffsdefinition, setzen die Lehre von der Aussage voraus, denn jede Begriffsdefinition ist eine besondere Form der Aussage." KLAUS (1964: 33) sagt, „daß Aussagen diejenigen in Form von Aussage- und Behauptungssätzen ausgedrückten Gedanken sind, die die Eigenschaft haben, wahr oder falsch zu sein, d.h. das Bestehen oder Nichtbestehen eines Sachverhaltes zu behaupten."
Zur Abgrenzung von *Aussage* und *Urteil* sagen KLAUS / BUHR (1975: 1247): „Dem Urteil kommen ... neben den Eigenschaften einer Aussage noch weitere zu, die nicht zum Gegenstandsbereich der formalen Logik gehören. Das Urteil ist ein Willensakt, es drückt eine Stellungnahme aus und ist im allgemeinen emotional gefärbt."

KUTSCHERA (1967: 15) definiert „Sachverhalt“ schlicht als Bedeutung eines Satzes und setzt damit „Sachverhalt“ und „Proposition“ gleich:

> “Als Satzbedeutungen bezeichnen wir Sachverhalte oder *Propositionen*.”

Dabei definiert KUTSCHERA (1967:14f) „Satz“ so eng, dass er mit der sprachlichen Einheit „Satz“ nicht gleichgesetzt werden kann:

> „Sätze sind ... nur solche Ausdrücke einer Sprache, die wahr oder falsch sind. Damit ein Ausdruck wahr oder falsch sein kann, muß er zunächst einmal sinnvoll sein. Die Ausdrücke ‚Der Phedat korryliert zyklisch’ und ‚Rot bohrt neun’ sind also keine Sätze“.

Danach sind nicht nur sinnlose Sätze[87] (wie die im Zitat angeführten) keine Sätze, sondern auch – ähnlich wie bei MEIXNER (2004: 31) – alle Sätze, deren Illokution keine Aussage, sondern z.B. ein Versprechen, eine Drohung oder einen Ausruf darstellt:[88]

(5-01) a Ich hole dich vom Bahnhof ab.
b Dir wird noch das Lachen vergehen.
c Hier ist es schön!

Darüber hinaus wären auch alle Nicht-Aussagesätze (also Fragen und Befehlssätze) keine Sätze:

(5-02) a Kommst du mit? b Komm her!

Linguisten sehen jedoch auch sprachliche Gebilde ohne Wahrheitswert wie die in (5-01) und (5-02) als Sätze an, sogar auch solche, die „sinnlose“ Ausdrücke enthalten wie die von KUTSCHERA (1967: 14f) angeführten, und sogar Sätze, in denen – bewusst oder unbewusst – bestimmte grammatische Regularitäten verletzt wurden.[89] Bescheidener und gleichzeitig adäquater ist die folgende Bestimmung von ALLWORD / ANDERSSON / DAHL (1977: 20) in ihrer Diskussion darüber „what a sentence says about the world“:

> “It has ... seemed as though logic studies the relations between sentences. This is not completely true, at least not if by 'sentence' one means a certain sequence of sounds or letters.”

---

[87] Präsuppositionen müssen wahr sein, damit der Behauptungssatz, in dem sie vorkommen, wahr oder falsch sein kann (vgl. 3.1.2).

[88] Diese Sätze sind grammatisch gesehen „Aussagesätze“, enthalten jedoch nicht die Illokution „Aussage“, die allein einen Wahrheitswert für die mit ihr verbundene Proposition verfügbar macht (vgl. 3.1.2 und 3.4). MEIXNER (2004: 31) setzt allerdings „Aussagesatz“ mit „Aussage“ gleich, wenn er sagt: „Mit diesem Wort [d.h. dem Wort *Satz*; H.V.] sind, wie gesagt, nur Aussagesätze gemeint, d.h. Ausdrücke, von denen es möglich ist, dass sie wahr sind oder falsch. Damit ist ein logischer Sinn von ‚Satz’ angesprochen, nicht der vertraute grammatische Sinn (wonach es ja auch Fragesätze, Wunschsätze, Nebensätze usw. gibt).“

[89] In moderner Lyrik finden sich viele solche Sätze; vgl. „Auf seinen Nasen schreitet einher das Nasobem“ im Gedicht *Das Nasobem* von C. MORGENSTERN (1994: 42) und den grammatisch defekten Satz „Du steht!“ im *Wunder* von A. STRAMM (1986^3:153). Zur Problematik der Satz-Definition vgl. VATER (2002^4: 102ff).

Da ein und derselbe Satz (z.B. *He is hungry now*), von verschiedenen Personen zu verschiedenen Zeiten geäußert, ganz Verschiedenes über die Welt sagen kann, sagt jedoch nicht der Satz als Lautsequenz (bzw. der geäußerte Satz in seiner phonologischen, morphologischen und syntaktischen Gestalt), etwas über die Welt aus, sondern die dem Satz zugrundeliegende Proposition.[90] Dabei spielen die Äußerungssituation und ihre Komponenten (inkl. der Satzproduzent), räumliche und zeitliche Umstände sowie Präsuppositionen eine Rolle. ALLWORD / ANDERSSON / DAHL (1977: 149) üben Kritik an der Praxis der Logiker:

> "It is usually assumed in logic that all sentences are either true or false. This is a practical assumption when constructing pure logical systems, but whether that makes sense for an adequate analysis of natural languages is disputable."

In KLAUS / BUHR (1975: 1082) wird „Sachverhalt" definiert als

> „das Zukommen einer Eigenschaft zu Individuen, Klassen von Individuen oder Beziehungen, das Bestehen einer Beziehung zwischen zwei oder mehr Individuen, zwischen Individuen und Klassen, zwischen Eigenschaften usw. Ein Sachverhalt ist z.B., daß die Erde ein Planet ist, ein anderer, daß sie sich um die Sonne bewegt."

Sprachlich relevant ist, dass (nach KLAUS / BUHR 1975: 1082) Aussagesätze synonym sind, wenn sie den gleichen Sachverhalt beschreiben. Dass diese Feststellung nicht unproblematisch ist, wird sich in 5.3 zeigen. Interessant ist, dass es nach KLAUS / BUHR (1975:1082) keine negativen Sachverhalte gibt:

> „Die Aussage ‚Es regnet nicht' bildet nicht einen negativen Sachverhalt, den Sachverhalt des Nicht-Regnens ab, sondern bringt vielmehr zum Ausdruck, daß der tatsächlich existierende Sachverhalt vom Sachverhalt des Regnens verschieden ist. Negatives existiert nicht an sich, sondern nur in unserem Denken."

Auch dies ist sprachlich relevant, wie EHRICH (1991: 446f) anhand der Beispiele in (5-06) zeigt. Sachverhalte sind nach KLAUS / BUHR (1975: 1082) von Tatsachen zu unterscheiden:

> „Tatsachen sind Sachverhalte, die in der objektiven Realität oder im menschlichen Bewußtsein wirklich existieren. Es gibt aber auch Sachverhalte, die keine Tatsachen sind, denen keine Existenz in diesem Sinne zukommt. Der Sachverhalt, daß die Erde im wesentlichen aus Gold besteht, ist keine Tatsache, existiert nicht."

EHRICH (1991: 446) sagt – unter Berufung auf STRAWSON (1950):

> „Tatsachen werden in wahren Aussagen behauptet. Tatsachen sind nicht *in* der Welt, sondern Aussagen *über* die Welt. Tatsachen haben keine raum/zeitlichen Attribute, und man kann sich zu ihnen nicht in Raum-/Zeitbezügen verhalten, sie nicht sehen oder hören." Tatsachennominalisierungen sind dementsprechend mit Wahrnehmungsprädikaten oder Temporalausdrücken nicht kombinierbar."

---

90 "We will introduce the term **proposition** to designate what a sentence says about the world" (ebd.).

Nach VENDLER (1967) – vgl. EHRICH (1991: 446) – gilt, dass im Englischen verbale Gerundien Tatsachen denotieren wie in (5-03)a, nominale dagegen Ereignisse wie in (5-03)b:

(5-03) a Peter's singing the Marseillaise was surprising.
b Peter's singing of the Marseillaise was slow.

Zu Tatsachen kann man Einstellungen haben (z.B. sich über sie freuen oder sie bedauern). Man kann den Tatsachencharakter von Sachverhalten bezweifeln oder bestreiten. Tatsachenausdrücke (vgl. (5-04)a) und Sachverhaltsausdrücke (vgl. (5-04)b sind daher als Komplemente von Verben der propositionalen Einstellung verwendbar (vgl. EHRICH 1991: 446):

(5-04) a Peter's singing the Marseillaise was denied.
b Peter's singing the Marseillaise is unlikely.

Tatsachennominalisierungen sind nach EHRICH (ebd.) in Verbindung mit Wahrnehmungs- und Zeitausdrücken ungrammatisch:

(5-05) a *I heard Peter's singing the Marseillaise.
b *Peter's singing the Marseillaise occurred at midnight.
c *Everything was quiet until Peter's singing the Marseillaise.

Das Nicht-Stattfinden eines Ereignisses kann als Sachverhalt bzw. als Tatsache, nicht aber als Ereignis interpretiert werden, wie die Ungrammatikalität der Sätze in (5-06) zeigt. Man kann nach EHRICH (ebd.) „keinen Zeitpunkt oder Ort finden, an dem sich das Nicht-Stattfinden eines Ereignisses festmachen läßt“:

(5-06) a *The non-arrival of the train occurred at midnight.
b *The non-arrival of the train occurred at Florence.

Aus dem gleichen Grund sind auch negative Sachverhalts- bzw. Tatsachennominale bei Verben ausgeschlossen, die Ereignisnominalisierungen als Komplemente fordern (vgl. VATER 1976):

(5-07) a Hans beobachtete / erwartete die Ankunft des Zuges.
b *Hans beobachtete / erwartete die Nicht-Ankunft des Zuges.

Auf Grund dieser Analysen unterscheidet EHRICH (1991: 447) daher Nominalisierungen von Propositionen (die auch negiert sein können) und Ereignisnominalisierungen, die „als Nominalisierungen von Prädikaten zu gelten haben und inkorporierte Negationen verbieten.“

KIPARSKY (1970) unterscheidet zwischen faktiven Prädikaten wie *bereuen* und *bedauern* in (5-08), deren Komplement als wahr präsupponiert wird, und nicht-faktiven Prädikaten wie (5-09), die keine Faktizität präsupponieren (vgl. VATER 1973):

(5-08) Paul bereut / bedauert (nicht), dass Frieda kommt.
(5-09) Paul sagt / glaubt / meint (nicht), dass Frieda kommt.

In (5-08) wird Friedas Kommen als wahr präsupponiert. Dass es sich um eine Präsupposition, nicht eine Implikation handelt, zeigt die Konstanz bei Negation (vgl. 3.1.2): Auch das negierte Prädikat kann nur bei Wahrheit des Komplements sinnvoll geäußert werden. Verben wie *sagen*, *glauben*, *meinen* haben keine Faktizitäts-Präsupposition. EHRICH (1991: 447) weist nach, dass die vielfach getroffene Schlussfolgerung, dass Komplemente von faktiven Prädikaten Tatsachen denotieren, Komplemente von nicht-faktiven Verben Sachverhalte, nicht haltbar ist. Faktive Verben wie *bereuen* und *kritisieren* beziehen sich nicht auf Tatsachen, sondern auf Handlungen. Ebenso unhaltbar ist die Annahme, dass Derivativnominalisierungen wie *Zustimmung*, *Absage* oder *Verbot* Tatsachen denotieren (ebd.: 447f):

(5-10) a Hans bereut seine Absage / kritisiert Pauls Absage.
b *Hans bereut die Tatsache, dass er abgesagt hat /
b' *Hans kritisiert die Tatsache, dass Paul abgesagt hat.

Derivativnominalisierungen sind darüber hinaus auch als Komplemente von nicht-faktiven Prädikaten möglich:

(5-11) a Hans kündigt seine Ablehnung an. (EHRICH 1991: 448)
b Hans hat Pauls Rücktritt befohlen. (EHRICH 1991: 448)

5.1.2 Ereignisse und Zustände

Die Frage, was Ereignisse sind, beantwortet EHRICH (1991: 446) unter Berufung auf STRAWSON (1950) und VENDLER (1967) wie folgt:

> „Strawsons ontologische Antwort lautet: Ereignisse sind raum/zeitliche Entitäten, sie finden an bestimmten Orten, zu bestimmten Zeiten statt, man kann sie sehen, hören, daran teilnehmen. Was charakterisiert die Ausdrücke einer Sprache, mit denen man sich auf Ereignisse bezieht, oder anders ausgedrückt, was kennzeichnet Ereignisnominalisierungen? Vendlers – linguistische Antwort lautet: Ereignisnominalisierungen kommen in der Umgebung von Wahrnehmungverben, Zeitadverbien und temporalen Präpositionen vor."

Als Beispiele führt sie (ebd.) folgende an:

(5-12) a I heard Peter's singing of the Marseillaise.
b Peter's singing of the Marseillaise occurred at midnight.
c Everything was quiet until Peter's singing of the Marseillaise.

Die Ereignisnominalisierungen in den Beispielen unterscheiden sich von den Tatsachennominalisierungen in den (ungrammatischen) Beispielen in (5-05) sprachlich dadurch, dass es sich um nominale Gerundien handelt (die die Präposition *of* enthalten) und dass sie – anders als Tatsachennominalisierungen mit Wahrnehmungsverben und Zeitausdrücken verbindbar sind. Der raum-zeitliche Charakter ist also ein entscheidendes Merkmal von Ereignissen. Handlungen – um solche handelt es sich in (5-12) – kann man zu den Ereignissen rechnen, da sie raum-zeitlich bestimmt sind.[91] Ereignisse, die keine Handlungen sind, nennt man gewöhnlich **Prozesse** (oder **Vorgänge**); um solche handelt es sich bei den durch Verben wie *wachsen*, *blühen*, *sterben*, *erwachen* und *einschlafen* ausgedrückten Vorgängen, aber auch in Fällen wie in den Beispielen in (5-13):

(5-13) a Blätter flatterten in der Luft.
b Ein Schiffchen schwamm in der Badewanne.
c Paul zitterte vor Kälte.

Handlungen werden intentional vollzogen, Prozesse nicht. Ereignisse aller Arten sind mit Zustandsveränderungen verbunden. Wenn Wasser kocht, geht es vom flüssigen in gasförmigen Zustand über, wenn es friert, vom flüssigen in festen Zustand. Das Gleiche gilt für Handlungen, also wenn eine Person Wasser kocht (bzw. erhitzt) oder zum Gefrieren bringt. Die meisten Zustandsveränderungen sind nicht so offensichtlich bzw. benötigen viel Zeit für die Beobachtung der Veränderung. So kann man einen Satz wie *Das Haus verfällt immer mehr* nur nach jahrelanger Beobachtung äußern. Eine Zustandsveränderung setzt die Annahme von Zuständen voraus. **Zustände** sind dadurch charakterisiert, dass sie (eine Zeit lang) stabil sind, dass sich ihre wesentlichen Merkmale in einem bestimmten Zeitraum nicht ändern.[92] Während in (5-14) auf Zustände referiert wird, sind es in (5-15) Ereignisse (d.h. Zustandsveränderungen):

(5-14) a Das Bild hing an der Wand.
b Das Kind lag im Bett.
c Das Buch stand im Regal.
d Paul befand sich in Rom.

(5-15) a Inge hängte das Bild an die Wand.
b Die Mutter legte das Kind ins Bett.
c Hans stellte das Buch ins Regal.
d Paul begab sich nach Rom.

Jedes Ereignis hat nach EHRICH (1991: 457) „einen Verlauf und mit dem Herbeiführen einer Zustandsveränderung ein Resultat". So kann man sagen, dass jedes Ereignis einen

---

[91] VENDLER (1957; zit. nach 1974: 220) unterteilt Handlungen noch in **activities** wie *running* oder *pushing a cart* und **accomplishments** wie *running a mile* und *drawing a circle*. Er begründet den Unterschied folgendermaßen: „It appears, then, that running and its kind go on in time in a homogeneous way; any part of the process is of the same nature as the whole. Not so with running a mile or writing a letter; they also go on in time, but they proceed toward a terminus which is logically necessary to their being what they are."

[92] Nach VENDLER (1974: 221) werden Zustände (**states**) „predicated for shorter or longer periods of time". Er grenzt sie ab von **achievements** wie *reaching the top*, nach denen man fragen kann *at what time*? Bei Zuständen fragt man *how long (did you believe in the stork*)?

(Resultats-)Zustand impliziert, was an den Beispielen in (5-15) deutlich wird.[93] Umgekehrt impliziert ein Zustand aber nicht unbedingt ein Ereignis, wie Satz (5-16) zeigt:

(5-16) Hamburg ist 450 km von Köln entfernt.

Zustände unterscheiden sich demnach von Ereignissen dadurch, dass sich bei ihnen während eines bestimmten Zeitintervalls wesentliche Merkmale – wie die Lage eines Gegenstands oder die Befindlichkeit einer Person in (5-14) – konstant bleiben, während sie sich bei Ereignissen ändern, was in den räumlichen Veränderungen in (5-15) klar erkennbar ist. Andererseits haben Zustände mit Ereignissen – gegenüber Tatsachen – gemein, dass sie räumlich und zeitlich näher bestimmt werden können. Da für Zustandsnominalisierungen ähnlich wie für Ereignisnominalisierungen raum-zeitliche Eingrenzung zu gelten scheint (vgl. (5-17)), kann man Strawsons Bestimmung von Ereignissen als raum/zeitlichen Entitäten, die EHRICH (1991: 446) zur Abgrenzung von Ereignissen gegenüber Tatsachen verwendet, wohl auch auf Zustände ausdehnen und Zustände und Ereignisse als *Situationen* zusammenfassen (vgl. EHRICH 1992: 64):[94]

(5-17) a Wir genossen die Stille des Orts am Abend.
b Jahrelang bestand Feindschaft zwischen Peter und Paul.
c Während Peters Herrschaft kam es zu Aufständen.

Situationen lassen sich durch raum-zeitliche Eingrenzung von Sachverhalten und Tatsachen abgrenzen. Zur Referenz auf Sachverhalte und Tatsachen werden neben Nominalisierungen wie in (5-03) und (5-04) auch Sätze benutzt. Beispiele dafür enthält das obige Zitat von KLAUS / BUHR (1975: 1082), die hier in (5-18)a/b formuliert und durch weitere Beispiele erweitert werden:

(5-18) a Die Erde ist ein Planet.
b Die Erde bewegt sich um die Sonne.
c Zwei mal zwei ist vier.
d Wasser besteht aus Wasserstoff und Sauerstoff.
e Wählbar ist, wer das fünfundzwanzigste Lebensjahr vollendet hat.
(*Grundgesetz für die Bundesrepublik Deutschland*, Artikel 38)

---

93 Generelle Implikation eines Ausgangszustands für Ereignisse ist wohl nicht möglich; vgl. *Jupiter wird von 12 Monden umkreist*.

94 „Eine gegebene Situation kann einen Zustand markieren oder eine Zustandsveränderung. Zustände sind im Prinzip zeitlich offen, sie haben keinen notwendigen, wohl aber einen kontingenten zeitlichen Abschluß. Zustandsveränderungen sind demgegenüber prinzipiell zeitlich geschlossen, sie finden ihren Abschluß im Übergang von einem gegebenen Vorzustand in den dazu komplementären Nachzustand."

5.1.3 Situationen als Satzreferenten

In 5.1.2 zeigte sich, dass Sätze auf Sachverhalte (inkl. Tatsachen) – vgl. (5-18) – wie auch auf (raum-zeitlich eingrenzbare) Situationen referieren.[95] Im Folgenden will ich mich auf Situationsreferenz konzentrieren (wobei vieles davon auch für Sachverhaltsreferenz gilt). In diesem Zusammenhang ist es an der Zeit, auf die von BARWISE / PERRY (1983) inaugurierte **Situations-Semantik** einzugehen. Die Autoren lehnen die Mögliche-Welten-Theorie von KRIPKE (1972) u.a. ab. Situationen existieren in der realen Welt:[96]

> „Reality consists of situations – individuals having properties and standing in relations at various spatiotemporal locations. We are always in situations; we see them, cause them to come about, and have attitudes toward them. The Theory of Situations is an abstract theory for talking about situations." (BARWISE / PERRY 1983: 7)

Eine Situation kann statisch oder dynamisch sein und dementsprechend als „Zustand" oder „Ereignis" bezeichnet werden (vgl. BARWISE / PERRY 1983: 49). Bausteine der Situations-Theorie sind Individuen, Eigenschaften, Relationen und Orte. Sie sind Invarianten; die gleichen Individuen und Eigenschaften tauchen in verschiedenen Lokationen auf. Die Kombination dieser Bausteine ergibt abstrakte Situationen, von denen einige als tatsächliche (reale) vorkommen. Individuen sind „Einförmigkeiten" („uniformities"), die im Verlauf von Ereignissen konstant bleiben, Eigenschaften haben und in Relationen stehen (vgl. BARWISE / PERRY 1983: 8). Sie haben gewöhnlich eine Raum- und Zeiterstreckung und haben Teile, die auch Gegenstände sind.[97] Eigenschaften von Dingen (wie ESSBAR oder ROT) sind wichtig für die Klassifikation von Situationen. Relationen (wie IN / AUF ETWAS SEIN oder MUTTER VON ETWAS SEIN) bestehen eine Zeit lang (gewöhnlich an einem Ort) zwischen Dingen. Orte sind „Einförmigkeiten", an denen verschiedene Dinge zu verschiedenen Zeiten vor sich gehen können. Zeiten sind „Einförmigkeiten", in die verschiedene Dinge gleichzeitig an verschiedenen Orten involviert sein können. Wichtig sind weiterhin „Situationstypen", bei denen von örtlicher und zeitlicher Spezifizierung abstrahiert wird (vgl. BARWISE / PERRY 1983: 53).

---

[95] KUTSCHERA (1967: 15) beschränkt sich wie viele Logiker auf Sätze, „die Sachverhalte bedeuten" (die er mit Propositionen gleichsetzt) und gibt dafür Beispiele wie *Die Erde ist rund* und *Wien hat mehr Einwohner als Innsbruck*. Mehr linguistisch ausgerichtete Logiker wie ALLWOOD / ANDERSSON / DAHL (1977) konzentrieren sich auf Situationsreferenz, wie das erwähnte Beispiel *He is hungry now* zeigt. Sie behandeln auch komplexe Sätze wie *If this is summer it's damned cold* (ebd.: 56). Ähnliches gilt für MCCAWLEY (1981).

[96] „We do not believe that there are other possible worlds in the sense demanded ... by this theory, only other ways this world of ours might have been and might be" (BARWISE / PERRY 1983: xiii). Zu den Unterschieden zwischen Mögliche-Welten-Semantik und Situations-Semantik vgl. auch BARWISE (1991: 81) und CRESSWELL (1991.

[97] „Words are also objects, ... though perhaps rather odd objects, since they appear in various remote situations at the same time" (ebd.).

Angenommen, Molly bellte gestern und heute morgen auf dem Hof, dann sind beide Situationen vom Situationstyp „Molly barking“ (vgl. BARWISE / PERRY 1983: 8).[98]

Die Interpretation einer Äußerung hängt von der Bedeutung der benutzten Ausdrücke sowie von zusätzlichen Faktoren ab. Die Wahrheit einer Äußerung hängt hingegen davon ab, ob ihre Interpretation den Fakten Rechnung trägt. Bei ihrer Darstellung von Situationen verwenden BARWISE / PERRY (1983: 56ff) Symbole für die einzelnen Konstituenten von Situationen und Situationstypen. So wird ein Ereignisverlauf („course of events“, abgekürzt „coe“) als Tripel <l,y,i> dargestellt, wo l eine raumzeitliche Lokalisierung bezeichnet, y eine Konstituentensequenz und i einen Wahrheitswert (0 oder 1). Hier werden diese Situations-Darstellungen nicht im einzelnen vorgestellt, da eine andere Darstellungsart verwendet wird (vgl. 5.2).

Zu diskutieren ist noch, ob eine 1:1-Relation zwischen Satz als sprachlicher Einheit und Situation (in unserer Bewusstseinswelt) anzunehmen ist. Ein einfacher Satz wie (5-19) referiert gewöhnlich auf eine Situation (bzw. einen Sachverhalt), während ein komplexer wie (5-20)a auf mehrere Situationen (bzw. Sachverhalte) referiert:[99]

(5-19) Paul ist musikalisch.
(5-20) a Peter sagt, dass Paul musikalisch ist.
b Paul ist nach Peters Aussage musikalisch.

Wenn aber (5-20)a auf zwei Situationen referiert, muss man auch für den damit synonymen (syntaktisch einfachen) Satz (5-20)b Referenz auf zwei Situationen (Peters Aussage und Pauls Musikalität) annehmen. In 5.1.1 und 5.1.2 wurde gezeigt, dass Nominalisierungen auf Situationen referieren. Da Nominalisierungen wie *nach dem Essen* und *während der Sitzung* Bestandteile von Präpositionalphrasen sind, die die syntaktische Funktion von Adverbialen haben, ist zu fragen, ob nicht auch Satzadverbien wie *vermutlich*, *anscheinend* und *wahrscheinlich* Ausdrücke für Situationsreferenz sind.[100] Dann würde auch (5-21)b auf Grund seiner Synonymie mit (5-21)a auf zwei Situationen referieren:

(5-21) a Ich glaube / vermute, dass Paul heute kommt.
b Paul kommt vermutlich / wahrscheinlich heute.

Wenn man jedoch mit WUNDERLICH (1976) *vermutlich* und *wahrscheinlich* (wie auch die Verben *glauben* und *vermuten*) als Ausdrücke für die Einstellung des Sprechers in Bezug auf die ausgedrückte Situation wertet, dann handelt es sich in (5-21) a wie auch in b nur

98 Dabei gilt: „Situation types are partial. They don't say everything ... about the individuals appearing in the situation type. Molly was certainly doing more than barking; she must have been breathing and been next to something ..., and so forth. The situation-type s is silent on these things.“

99 Ein komplexer Satz kann auch auf eine Situation und einen Sachverhalt referieren; vgl. *Paul sagt, dass die Sonne ein Planet ist.*

100 Adverb als Wortklasse und Adverbial als syntaktische Funktion (i.S.v. CHOMSKY 1965) sind zu unterscheiden (vgl. VATER 2002[4], Kap.4).

um Referenz auf eine Situation: „Pauls (vermutliches) Kommen am Tag der Äußerung". Diese für die Situationsreferenz wichtige Frage müsste noch genauer untersucht werden, wobei sowohl „Situation" als auch „Einstellung" kritisch zu beleuchten sind.[101]

Ein weiteres Problem stellt die Frage dar, ob ein Satz nur auf eine Situation referiert, wenn diese Situation tatsächlich gegeben ist. Nach LÖBNER (2003: 29) ist das eine Bedingung für Referenz:

> „Ein Satz referiert in einem gegebenen ÄK [„Äußerungskontext"; H.V.] nur dann auf eine Situation ..., wenn diese Situation tatsächlich vorliegt, mit anderen Worten: wenn der Satz in diesem ÄK wahr ist. Wenn im Folgenden von der Referenzsituation eines Satzes die Rede ist, wird daher immer stillschweigend vorausgesetzt, dass der Satz wahr ist."

Diese Einschränkung ist m.E. nicht haltbar, da wir, wie dargelegt, sehr wohl auf fiktive Situationen bzw. (nach JACKENDOFF 1983) Situationen in unserer Bewusstseinswelt referieren können. Auch der Umstand, dass wir mit Pronomina auf Sätze referieren können, deren Wahrheitsgehalt nicht feststeht (vgl. *Paul hat Gespenster gesehen – Das ist für mich nichts Neues*) scheint dafür zu sprechen, die Referenzfähigkeit eines Satzes nicht von seinem Wahrheitswert abhängig zu machen.

5.2 Darstellung von Situationsreferenz

JACKENDOFF (1983: 57ff) hält die Prädikatenlogik der ersten Stufe – schon weil sie nur schwer auf die Syntax natürlicher Sprachen beziehbar ist – nicht für geeignet, die konzeptuelle Struktur von Äußerungen wiederzugeben, und entwickelt eine eigene formale Darstellung für die Darstellung konzeptueller Strukturen und ihren Relationen zu syntaktischen Strukturen, die ich anhand seines Beispielsatzes (5-22) (ebd.: 67ff) erläutern will.

(5-22) The man put the book on the table.

Dieser Satz referiert auf ein EREIGNIS, drei DINGE und einen ORT. Der Darstellung von JACKENDOFF (1983: 67)liegt die Annahme zugrunde, dass jeder syntaktischen Konstituente eine konzeptuelle Konstituente entspricht, die zu einer der ontologischen Kategorien gehört.

Dabei wendet er die von CHOMSKY (1970) für die Darstellung phrasaler syntaktischer Konstituenten eingeführte X-bar-Strukturierung auf die Darstellung konzeptueller Strukturen an. (5-18) hat nach JACKENDOFF (1983:68) folgende konzeptuelle Struktur:[102]

---

[101] Zu Modalverben als Bezeichnungen von Einstellungen vgl. insbesondere CALBERT (1975), WUNDERLICH (1976), VATER (1980) und ÖHLSCHLÄGER (1989) .

[102] Die dort benutzten eckigen Klammern wurden durch Quadrate ersetzt.

Abb. 5-1 Syntaktische und konzeptuelle Struktur von (5-22)

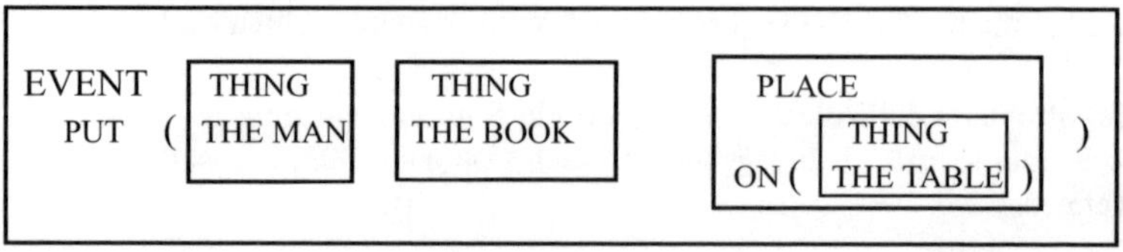

Der lexikalische Kopf einer phrasalen Konstituente entspricht einer null-, ein- oder mehrstelligen Funktion in der konzeptuellen Struktur. In Abb. 5-1 drückt *put* eine dreistellige semantische Funktion aus: Drei Argumente werden der ontologischen Kategorie [E-VENT] zugeordnet: Die lexikalischen Elemente *man* und *book*, die in die ontologische Kategorie [THING] abgebildet werden, sind nullstellig, d.h. nicht-relational; sie subkategorisieren nichts.[103] Die Präposition *on* subkategorisiert eine NP und drückt eine einstellige Funktion aus, die in die ontologische Kategorie [PLACE] (als Lesart der PP *on the table*) abgebildet wird.

Welche ontologische Kategorie von einer phrasalen Konstituente ausgedrückt wird, hängt von der Semantik der lexikalischen Einheit ab, die den Kopf der Phrase bildet. Das verb *put* bildet in die ontologische Kategorie [EVENT] ab. Andere Verben, wie *know* und *believe*, bilden in die Kategorie [STATE] ab (vgl. 5.1.2). JACKENDOFF (1983) sieht Kategorisierung, d.h. Zuordnung zu einer bestimmten ontologischen Kategorie, nicht als etwas Starres, Gegebenes an, sondern als die Fähigkeit eines Individuums – nicht notwendig eines Menschen! –, zu beurteilen, ob ein bestimmtes Ding eine Instanz einer bestimmten Kategorie ist, wobei Informationen aus dem Gedächtnis hinzugezogen werden. Zu verweisen ist hier auf ROSCH (1977) und SCHWARZ (1992). Das zu kategorisierende Element (eine logische Konstante; vgl. 3.1.1) nennt JACKENDOFF (1983: 78) ein Token-Konzept, die Kategorie ein Type-Konzept:

> „A [TYPE] concept is the information that the organism creates and stores when it learns a category. Since #entities# of different ontological categories can be categorized, [TYPES] likewise divide into [THING TYPES], [PLACE TYPES], [EVENT TYPES] etc.“[104]

Ein Kategorisierungsurteil wie (5-23) hat die Form (5-24):

(5-23) *a* is a dog.

(5-24)

---

[103] JACKENDOFF (1983) lässt die Determinantien unberücksichtigt, die im DP-Ansatz eine wichtige Rolle (als Kopf einer DP) spielen; vgl. 6.0.

[104] Es ist daran zu erinnern, dass JACKENDOFF (1983) Konzepte durch Kapitälchen kennzeichnet und projizierte Konzepte in # # setzt (vgl. 4).

Der Kategorisierungssatz *a is a dog* enthält zwei NPs, die durch das Verb *be* verbunden sind, das in die zweistellige Funktion IS AN INSTANCE OF in der konzeptuellen Struktur übersetzt.

Es ist daran zu erinnern, dass JACKENDOFF (1983) die These „semantic structure is conceptual structure" vertritt, während BIERWISCH (1983a) zwei unterschiedliche, doch miteinander korrespondierende Strukturen annimmt (vgl. 3.3). Vertritt man Bierwischs Zweistufentheorie der Semantik, muss man also statt (5-24) eine komplexere Darstellung annehmen, wo die syntaktische Struktur direkt mit einer sprachlich-semantischen Struktur assoziiert ist, die ihrerseits auf eine konzeptuelle Struktur abgebildet wird. Das Gleiche gilt für die Darstellung in Abb. 5-1. Dabei könnte Jackendoffs sehr anschauliche und „syntaxnahe" Darstellungsmethode als Grundlage genommen werden.[105]

5.3 Koreferente Situationen

Die in 5.1.3 diskutierte Frage, auf wie viele Situationen ein Satz referiert, setzt genauso wie die Frage, ob zwei Sätze auf die gleiche Situation referieren (also koreferent sind; vgl. 3.2), voraus, dass Situationen irgendwie individualisiert werden müssen, um sie quantifizierbar, beschreibbar und vergleichbar zu machen. DAVIDSON (1967) hat bei seiner logischen Beschreibung von Handlungssätzen hierfür die Voraussetzungen geschaffen. Er behandelt Handlungen als Ereignisse. Ein Verb wie *kick* in *Shem kicked Shaun* notiert er als dreistelliges Prädikat (DAVIDSON (1967; vgl. 1980: 118):

(5-25) (∃x) (Kicked (Shem, Shaun, x)).

Die Formel lässt sich im Englischen paraphrasieren als *There is an event x such that x is a kicking of Shaun by Shem*. EHRICH (1991: 448f) stellt die Frage, was für eine Sorte von Entitäten Ereignisse sind:

> „Wir haben oben Strawsons Position zitiert, wonach Ereignisse 'in' der Welt sind. Die Frage ist: Als was sind Ereignisse 'in' der Welt – als Individuen, als Eigenschaften? Davidsons (1967a) inzwischen klassische Antwort auf diese Frage lautet: Ereignisse sind Individuen, sie bevölkern unsere Erde ähnlich wie Personen und Gegenstände, sie haben bestimmte Eigenschaften und stehen in bestimmten Relationen zu anderen Individuen."

DAVIDSON (1967) gibt Satz (5-26)a die logische Beschreibung b:

(5-26) a John buttered the toast with a knife in the bathroom.
b (∃x) (Butter (John, the toast, e) & With a knife (e) & In the bathroom (e))

Dabei repräsentiert e in (5-26)b das Ereignisargument. Nach EHRICH (1991: 449) setzt Davidsons realistische Ontologie voraus, dass man Identitätskriterien angeben kann, die

[105] Die Annahme von JACKENDOFF (1983:94), dass Phrasen, die [TYPES] bezeichnen, nicht referieren, wird in 6.3 diskutiert.

die Unterscheidung eines Ereignisses von anderen Ereignissen ermöglichen. DAVIDSON (1967; vgl. 1980: 109) diskutiert das Identitätsproblem an einem Beispiel von AUSTIN (1961: 148):

> „That the bullet pierced the victim was a consequence of my pointing the gun and pulling the trigger. It is clear that these are two different events, since one began slightly after the other. But what is the relation between my pointing the gun and pulling the trigger, and my shooting the victim? The natural and, I think, correct answer is that the relation is that of identity.“ (DAVIDSON 1967; zit. n. 1980: 109)

Für DAVIDSON (1967) sind die Ereignisse e (Zielen mit dem Gewehr) und e' (Drücken auf den Abzugshahn) identisch mit dem Ereignis e“ (Schießen auf das Opfer), weil sie zeitgleich sind. Andrerseits sind Schießen auf das Opfer (e) und Getroffenwerden des Opfers von der Kugel (e') nicht identisch, weil e kurz vor e' geschieht. EHRICH (1991: 449) schlussfolgert: „Die Identität von Ereignissen ist damit auf die Identität von Zeitpunkten oder -intervallen zurückgeführt.“ Die Identität zweier Zeitpunkte t und t' könnte man theoretisch damit definieren, dass zu t und t' dasselbe geschieht, eine Antwort, die für DAVIDSON (1967) jedoch (da zirkulär) ausscheidet. Sein Identitätskriterium setzt voraus, dass man sich auf die Einheiten der konventionellen Zeitmessung beziehen kann, die allerdings nach EHRICH (ebd.) nicht im gleichen Maße „real“ sind wie Dinge oder Ereignisse.

MONTAGUE (1969) diskutiert verschiedene Explikationen des Ereignisbegriffs und favorisiert die intensionalistische Auffassung, wonach Ereignisse Eigenschaften von Zeitpunkten sind: Zwei Ereignisse e und e' sind identisch, wenn in jeder möglichen Welt, in der e eine gegebene Zeit t charakterisiert, auch e' auf t zutrifft (vgl. EHRICH ebd.).

5.3.1 Diathesen

Diathesen betreffen die Art und Weise, wie eine Situation sprachlich realisiert wird, wobei die (Nicht-)Verbalisierung des Agens eine besondere Rolle spielt (vgl. Vater 2003). Nach WUNDERLICH (1993: 730) unterscheiden sich Diathesen in der Zahl der Argumentstellen und/oder der Art, in der die Argumente (Ergänzungen) realisiert sind. Die syntaktische Funktion des Subjekts spielt eine besondere Rolle im Satz, da es (a) mit dem finiten Verb kongruiert und (b) diathesenspezifisch ist. So wird die von einem Verb geforderte Agens-Ergänzung nur im persönlichen Aktiv zum Subjekt, nicht im Passiv und nicht in unpersönlichen oder medialen Konstruktionen. Diese Sonderrolle spricht für die Konstituentengrammatik; in einer Dependenzgrammatik kommt sie gewöhnlich nicht zum Ausdruck.[106] Nach JACOBS (1994: 286) hängt Fakultativität davon ab, ob für die Lexikon-Einheit eine Alternativ-Valenz ohne die entsprechende Ergänzung vorgesehen ist. (5-27) und (5-28)

[106] ÁGEL (2000: 97) führt Dependenzanalysen an, in denen die Sonderstellung des Subjekts berücksichtigt wird (vgl. EROMS 1985: 313ff, in gewissem Sinne auch ENGEL 1992: 72).

belegen **persönliches Aktiv**.[107] *Lesen* gehört wie *essen*, *singen*, *helfen* und *gehen* zu den Verben, für die im Lexikon neben Zweiwertigkeit (mit Forderung nach einem Objekt/Adverbial) auch einwertige Realisierung vorgesehen ist. *Betrachten* hat ebenso wie *zerschneiden*, *glauben* und *wohnen* nicht diese Alternative.

(5-27) a Peter las ein Buch. b Peter las.
(5-28) a Peter betrachtete ein Buch. b *Peter betrachtete.

Es gibt Verben, die in zwei Aktiv-Diathesen auftreten, (a) mit agentischem Subjekt und thematischem Objekt, (b) mit thematischem Subjekt, wo das Agens zuweilen als (freier) Dativ realisierbar ist:

(5-29) a Der Junge zerbrach die Vase.
b Die Vase zerbrach (dem Jungen).

Im **unpersönlichen Aktiv** auftretende Verben haben meistens keine Entsprechung in einer persönlichen Aktiv-Konstruktion (vgl. VATER 2003). Nur bei einer kleinen Gruppe unpersönlicher Verben besteht eine semantische Beziehung zu persönlichen Verben (vgl. (5-32)).[108]

(5-30) Es gibt Essen/ gute Nachrichten/ eine Überraschung.
(5-31) Mir liegt (nicht) an deiner Zustimmung.
(5-32) a Jemand/ der Nachbar klopfte. b Es klopfte.

Das **Passiv** gehört nach ZIFONUN (1992:254) in die Gruppe der grammatischen Konversen und besteht im Deutschen aus Formen der Auxiliarverben *werden*, *sein*, *bekommen* und dem Partizip II des Verbs.[109] Beim ***werden*-Passiv** wird die Ergänzung mit der Patiens-Rolle (die im Aktiv meistens mit dem direkten Objekt assoziiert ist) zum Subjekt gemacht, während das Aktiv-Subjekt (Träger der Agens- oder Instrumental-Rolle) als PP erscheint oder wegfällt:

(5-33) a Paul hat das Tor mit dem Brecheisen geöffnet.
b Das Brecheisen hat das Tor geöffnet.
c Das Tor wurde von Paul / mit dem Brecheisen geöffnet.
d Das Tor wurde geöffnet.

---

[107] „Persönlich“ sind Konstruktionen mit einer VP, die in 1.–3. Person vorkommt, z.B. *(ich) komme, (du) kommst, (er, sie, es) kommt, (wir) kommen*. Unpersönlich sind Konstruktionen, die auf die 3. Person im Neutrum beschränkt sind (*es gibt, es versteht sich, mir ist komisch zumute* etc.). Die 3. Ps. bezeichnet keine „Person“, sondern den Defaultfall („das, worüber gesprochen wird“).

[108] Bei unpersönlichen Aktivkonstruktionen lassen sich drei Gruppen unterscheiden: (a) mit obligatorischem *es* (z.B. bei Witterungsverben): *Es regnet / schneit / hagelt in Hamburg*, (b) mit fakultativem *es*: *Mich freut (es), dass du kommst*, und (c) solche ohne *es*: *Mir ist (*es) komisch zumute. / Mir liegt (*es) an deiner Zustimmung.*

[109] Vgl. auch sprachvergleichende Passivstudien wie SIEWIERSKA (1984).

Das ***Sein*-Passiv** drückt immer einen Zustand aus. Es duldet im Allgemeinen keine A-gens- oder Instrumental-Phrase (zu Ausnahmen vgl. BRINKER 1971):

(5-34) a Das Geschäft ist geöffnet.
b *Das Geschäft ist vom Inhaber geöffnet.
c *Das Geschäft ist mit einem Brecheisen geöffnet.

Das ***bekommen*-Passiv** findet sich bei Verben mit dreiwertiger Valenzpotenz. Der Rezipient ist Subjekt, das Patiens Akkusativ-Objekt; das (fakultative) Agens tritt als Präpositional-Objekt auf (vgl. HENTSCHEL / WEYDT 1995 und LEIRBUKT 1997).

(5-35) Paul bekam (von der Polizei) den Ausweis abgenommen.

RYTEL-KUC (1988: 348) fasst Passiv und unpersönliche Konstruktionen als „agensabgewandte Diathesen“ zusammen. HEIDOLPH et al (1981: 541) nennen sie „nichttäterbezogen“ oder „agens-unabhängig“. Ich nenne sie „agens-absorbierende Diathesen“, da sie die Agens-Rolle implizieren. Auch **Mittelkonstruktionen** sind agensabsorbierend (vgl. ABRAHAM 1987: 3ff). Gewöhnlich wird in ihnen eine andere Verbergänzung (Patiens, Lokativ oder Instrumental) realisiert. Im Deutschen gibt es verschiedene Mittelkonstruktionen (vgl. VATER 1988), von denen eine unpersönliche Reflexivkonstruktion und eine mit *lassen* + Reflexiv besonders beliebt sind:

(5-36) a Das Buch liest sich gut.
b Auf dem Sessel sitzt es sich bequem.

(5-37) a Der Wein trinkt sich gut.
b Der Wein lässt sich gut trinken.

Sicher muss man auch formale Aktivkonstruktionen wie in (5-38)a dazu rechnen. Jedenfalls entspricht (5-38)a auch eine *lassen*-Mittelkonstruktion.

(5-38) a Das Messer schneidet (*sich) gut.
b Mit dem Messer lässt sich gut schneiden.

5.3.2 Koreferenz von Situationsbezeichnungen

EHRICH (1991: 449) weist auf kritische Einwände gegen die rein zeitliche Bestimmung der Identität von Ereignissen hin. Nach LEMMON (1967) ereignen sich die beiden Ereignisse *der Tod des Sokrates* und *das Witwe-Werden der Xanthippe* in jeder Welt, in der Xanthippe Sokrates' Frau ist, zur selben Zeit, aber nicht notwendig am selben Ort, weshalb sie als verschiedene Ereignisse anzusehen sind. Die Diskussion der Identität von Ereignissen bei DAVIDSON (1967) und EHRICH (1991) lässt sich auch auf Zustände beziehen und somit auf Situationen insgesamt. Sprachlich lässt sich das dadurch stützen, dass für die Bezeichnung der Koreferenz zweier Situationen die gleichen sprachlichen Mittel (Pronomina und Nominalisierungen) zur Verfügung stehen:[110]

(5-39) a Emil reiste von Paris nach Köln. Das dauerte 5 Stunden.
b Emil reiste von Paris nach Köln. Die Reise dauerte 5 Stunden.

(5-40) a Paula sieht abgespannt aus. Das beunruhigt mich.
b Paula sieht abgespannt aus. Ihr Aussehen beunruhigt mich.

Die Feststellung von EHRICH (1991: 457), wonach eine überzeugende Analyse des ontologischen Status von Ereignissen (Individuen vs. Eigenschaften) noch aussteht, lässt sich verallgemeinern zur Frage nach dem ontologischen Status von Situationen allgemein.[111]

[110] GREWENDORF (1988: 294) bringt den Satz *Die Mutter sprach mit der Tochter über die Pille, was die Großmutter schockierte* als Beispiel für „S-Pronominalisierung", wo *was* koreferent mit dem Vordersatz ist.

[111] Zur formalen Semantik von Nominalisierungen vgl. die typenlogische Charakterisierung im Rahmen der Montague-Grammatik mit Hilfe der Grundtypen *e* (für Individuennamen) und *t* (für Satznamen) und der λ-kategorialen Nominalisierungsoperationen nach CRESSWELL (1973) in EHRICH (1991, §4.).

6. Dingreferenz

6.0 Allgemeines

Dingreferenz ist der klassische Fall von Referenz; ursprünglich wurde Referenz ausschließlich als Dingbezug gesehen. Das Wort *Ding* ist im weiteren Sinne aufzufassen, d.h. als Bezeichnung für unbelebte wie belebte Gegenstände in der realen oder einer möglichen Welt.[112] Während nicht alle Nominalphrasen (NPs) auf DINGE referieren (sondern auch auf ZUSTÄNDE und EREIGNISSE; vgl. 4. und 5.), gilt jedoch, dass auf Dinge ausschließlich mit NPs (oder wie sich zeigen wird: DPs) referiert wird. Verbphrasen wie *schreibt einen Brief* oder *hat einen Brief geschrieben* können ebenso wenig wie Adjektivphrasen (vgl. *ziemlich dunkel* oder [*eine*] *ganz genaue* [*Beschreibung*]) auf DINGE referieren.[113] Andererseits referieren nicht alle NPs (bzw. DPs) auf Dinge. Verbalabstrakta wie *Lage*, *Entwicklung*, *Wanderung* bezeichnen Zustände, Prozesse bzw. Handlungen (vgl. 5.), Adjektivabstrakta wie *Klugheit* Eigenschaften. In der Kognitionslinguistik wird heute angenommen, dass auf DINGE im Sinne von Ding-Konzepten in einer mentalen bzw. „projizierten Welt" (vgl. 3.0) sowie auch auf Ereignis-, Orts- und Zeitkonzepte referiert wird (vgl. (4.). Nach MILLER / JOHNSON-LAIRD (1976: 36) bilden Perzepte (die Resultate von Wahrnehmungs-Beurteilungs-Prozessen) den Input für das konzeptuelle System. Dinge sind dadurch gekennzeichnet, dass sie Oberfläche, Ränder, Farbe, Gestalt Größe und Gewicht haben, unabhängig von Bewegungen oder der Orientierung der Rezeptoren, und ihre Identität behalten, so dass man sie wiedererkennt. Dinge werden als voneinander isolierte Objekte wahrgenommen.

Im Folgenden werden wesentliche Aspekte der Dingreferenz behandelt: Referenz von Kennzeichnungen und von Eigennamen, (durch Determinantien markierte) Determinierung und (durch Quantoren bezeichnete) Quantifizierung.

Zuvor ist einiges zur Form sprachlicher Ausdrücke, die für Dingreferenz benutzt werden, zu sagen. Für Dingreferenz werden ausschließlich Nominalphrasen (NPs) bzw. nach neuerer Auffassung Determinansphrasen (DPs) als sprachliche Mittel benutzt; darunter sind auch Pronomina zu subsumieren.

---

[112] Bei der Bezeichnung unbelebter DINGE lassen sich Individuativa (*Stein*, *Haus*) und Kontinuativa (*Sand*, *Wasser*) unterscheiden, wobei unklar ist, ob ihnen verschiedene ontologische Einheiten entsprechen.

[113] Das gilt selbst für Substantivierungen wie *die Behandlung*, *ein Muss* usw. Allerdings können Abstrakta eine konkrete Bedeutung annehmen und z.B. ein Kollektiv (*Versammlung*) oder Instrument (*Träger*) bezeichnen; in dem Fall referieren sie auf DINGE.

In der klassischen Syntax (vgl. CHOMSKY 1965) und Semantik (vgl. KATZ 1972 und THRANE 1980) wurde angenommen, dass NPs auf Dinge referieren. Noch in der X-bar-Darstellung von FANSELOW / FELIX (1993³, II: 53) wird für die Sequenz *the student of physics from Glasgow with long hair* die komplexe NP-Struktur (6-02) angesetzt:[114]

(6-01) the student of physics from Glasgow with long hair

(6-02) X-bar-Struktur der NP (6-01)

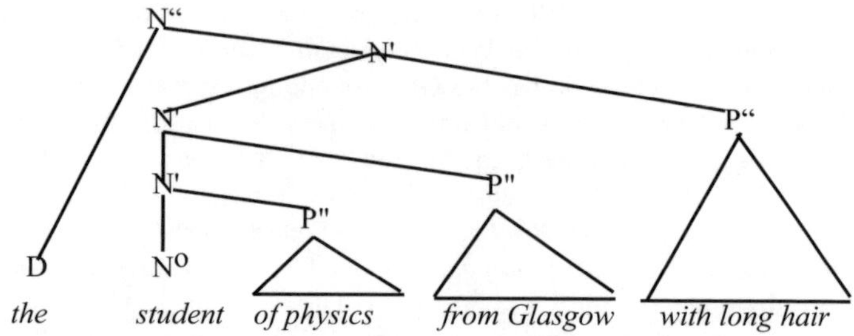

ABNEY (1987) vertritt (auf CHOMSKY 1981 aufbauend) die Ansicht, dass neben lexikalischen Kategorien wie N und V auch funktionale Kategorien wie INFL (die dominierende Kategorie im Satz) und D, die funktionale Kategorie in der NP, Phrasen bilden. D regiert eine NP und bestimmt deren Kasus, Genus und Numerus (vgl. Strukturdiagramm (6-05)). D kann realisiert werden durch Determinantien wie *der*, *dies-* etc., aber auch ohne Oberflächenrealisierung bleiben. Fürs Deutsche hat HAIDER (1988) in Auseinandersetzung mit meiner NP-Analyse (VATER 1986b) gezeigt, dass der DP-Ansatz einige Probleme der traditionellen NP-Analyse löst. So ist der Streit darüber, ob *der* in Fällen wie (6-03) Determinans oder Pronomen ist, hinfällig; es ist beides gleichzeitig, wie das Strukturdiagramm (6-04) veranschaulicht.[115] Das Determinans *der* füllt die Determinansphrase (DP) allein aus (es steht für eine ganze DP).

(6-03) Der gehört hierher.

(6-04)

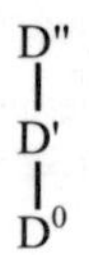

Determinantien können „transitiv“ (mit NP) auftreten und „intransitiv“ (ohne NP). Nach dem DP-Ansatz (vgl. HAIDER 1988, BHATT 1990, OLSEN 1991 und VATER 1991b) ist für

[114] Beispiel und Strukturdarstellung bauen auf RADFORD (1988: 197ff) auf.

[115] VATER (1986) behandelt *der* als Determinans (bestimmter Artikel), EISENBERG (1989²) als Pronomen. Dass die Bezeichnung „Pronomen“ unzutreffend ist (da ein pronominales Element nicht ein Nomen, sondern eher eine NP vertritt) weiß man seit langem.

die DP *das alte Haus* Struktur (6-05) anzunehmen, wo das D *das* die NP *alte Haus* regiert:

(6-05)

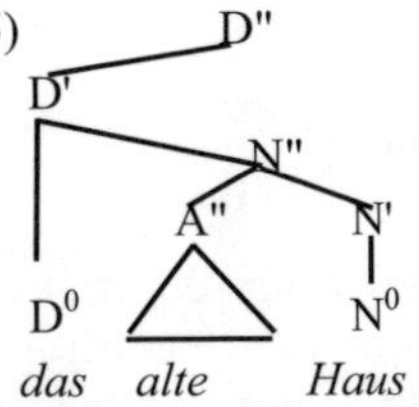

(A'' = AP)
(N'' = NP)

Diese Auffassung stellt eine neue, verbesserte, Sicht der Determinantien in syntaktischer Hinsicht dar, hat aber keinen direkten Einfluss auf die referenzsemantische Beschreibung der NP bzw. DP. Im Folgenden wird der DP-Ansatz zugrunde gelegt. Normalerweise referiert eine DP auf ein DING bzw. auf eine (spezifische oder unspezifische) Menge von DINGEN. Die genaue Anzahl kann – zusätzlich zum Numerus Plural – durch spezifische Quantoren angegeben werden (vgl. 6.4). Bei nicht-determinierten Individuativa muss die Einermenge durch den Quantor *ein* angezeigt werden. Bleibt die Anzahl unspezifiziert, genügt der Plural wie in (6-06)c als Vielheits-Anzeiger;[116] bei Markierung von Definitheit (vgl. 6.3) tritt ein Determinans auf wie in (6-06)b/d:

(6-06) a Ich sehe ein Haus.
b Ich sehe das Haus.
c Ich sehe Häuser.
d Ich sehe die Häuser.

Die funktionale Kategorie D_0 muss nicht durch ein explizites Determinans realisiert werden; in Fällen wie (6-06)a und c bleibt sie an der Oberfläche leer. Die Wirkung von D_0 zeigt sich jedoch an den morphologischen Merkmalen, die an der NP realisiert werden, z.B. am Kasus Akkusativ in *ein Haus* und *Häuser* (vgl. BHATT 1990, OLSEN 1991 und VATER 1991b). Die Annahme einer nicht overt realisierten Kategorie D_0 impliziert nicht die Annahme eines „Null-Artikels“ (vgl. CONFAIS 1985 und PÉRENNEC 1993)

6.1 Kennzeichnungen

Die philosophisch-logische Referenzforschung befasst sich vor allem mit der Analyse von Eigennamen (EN) und „Kennzeichnungen“; eine (definite) Kennzeichnung – auf englisch „(definite) description“ genannt – ist eine Bezeichnung für einen Term, d.h. eine Einheit, die eine Leerstelle in einer Proposition ausfüllen kann. In der Prädikatenlogik gibt es zwei Arten von Konstanten: Prädikate (die mit Großbuchstaben geschrieben werden) und Eigennamen bzw. Individuenkonstanten (mit Kleinbuchstaben geschrieben). Prädikate sind Funktionen mit so vielen Argumenten, wie ihrer Stelligkeit entspricht: Einstellige Verben

116 Der Plural ist nach LÖBNER (1990) ein Quantor.

wie *schlafen* haben ein Argument (in (6-07) den Schläfer), zweistellige wie *lieben* haben zwei (Liebende), dreistellige wie *geben* drei (Gebenden, Empfänger, Gegebenes). Prädikatsformeln enthalten Individuen als Argumente:

(6-07)	a	S(p)	b	Paul schläft.
(6-08)	a	L(p,m)	b	Paul liebt Maria.[117]
(6-09)	a	V(p,m,b)	b	Paul gibt Maria ein Buch.

Neben Konstanten gibt es Variablen (für die die letzten Buchstaben des Alphabets verwendet werden). Sie stehen für Individuen. Einer DP entspricht logisch gesehen eine (definite oder indefinite) Kennzeichnung, die wie ein Prädikat interpretiert wird, also *ein Buch* als „etwas, das ein Buch ist". Variablen sind durch einen Quantor gebunden.[118] Die gebräuchlichsten Quantoren sind der Existenzquantor (bzw. „Existenzoperator") $\exists$ und der Allquantor („Alloperator") $\forall$: $\exists x$ bedeutet „es gibt ein x, für das gilt"; $\forall x$ bedeutet „für alle x gilt". Der Formel (6-10)a mit Existenzquantor entspricht der Satz (6-10)b; Formel (6-11)a mit Allquantor entspricht Satz (6-11)b:[119]

(6-10) a $\exists x[B(x) \& K(p,x)]$
b Paul kauft ein Buch.

(6-11) a $\forall x[B(x) \rightarrow K(p,x)]$
b Paul kauft alle Bücher.

Die prädikatenlogische Darstellung (6-10)a lässt sich genauer interpretieren als „Es gibt ein x, für das gilt: x ist ein Buch und Paul kauft x", oder etwas sprachnäher: „Es gibt etwas, das ein Buch ist und das Paul kauft". Formel (6-11)a besagt: „Für alle x gilt: Wenn x ein Buch ist, dann kauft Paul x", oder, wiederum sprachnäher: „Alle Gegenstände, die Bücher sind, kauft Paul". Alle Quantoren haben einen Skopus, d.h. einen Bereich, auf den sie sich beziehen. Das lässt sich an dem in der Logik viel zitierten doppeldeutigen Satz (6-12) demonstrieren, dem die Formeln (6-13)a und b entsprechen:

(6-12)		Everyone admires someone.	
(6-13)	a	$\forall x \exists y A(x,y)$	'Everyone has someone whom he admires'
	b	$\exists x \forall y A(x,y)$	'There is someone whom everyone admires'

In (6-13)a steht der Existenzquantor im Skopus des Allquantors und *someone* wird als variabel verstanden, also: a bewundert b, b bewundert c, d bewundert a usw. In b dagegen gibt es eine bestimmte Person, für die gilt, dass sie von allen bewundert wird; hier steht

117 „Die Reihenfolge der Argumente folgt der Reihenfolge in einem unmarkierten Aussagesatz." (SCHWARZ / CHUR 1993: 142).

118 Ungebundene Variablen treten nicht in (wahrheitswertfähigen) Sätzen auf, sondern in „offenen Sätzen" oder Prädikatsfunktionen (vgl. ALLWOOD / ANDERSSON/ DAHL 1977: 64). „L(p,x)" wird nicht interpretiert als „Paul liest etwas" (was wahr oder falsch sein könnte), sondern als „Pauls Lesen" (mit einer Variablen x, die das Objekt des Lesens bezeichnet).

119 Der Allquantor ist relativ; *alle Bücher* kann sich auf die Gesamtheit der Bücher auf der Erde, in der Physik), in einer Buchhandlung beziehen.

der Allquantor im Skopus des Existenzquantors (vgl. ALLWOOD / ANDERSSON / DAHL 1977: 68).[120]

Die Philosophen konzentrierten sich bis in die neuere Zeit hinein (vgl. TEXTOR 2004) auf singuläre (d.h. unikale) definite Kennzeichnungen, die einen einzigen Referenten in der realen oder einer möglichen Welt haben, wie z.B. *die Sonne*, *der Papst* oder solche wie (6-14):

(6-14) der Entdecker der Unvollständigkeit der Arithmetik (TEXTOR 2004: 8)

Als prädikatenlogische Formel dafür kommt (6-15) in Frage:

(6-15) ∃x & E(x,u)

Die Formel besagt, dass es eine Person x gibt, von der gilt, dass sie etwas entdeckt hat, nämlich u, die Unvollständigkeit. Die Konstante u wäre noch genauer zu erklären als Unvollständigkeit der Arithmetik.[121]

In der erweiterten Prädikatenlogik hat sich eine Beschreibung definiter Kennzeichnungen mit Hilfe des Iota-Operators (ι) eingebürgert, die von ALLWOOD / ANDERSSON /DAHL (1977: 152) folgendermaßen erklärt wird:

> „A definite description is an expression which picks out a certain individual object by describing it as ‚the object which has such and such a property'. In the language of ordinary predicate logic, there are no definite descriptions, but it can be extended by introducing a logical constant called the **iota-operator** (ι, the Greek letter iota). Using this operator, we can write e.g. ‚the x which is such that it has the property F' as *ιx*(*F*(*x*)). This expression is then used as an individual constant (in the same way as *a*, *b*, *c*), and it can for instance be an argument of predicates, as in G(ιx(F(x)), which is read ‚the x which has the prop. G' or, in shorter form, ‚the F is G'."

ALLWOOD / ANDERSSON / DAHL (1977: 152) warnen davor, den Iota-Operator, der wie die Quantoren eine Variable binden kann, als Quantor anzusehen:

> „The iota-operator looks a little like a quantifier, but it is important to understand the difference. A quantifier is put in front of an open sentence and makes it into a sentence, but the iota-operator makes an open sentence into a term (an individual constant)."

Indefinite DPs werden teilweise wie definite behandelt, mit Konstanten wie *ein Buch* in (6-09)a oder mit durch Existenzquantor gebundenen Variablen (vgl. (6-10)a). Allerdings

---

[120] Für LOHNSTEIN (1996: 73) sind in der entsprechenden Formel .x [y [lieben(x,y)]] „sowohl x als auch y gebunden". Deutliche Skopusambiguität zeigt der Satz *Jeder in diesem Raum spricht zwei Sprachen*: Es können zwei bestimmte oder zwei beliebige Sprachen gemeint sein.

[121] Eine Möglichkeit bestünde darin, statt „u" eine gebundene Variable „y" zu benutzen, etwa: „x & .y & E(x,y) & y → U(a)", deutbar als „eine Person x hat y entdeckt und y ist die Unvollständigkeit der Arithmetik."

sind die in den Sprachen der Welt vorhandenen Quantoren viel reichhaltiger als die zur Verfügung stehenden Quantoren der Logik. So übersetzt der Existenz-Operator ∃ nicht nur das Numerale *ein*, sondern auch die sog. „Indefinitpronomina" *jemand* bzw. *etwas* sowie den dt. kontinuativen (nicht-zählbaren) Quantor *einiges* (vgl. *Paul hat einiges Geld*) und die pluralischen Quantoren *einige*, *manche* und *mehrere* (vgl. 6.4 und VATER 1979[2] und 1984). Dem All-Operator entsprechen im Dt. außer *all-* noch *sämtlich* und *jeder* (das gleichzeitig Distributionalität markiert; vgl. VATER 1979[2] und 1984) und *beide*, das Gesamtheit assertiert und eine Zweiermenge präsupponiert (vgl. REIS / VATER 1980).

In linguistischer Hinsicht sind drei Aspekte im Zusammenhang mit dem Gebrauch von Kennzeichnungen interessant:

- Koreferenz von Kennzeichnungen;
- der Gebrauch von Proformen;
- „nicht-referenzielle" (attributive) Kennzeichnungen.

Der Sinn eines sprachlichen Ausdrucks ist relevant für den Gebrauch (indefiniter und definiter) Kennzeichnungen. Der Sprecher ist nur in begrenztem Maße frei bei der Wahl eines Ausdrucks; er muss Rücksicht auf die semantischen Merkmale der Komponenten des Ausdrucks nehmen. So kann man in Bezug auf eine erwachsene männliche Person nicht eine DP wie *die Frau*, *das Kind* oder *der Elefant* als Kennzeichnung wählen.[122]

Der Sinn eines Ausdrucks spielt eine besondere Rolle bei **Koreferenz** (vgl. 3.2 und 5.3). Der Sprecher kann bei anaphorischem Gebrauch – d.h. bei Bezug auf einen mit einem vorerwähnten Ausdruck koreferenten Referenten – ein Synonym statt des Antezedens-Ausdrucks wählen wie in (6-16)b oder ein Hyperonym wie in c oder eine andere Kennzeichnung mit zusätzlichen semantischen Merkmalen wie in d. Er kann dies wegen des Prinzips „variatio delectat" tun oder zur Präzisierung eines vorher ungenau bestimmten Referenten. Nach STEINITZ (1974) eignet sich nicht jedes Hyperonym zur koreferenten Wiederaufnahme eines (hyponymen) Antezedens: ?*Über die Straße rannte ein Dackel. Das Säugetier keifte* (vgl. (3-64)b in 3.3).

(6-16) a Ein Mann kam herein. Der/dieser Mann sah müde aus.
b Ein Mann kam herein. Der Kerl sah müde aus.
c Ein Mann kam herein. Der Mensch sah müde aus.
d Ein Mann kam herein. Der Beamte sah müde aus.

122 Eine Ausnahme stellt die metaphorische Verwendung dar. So hat man in den ersten Jahren nach der Oktoberrevolution in der Sowjetunion Menschen als *Radieschen* bezeichnet, die nach außen rot (kommunistisch) auftraten, innerlich aber weiß (dem Zarenregime ergeben) waren. Ebenso kann man einen tolpatschigen Mann *Elefant* nennen.

Bei **Pronominalisierung** wird die Antezedens-DP durch ein „Pronomen" wieder aufgenommen.[123] Pronominalisierung ist überwiegend semantisch-konzeptuell gesteuert, nicht syntaktisch, wie man lange glaubte (vgl. 3.2).[124] Referenzidentität mit dem Antezedens spielt dabei die Hauptrolle, wobei das Antezedens, das das Auftreten von Pronomina und anderen Proformen auslöst, weder im gleichen (komplexen) Satz noch im unmittelbar vorangehenden Satz lokalisiert sein muss (vgl. die letzte Proform in (6-17)), wohl aber im gleichen Text oder in der betreffenden Äußerungssituation.

(6-17) Tonio sprach nicht. Er empfand Schmerz. Indem er seine etwas schräg stehenden Brauen zusammenzog ..., blickte er seitwärts geneigten Kopfes ins Weite. Diese Haltung und Miene war ihm eigentümlich.
(Th. MANN, *Tonio Kröger*, 214)

Das Pronomen darf jedoch nicht zu weit von seinem Antezedens entfernt sein, vor allem, wenn zwischen ihm und dem Antezedens noch andere DPs im gleichen Genus vorkommen (vgl. (6-18)).

(6-18) Paul ist mit Flocki zum Tierarzt gegangen. Er hat ihm eine Spritze gegeben.

Hier kommen als Antezendenten für *er* theoretisch *Paul*, *Flocki* und (*zum*) *Tierarzt* in Frage, doch scheiden wir auf Grund unseres Weltwissens *Flocki* als Antezedens aus (da Hunde keine Spritze geben können); das Situationswissen (dass Paul mit dem Hund zum Tierarzt geht) lässt zudem *Paul* als wahrscheinlichstes Antezedens erscheinen (obwohl nicht ausgeschlossen ist, dass Paul seinem Hund eine – vom Tierarzt zur Verfügung gestellte – Spritze verpasst). Auch dass der Tierarzt Paul eine Spritze gibt, ist auf Grund unseres Weltwissens unwahrscheinlich. Hier wird deutlich, wie sehr beim Gebrauch und Verstehen von Proformen Sprachwissen und Weltwissen (inkl. Situationswissen) interagieren (vgl. VATER 2001^3, §2.2). Gewöhnlich wird eine Proform so lange gebraucht, wie ihr Bezug zum Anzezedens im Text ohne Probleme erkennbar ist:

Proformen können auch kataphorisch verwendet werden; sie sind dann koreferent mit einem nachfolgenden „Postzedens":

[123] Die Bezeichnung „Pronomen" ist ungenau; da ein Pronomen nicht für ein Nomen steht (allenfalls für eine NP). Da Pronomina ihrer syntaktischen Kategorie nach zu den Determinantien gehören, könnte man sie „Pronominantien" nennen (vgl. VATER 2000). Der allgemeinere Terminus „Proform" schließt Pro-Adverbiale (wie *hiermit*, *worauf* und *danach*) und andere Pro-Elemente ein. Vgl. auch BRAUNMÜLLER (1977).

[124] Die Form eines Pronomens ist allerdings morphologisch bestimmt; auf eine maskuline DP bezieht man sich mit *er* / *der* / *dieser*, auf eine feminine mit *sie* /*die*(*se*), auf eine neutrale mit *es* / *das* / *dieses*.

(6-19) Fünf Jahre war er auf der Flucht, nun sitzt er im Gewahrsam der französischen Polizei. Ludwig-Holger Pfahls, Ex-Staatssekretär im Bundesverteidigungsministerium ... soll vom Rüstungslobbyisten Karlheinz Schreiber fast zwei Millionen Euro Schmiergeld für ein Panzergeschäft mit Saudi-Arabien kassiert haben.

(M. Quoirin: „Das Phantom aus dem Spendensumpf", *KStA* 14.7.04: 1)

In den bisherigen Beispielen wurden nur Personalpronomina gebraucht. Doch können auch andere Determinantien (in sogenanntem „intransitivem Gebrauch") pronominal verwendet werden:

(6-20) „... da machte sich auf auch Josef aus Galiläa, aus der Stadt Nazareth, ... mit Maria, seinem vertrauten Weibe; die war schwanger."

(*Die Bibel*, nach der Übs. v. Martin Luther), Lukas-Ev. 2.4/5)

(6-21) „Auf 'ner grünen Bank, die gelb angestrichen war,
saß 'n Jüngling, sechzig Jahr.
Neben ihm 'ne alte Schrulle,
die kaum sechzehn Jahr alt war.
Diese aß 'ne Butterstulle,
die mit Schmalz bestrichen war."

(*Dunkel war's, der Mond schien helle*, mündl. überliefert; vgl. VATER 2001[3]: 58)

Pronomina signalisieren nicht immer Koreferenz im strengen Sinne. Es gibt auch Fälle von „sloppy identity" (vgl. (3-76) in 3.4):

(6-22) Das Schnitzel ist heute noch zäher als letzten Freitag.

Hier ist selbstverständlich nicht gemeint, dass der Gast dasselbe Schnitzel isst wie am vergangenen Freitag. Gemeint ist etwas wie „das in diesem Restaurant üblicherweise servierte Schnitzel". Man spricht hier von „sloppy identity". Zwei weitere Fälle, wo Pronomina nicht Koreferenz im eigentlichen Sinne ausdrücken, sind zu erwähnen. Da sind zunächst Personalpronomina der ersten und zweiten Person, die Koreferenz mit dem (normalerweise nicht im Text vorkommenden) Sprecher bzw. Adressaten bezeichnen:

(6-23) Ich bitte dich hierzubleiben.

Allerdings können sie in direkter Rede Antezedenten im Text haben:

(6-24) Paul sagte zu Anna: „Ich bitte dich hierzubleiben".

Hier ist *ich* mit *Paul* und *dich* mit *Anna* koreferent.

Koreferenz im weiteren Sinne kann auch als Trick eines Schriftstellers vorkommen, der einen Roman mit (6-25) beginnt und so suggeriert, als wüsste der Leser bereits, auf wen er sich mit *er* und *sie* bezieht:

(6-25) Er hatte also Recht gehabt. Sie hatte ihn betrogen.

BACH (1968: 93) macht mit Beispiel (6-26) auf definite Kennzeichnungen aufmerksam, die sich quasi-pronominal verhalten. Hier wird normalerweise mit *the idiot* vom Sprecher B nicht eine Prädikation wie „der ein Idiot ist" intendiert, sondern eine (saloppe bzw. pejorative) Proform für *Algernon*.

(6-26) A: Have you heard from Algernon lately? – B: The idiot called me up yesterday.

Für die seit DONNELLAN (1966) angenommene **attributive („nicht-referenzielle") Verwendung** von Kennzeichnungen gelten nach KEMMERLING (1976: 51f) offenbar andere Präsuppositionen:

> „Wer eine Kennzeichnung referentiell verwendet, präsupponiert damit..., daß irgend etwas die Kennzeichnung erfüllt, und zusätzlich, daß das bestimmte Objekt, über welches er spricht, die Kennzeichnung erfüllt. Bei attributiv verwandter Kennzeichnung wird bloß präsupponiert, daß etwas die Kennzeichnung erfüllt."

Neben seiner normalen Verwendung (wo der Sprecher den Mörder von Smith kennt bzw. identifizieren kann) hat (6-27) eine attributive Verwendung, wo der Sprecher des Satzes einen potenziellen Referenten im Auge hat („der Mörder von Smith, wer er auch immer sein mag"):[125]

(6-27) Smith's murderer is insane. (DONNELLAN 1971: 102)

Diese Verwendung wurde bereits in 3.1.2 behandelt, wobei die von SEARLE (1969) postulierte Existenz-Präsupposition relativiert werden musste: Existenz des Referenten muss auch in einer möglichen (bzw. zukünftigen) Welt präsupponiert werden. Die Beispiele (3-21) und (3-22) werden hier als (6-28) bzw. (6-29) wiederholt:

(6-28) Birgits Freund ist arm dran. (KEMMERLING 1976: 51)

(6-29) (Hilfe, ich habe mein Studienbuch verloren!) Der ehrliche Finder erhält eine Belohnung. (REIS 1977: 125)

(6-28) hat neben der referenziellen Lesart, wo der Sprecher eine bestimmte Person kennt, die Birgits Freund ist, auch eine attributive bzw. „nicht-referenzielle" (vgl. COLE 1978: 2ff), wo der Sprecher, ausgehend von Birgits Eigenschaften eine Aussage über einen potenziellen Freund von Birgit macht. *Der ehrliche Finder* in (6-29) ist wohl auf jeden Fall potenziell (attributiv) zu verstehen.

---

[125] DONNELLAN (1966: 102) nennt diese Verwendung von Kennzeichnungen „attributiv". Den Terminus „nicht-referenziell" (der sich auch in der linguistischen Literatur eingebürgert hat – vgl. LEYS 1973) halte ich nicht für geeignet, da die attributive Verwendung m.E. referenziell ist. Aus dem Zitat von KEMMERLING (1976) geht hervor, dass auch beim „attributiven" Gebrauch einer Kennzeichnung Existenz präsupponiert wird, nur nicht in der realen (zur Zeit der Äußerung gegenwärtigen) Welt, sondern in einer möglichen (bzw. zukünftigen) Welt.

6.2 Referenz von Eigennamen

Eigennamen (EN) bilden eine Untergruppe der Substantive.[126] Sie stellen durch Referenzfestlegungsakte (vgl. LEYS 1979 und WIMMER 1979) konventionalisierte Bezeichnungen für eine Person oder geographische Gegebenheit (Land, Stadt, Berg, Fluss) dar. In der linguistischen Literatur, so bei LYONS (1977), wird überwiegend davon ausgegangen, dass EN zwar Referenz(potenz), aber keinen Sinn haben bzw., logisch-mengentheoretisch ausgedrückt, nur Extension, keine Intension. Ein Eigenname wie *Paul* hat danach als Denotation (i.S.v. LYONS 1977) die Menge aller Individuen, die *Paul* heißen; Referenz hat *Paul* (in einer bestimmten Äußerungssituation) auf einen bestimmten Menschen namens *Paul*. Was ihm fehlt, ist ein Sinn, der sich durch ein semantisches Merkmal wie [paulig] festmachen ließe.[127] Es gibt keine Menge von Individuen, die durch dies Merkmal gekennzeichnet ist. Im Prädikativ nach *heißen* referieren EN allerdings nicht „normal", sondern metasprachlich:

(6-30) Ich heiße Paul Müller. (vgl. (3-65) in 3.3)

Als Objekt von Namensgebungsverben wie *nennen* und *taufen* sind EN nach LEYS (1979: 81) metareferenziell (vgl. 3.3): In (6-31) ist nach LEYS (1979: 85) *Simon* referenziell, das erste Vorkommen von *Petrus* metareferenziell, das zweite metasprachlich:

(6-31) Simon, du sollst von nun an Petrus heißen, denn Petrus heißt „der Fels".
(LEYS 1979: 85, zitiert nach dem Neuen Testament)

Eine Einschränkung in Bezug auf die „Sinnlosigkeit" von EN ist zu machen: Bestimmte Gruppen von EN – vor allem Kose- und Spottnamen – enthalten erkennbare Sinnbestandteile (da sie ihren Ursprung in Gattungsbezeichnungen haben):[128]

(6-32) Liebe Oma Schnuffi! Alles Gute zum Muttertag. Christian.
(*KStA* 10./11.5.1986: 43)

(6-33) Liebe Mausili! Meiner herzensguten Mutter wünsche ich alles erdenklich Liebe und Gute zum Muttertag. Deine Tochter Eveline.
(*KStA* 10./11.5.1986: 43)

---

[126] Bzw. eine Untergruppe der DPs, da es EN mit Artikel gibt: *der Rhein*, *der Irak*, *die Niederlande*, *die Schweiz*, *die USA* (vgl. VATER 1965).

[127] Zur Kritik an Freges EN-Auffassung vgl. auch PADILLA GÁLVEZ (1988) und BEREZOWSKI (2001: 29ff). Als neuere philosophische Studien zu EN vgl. HÖRNIG (2003) und BORER (2004)

[128] Nach LYONS (1977) könnte es sich hier gleichzeitig um Bestandteile der expressiven Bedeutung handeln. Auf jeden Fall ist auch Sinn (als Komponente der deskriptiven Bedeutung) erkennbar; *Mausili* ist wohl ein Diminutiv von *Maus*. Schwerer ist *Schnuffi* zu erklären; es hat offenbar mit dem Verb *schnüffeln* zu tun (oder mit einem Onomatopoeticum *schnuff* bzw. einem davon abgeleiteten Verb *schnuffen*).

In der philosophischen Literatur überwiegt seit FREGE (1892a und 1895) die Annahme, dass EN eine Bedeutung bzw. einen Sinn haben.[129] Nach FREGE (1895: 25) gilt:

> „Die Bedeutung eines Eigennamens ist der Gegenstand, den er bezeichnet oder benennt."

Dabei gebraucht Frege „Bedeutung" im Sinne von „Referenz" (vgl. 1.1). Neben der Bedeutung (also dem bezeichneten Gegenstand) hat ein EN aber auch einen Sinn. Als Beispiel führt FREGE (1892a, zit. bei HÖRNIG 2003: 23 nach FREGE 1962: 42, Anm. 2) den Sinn des EN *Aristoteles* an:

> „Man könnte z.B. als solchen [Sinn] annehmen: der Schüler Platos und Lehrer Alexanders des Großen."

Nach TEXTOR (2004: 8) gab in der „Alten Theorie" (AT) der Referenz eine (singuläre) definite Kennzeichnung wie *der Entdecker der Unvollständigkeit der Arithmetik* gleichzeitig die „Bedeutung" (*Sinn* nach Frege) eines Eigennamens (hier: *Kurt Gödel*) ab.[130] Da nach KRIPKE (1980^2) und (2004: 25ff) EN starre Bezeichner sind (d.h. in jeder möglichen Welt denselben Gegenstand bezeichnen), Kennzeichnungen jedoch nicht, können diese nicht mit EN bedeutungsgleich sein (vgl. TEXTOR 2004: 12f.).[131] Statt dessen nehmen Vertreter der Neuen Theorie nach TEXTOR (2004: 15) an, dass der Eigennamen-Träger die Bedeutung eines EN ausmache. So sagt SALMON (2004: 38):

> „Die von mir vertretene anti-fregesche These kann man ausführlicher so formulieren: Tritt ein gewöhnlicher Eigenname oder ein anderer einfacher singulärer Term in Aussagesätzen außerhalb der Reichweite von nicht-extensionalen Operatoren wie zum Beispiel Anführungszeichen auf, dann trägt er zur Sicherstellung des Informationsgehaltes dieser Sätze (oder der von solchen Sätzen in einem gegebenen möglichen Verwendungskontext ausgedrückten Proposition) nur seinen Bezugsgegenstand oder den Träger des Namens (im jeweiligen Verwendungskontext) bei. In der Terminologie von *Frege's Puzzle* formuliert: Ich behaupte, dass der Informationsgehalt eines gewöhnlichen Eigennamens schlicht seine Bedeutung ist."

„Freges Rätsel" besteht (nach TEXTOR 2004: 9f) darin, dass (S1) *Hesperus ist Hesperus* und (S2) *Phosphorus ist Hesperus* koreferente EN enthalten (*Hesperus* und *Phosphorus* bezeichnen beide die Venus), dass sie aber trotzdem nicht immer austauschbar sind, z.B. im von TEXTOR (2204: 10) diskutierten Satz (S6) *Kurt glaubt, dass Hesperus Phosphorus ist*, der nicht salva veritate für *Kurt glaubt, dass Hesperus Hesperus ist* austauschbar ist. Zudem können zwei Personen in Bezug auf den gleichen Gegenstand unterschiedliche

---

[129] TEXTOR (2004: 9, 16 et passim) gebraucht „Bedeutung" nicht synonym mit „Referenz" (wie FREGE 1892a „Über Sinn und Bedeutung"; vgl. die entsprechenden Ausführungen in 1.), sondern synonym mit „Sinn": Er übersetzt „Bedeutung" mit „Information" bzw. „Informationsgehalt".

[130] Zufolge TEXTOR (2004: 8) lautet These (AT1): Die Bedeutung eines EN ist die Bedeutung einer Kennzeichnung. Nach (AT2) bezieht sich ein EN auf den Gegenstand, der die Kennzeichnung erfüllt, die mit ihm bedeutungsgleich ist.

[131] Zur Auseinandersetzung mit Kripke's Theorie der starren Bezeichner vgl. PADILLA GÁLVEZ (1988: 117–122) und HÖRNIG (2003: 103–110).

Annahmen haben; so kann auch der Satz *Marie glaubt nicht, dass Hesperus Phosphorus ist* eine wahre Aussage darstellen. FREGE (1892a) gibt dafür (nach TEXTOR 2004: 11) die Erklärung, dass EN in indirekter Rede nicht einfach einen Gegenstand bezeichnen, sondern verschiedene „Gegebenheitsweisen", unter denen dieser Gegenstand erscheint:

> „Die Namen bezeichnen nicht mehr die Venus, sondern die Gegebenheitsweise, die die Bedeutung dieser Ausdrücke in der direkten Rede ist. ... Daher können Eigennamen, die in direkter Rede denselben Gegenstand bezeichnen, in indirekter Rede verschiedene Gegebenheitsweisen bezeichnen. Aus diesem Grund können ko-referentielle Eigennamen in der indirekten Rede nicht *salva veritate* ausgetauscht werden."

Diese Erklärung ist in mehreren Hinsichten nicht befriedigend. Dass die genannte Einschränkung nicht für alle Vorkommen von indirekter Rede zutrifft, zeigt beispielsweise der „faktive" Satz *Kurt weiß (nicht), dass Hesperus Phosphorus ist*, wo der Nebensatz Faktizität präsupponiert.[132] Dass der Satz in assertierter wie negierter Form die Wahrheit des in der Nebensatzproposition Ausgedrückten impliziert, zeigt, dass „Faktizität" präsupponiert wird (vgl. 3.1.2), wofür allerdings nach REIS (1977) pragmatische Restriktionen gelten.

Die Philosophen haben sich – folgt man der Argumentation in den Beiträgen zu TEXTOR (ed.) (2004) bei ihrer Suche nach der Bedeutung von EN – in eine schwierige Situation hineinmanövriert, wie auch in dem SALMON-Zitat deutlich wird. Doch gibt es auch unter den Philosophen solche wie MILL (1862), die annehmen, dass EN „meaningless marks" sind, die ihre Träger nicht beschreiben (vgl. TEXTOR 2004: 15).[133] Auch gegen die „Neue Theorie der Referenz" lassen sich Bedenken anmelden. Nach TEXTOR (2004: 21f) gilt:

> „Einerseits gibt es starke Argumente gegen die Alten Theorien der Referenz, andererseits konnten die Neuen Theorien der Referenz bisher keine befriedigenden Lösungen der ausstehenden Probleme entwickeln."

Nach TEXTOR (2004: 8) gelten für Artnamen und Indexikalia analoge Thesen wie für EN, zum mindesten in der Alten Theorie. Das ist m.E. zu bestreiten: „Artnamen" wie *Amsel* oder *Biber* sind echte Gattungsbezeichnungen und verhalten sich wie solche; sie sind quantifizierbar (vgl. *zwei Amseln*) und können generisch gebraucht werden (*der Biber ist ein Säugetier*) – was beides bei EN nicht möglich ist (vgl. VATER 1965). Indexikalia wie *ich* und *du* sind andererseits Variable (vgl. 6.1) und unterscheiden sich schon dadurch von EN. Von einigen Philosophen wird die Kategorie der Eigennamen (die in der philosophi-

---

132 Das (negierte) Verb (*nicht*) *wissen, dass* ... bezeichnet eine Proposition als wahr für den Sprecher und das Subjekt des Satzes, wogegen *(nicht) wissen, ob* nur Faktizität für den Sprecher präsupponiert (d.h. nur der Sprecher, nicht das Subjekt beurteilt die Proposition der Satzeinbettung als wahr) (vgl. VATER 1973).

133 Eine Zwischenstellung nimmt RUSSELL (1904) ein: „Im Falle eines Eigennamens wie ‚Sokrates' kann ich zwischen Sinn und Bedeutung nicht unterscheiden" (zit. bei HÖRNIG 2003: 54). Russell gebraucht (wie Frege) *Sinn* i.S.v. „Bedeutung" und *Bedeutung* i.S.v. „Referenz".

schen Literatur meist „Namen" genannt werden) sehr weit gefasst, so bei MEIXNER (2004: 30f):

> „Namen haben eine bestimmte semantische Rolle: Sie werden verwendet, um auf etwas Bezug zu nehmen."

Nach dieser Definition sind alle referenziellen Ausdrücke Namen! Tatsächlich führt MEIXNER (2004: 31) folgendes Beispiel an:

> „Schließlich hat auch das Wort ‚Name' hier einen logischen Sinn, der vom vertrauten Sinn abweicht: Der Ausdruck ‚dass Regensburg an der Donau liegt' ist im hier verwendeten Sinn ein Name (gemäß der vertrauten Grammatik würde man ihn hingegen als einen Nebensatz bezeichnen); denn er wird dazu verwendet, um auf etwas Bezug zu nehmen, um davon etwas auszusagen."

Diese sehr, sehr weite Auffassung von *Name* – nach der alle Sprachausdrücke, die zum Referieren verwendet werden, Namen sind – steht gleichzeitig auch der Annahme anderer „Grundstrukturen der Sprache" im Wege:

> „Mit der Unterscheidung zwischen Namen, Sätzen und Prädikaten – im angegebenen logischen Sinn – sind drei Grundstrukturen der Sprache angesprochen, die ontologisch bedeutsam sind."

Wenn Namen Ausdrücke sind, die referieren („auf etwas Bezug nehmen"), sind ja auch Sätze und Prädikate Namen (wie das Regensburg-Beispiel auch nahelegt). Wozu braucht man dann drei „Grundstrukturen der Sprache"? Man käme ja mit einer aus.

6.3 Determination

Determinantien wie *der*, *dieser*, *jener* wurden früher oft als „Begleiter des Substantivs" eingestuft.[134] Das ist ungenau, da sie ohne Substantiv vorkommen (vgl. (6-34) – (6-36)):

(6-34) Der (hat mit gerade noch gefehlt)
(6-35) Das (verstehe ich nicht)
(6-36) Diesen (brauche ich nicht mehr)

In all diesen Fällen bilden sie – nach klassischer Auffassung – eine Nominalphrase für sich, was schon zeigt, dass ihre syntaktische Funktion weit über die eines Begleiters hinausgeht. So zeigen sie im Deutschen Kasus, Genus und Numerus des (begleitenden oder zu ergänzenden) Substantivs an, was mit ausschlaggebend dafür war, dass man sie im DP-Ansatz als Köpfe einer DP, nicht mehr als begleitende Elemente in einer NP ansieht (vgl. 6.1). In (6-34) – (6-36) kommen Determinantien intransitiv vor, d.h. füllen eine DP allein,

[134] Die Formulierung „Begleiter und Stellvertreter des Substantivs" ist ebenfalls ungenau, da sie nicht erfasst, dass einige Determinantien (wie *er* oder *jemand*) nie als Begleiter eines Substantivs vorkommen.

ohne NP-Komplement, aus. Determinantien haben eine referenzielle Funktion im Hinblick auf die von ihnen regierte NP bzw. (im „intransitiven Gebrauch" wie in (6-34) – (6-36)) zu ergänzende NP.

Da Quantoren wie *ein*, *einige*, *aller*, *jeder*) sich mit Determinantien verbinden können (vgl. VATER 1984), können sie nicht zu den Determinantien gehören. Wenn *ein* „unbestimmter Artikel" wäre, würde die Kombination mit *der* eine Kontradiktion ergeben. Das ist aber nicht der Fall; (6-37) ist eine normale DP, und zwar eine definite Kennzeichnung mit Determinans *der* und Quantor *ein*. Ähnliches gilt für andere Kombinationen aus Determinans und Quantor wie in (6-38) – (6-40):

(6-37) Der eine Draht ist verbogen.
(6-38) Mein einer Bruder studiert Physik.
(6-39) a Alle die Vögel füttere ich jeden Tag.
b Die Vögel füttere ich alle jeden Tag.
(6-40) Die vielen/wenigen Menschen gingen nach Hause.

Man kann davon ausgehen (vgl. VATER 2002a), dass der die Einermenge bezeichnende Quantor *ein* getilgt wird, wenn ein zählbares Nomen im Singular durch *der*, *dieser* oder ein Possessivum determiniert wird.[135] Dadurch lässt sich die Vagheit singularischer determinierter NPs in Bezug auf quantitative Merkmale wie „Zählbarkeit" erklären: *Brot* ist die determinierte Form von *ein Brot* wie von *Brot*: Die Doppeldeutigkeit von Substantiven, die Zählbarkeit und Nichtzählbarkeit bezeichnen können, wird bei singularischen determinierten NPs nicht aufgehoben, da Determinantien nichts über quantitative Eigenschaften von N aussagen:

(6-41) Ich habe das Brot (für die Party) bestellt.

Nach KOSESKA-TOSZEWA (1991: 8) sind Determination und Quantifikation nur verschiedene „Stationen" auf der gleichen logisch-semantischen Achse:

> "Thus on the 'axis': unique → existential → universal definiteness is defined as uniqueness, while existential and universal quantification cover the contents of indefiniteness."

Gegen diese auch von anderen Linguisten (z.B. BERDYCHOWSKA 2002: 59ff) vertretene Meinung lässt sich vieles einwenden: Nicht nur die Kombinierbarkeit von Determinantien und Quantoren und ihr unterschiedliches syntaktisches Verhalten sprechen dagegen, sondern auch ihre unterschiedliche semantische Funktion (vgl. VATER 1982; 1984; 2000).[136]

---

[135] Entsprechende Hinweise finden sich auch bei HEIDOLPH et al. (1981). Fürs Englische vertritt PERLMUTTER (1970) die Auffassung, dass der Einerquantor (engl. *a / one*) kein Determinans ist.

[136] ALLWOOD, ANDERSSON/DAHL (1977: 152) begründen die Unterscheidung vom logischen Standpunkt: „A quantifier is put in front of an open sentence and makes it into a sentence, but the iota operator makes an open sentence into a term (an individual constant)". Zur Diskussion und Neuorientierung der Determination vgl. HEIM (1982), ITURRIOZ (1986) und CHESTERMAN (1991).

Semantisch gesehen ist Determination eine Abgrenzung des Referenten. Die Referenzeigenschaften von Determinantien betreffen (im DP-Ansatz) die von D regierte NP.[137] Ich sehe Determinierung als gleichbedeutend mit „Definitmachen" an. Es gibt demnach keinen „unbestimmten Artikel"; *ein* hat rein quantifizierende Funktion (vgl. VATER 1982; 1984; 2002a).[138] Definitmachen wiederum lässt sich im Sinne von HAWKINS (1978) erklären als die Lokalisierung eines Referenten in einer Referenzmenge, die dem Produzenten und Rezipienten einer Äußerung gemeinsam verfügbar ist (vgl. auch BISLE-MÜLLER 1991: 156). HAWKINS (1978) unterscheidet vier Haupttypen des Definitmachens:

– **Anaphorik**: Definitheit durch Identifizierung mit Vorerwähntem:

(6-42) Ein Mann kam herein. Der/dieser Mann / er sah müde aus.

Für die anaphorische Verwendung eignet sich neben einem Pronomen besonders eine definite DP mit bestimmtem Artikel oder demonstrativem Determinans.

– **Assoziativ-anaphorische Verwendung**: Hier wird an eine vorerwähnte DP angeknüpft, zu der z.B. eine Teil-Ganzes-Beziehung besteht:

(6-43) Es war ein hübsches Dorf. Die Kirche stand auf einer Anhöhe. (VATER 1979²: 81)

(6-44) Eine böse Überraschung erlebten in den vergangenen Wochen mehrere Autofahrer im Raum Ehrenfeld. Als sie morgens zu ihren Autos kamen, waren die Reifen zerstochen. (*KStA* 1.12.94: V-KW1)

In (6-43) kann der Sprecher davon ausgehen, dass der Adressat mit der Nennung eines Dorfs auch eine Kirche assoziiert. *Die Reifen* ist eine definite DP, die voll verständlich ist, obwohl die Reifen nicht vorerwähnt wurden. Hier benutzt der Leser sein Weltwissen, das ihm sagt, dass jedes Auto Reifen besitzt; zwischen Auto und Reifen besteht also ein Assoziationsverhältnis, das (nach HAWKINS 1978) den Gebrauch des definiten Artikels rechtfertigt. Ebenso lässt sich die definite NP in *den vergangenen Wochen* durch Weltwissen interpretieren, das besagt, dass es sich um die Wochen vor dem 1.12.94 handelt. Nach HAWKINS (1978: 123) kann *a car* in (6-45)a zwar die damit assoziierte Kennzeichnung *the exhaust fumes* in b auslösen, nicht aber *the dog* wie in c. Informantenbefragungen ergaben jedoch, dass die Fortführung c keine Probleme darstellt.[139]

(6-45) a The man drove past our home in a car.
b The exhaust fumes were terrible.
c ?The dog was barking furiously.

---

137 In der älteren Auffassung betreffen sie das N als Kopf der NP. Die Notierung „NP/DP" fasst ältere und neuere Sehweise zusammen.

138 Dass „der bestimmte Artikel immer auf einen Gegenstand hinweist, während der unbestimmte ein Begriffswort begleitet" (FREGE 1892b: 69), lässt sich zudem bestreiten.

139 Es könnte einen Hund im Auto betreffen oder einen Hund, den der Sprecher des Satzes mit sich führte, als besagtes Auto vorbeifuhr. HAWKINS (1978) lässt selbst die Möglichkeit zu, dass die Assoziation sehr speziell sein kann.

Bei assoziativem Gebrauch sind Demonstrativa ausgeschlossen.

- **Deiktische Verwendung**: Hier spricht HAWKINS (1978) von „immediate situation use“ und zeigt, dass Sichtbarkeit des Referenten keine notwendige Bedingung für deiktische Referenz ist:

  (6-46) Dies/jenes/das Buch (hier/ da/ dort) musst du lesen!

  Beim deiktischen Gebrauch sind Demonstrativa ebenso möglich wie beim anaphorischen Gebrauch (vgl. HIMMELMANN 1997 und BERDYCHOWSKA 2002). Sie können durch deiktische Adverbien wie *hier/ da/ dort* ergänzt werden.

- **Abstrakt-situative Verwendung**: Dieser nicht ganz glückliche Terminus ist Hawkins' (ebenfalls nicht sehr glücklichem) „larger situation use“ nachgebildet. Dabei wird ein Referent allein durch den Rückgriff auf Weltwissen lokalisiert; dieser Gebrauch ist besonders typisch für den bestimmten Artikel:

  (6-47) Der Präsident hat eine Rede gehalten.

  Vorausgesetzt wird hier nur, dass der Adressat weiß, dass das betreffende Land oder der betreffende Verein einen Präsidenten hat. Der Diskurszusammenhang muss zur Vereindeutigung beitragen, sonst gibt es Missverständnisse, so wenn ein Amerikaner (6-47) in Frankreich einem Landsmann gegenüber (zu Beginn eines Gesprächs) äußert. In diesem Fall könnte sowohl der amerikanische als auch der französische Präsident gemeint sein. Scheitern der Referenz ist jedoch auch bei allen andern Gebrauchsweisen einer definiten DP möglich, so wie bei folgendem (selbsterlebtem) Beispiel:

  (6-48) [Sprechstundenhilfe im Wartezimmer eines Ostberliner Arztes zum Patienten im Wartezimmer:] *Ihr Buch bitte.* [Patient reicht ihr erstaunt das Buch, in dem er gerade liest; die Sprechstundenhilfe lacht.] (Gemeint war das in der DDR übliche Versicherungsbuch).

Eine definite Kennzeichnung kommt ohne Definitheitsmarkierer aus, z.B. bei Eigennamen (die alle definit sind), bei Koordination mit *und*, bei Präpositionen und in Superlativen:

(6-49) Hans kommt morgen.
(6-50) Paul nahm Notizbuch und Bleistift zur Hand.
(6-51) Vor Gebrauch schütteln!
(6-52) Tauchen bereitet Fritz größtes Vergnügen.

Quantoren markieren nicht eine DP als indefinit, sondern zeigen Quantifizierung des Kopf-N in der NP an und lassen neben indefiniter Interpretation zuweilen auch definite zu (vgl. VATER 1984):

(6-53) Und noch desselben Tages empfing eine respektvoll erschütterte Welt die Nachricht von seinem Tode. (Th. MANN, *Tod in Venedig*, Schlusssatz)

CHUR (1993) nimmt an, dass sowohl bei generischer als auch bei prototypischer Verwendung (vgl. 3.3) einer DP die (determinierende bzw. quantifizierende) Funktion von Determinantien und Quantoren erhalten bleibt (vgl. auch BURTON-ROBERTS 1976, HEYER 1987 und BISLE-MÜLLER 1991).[140] So wird in (6-54)a generisch auf die gesamte Gattung referiert und in (6-54)b mit der durch *ein* ausgedrückten Einerquantifizierung auf eine Unterart der Mammutgattung:

(6-54) a Das Mammut ist ausgestorben.
b Ein Mammut ist ausgestorben.

„Determinansvariation" ist bei echt generischen Aussagen stark eingeschränkt (CHUR 1993: 36ff).[141] Bei p-generischer Verwendung ist Determinans- und Quantor-Variation ohne weiteres möglich:

(6-55) a Die Beutelfliege säugt ihre Jungen.
b Die Beutelfliegen säugen ihre Jungen.
c Beutelfliegen säugen ihre Jungen.
d Eine Beutelfliege säugt ihre Jungen.
e Alle Beutelfliegen säugen ihre Jungen.
f Jede Beutelfliege säugt ihre Jungen. (CHUR 1993: 42):

Der in der einschlägigen Literatur oft als Beispiel für Generik gebrachte Satz (6-56) ist nach Meinung von CHUR (1993) p-generisch:[142]

(6-56) Alle Menschen sind sterblich.

Im Gegensatz zu JACKENDOFF (1983: 93), der annimmt, dass TYPES nicht referieren (vgl. 4.), nimmt CHUR (1993: 264ff) an, dass es generische Referenz gibt, dass generische Phrasen also auf TYPE-Konzepte referieren. Da CHUR (1993: 16ff) – wie JACKENDOFF (1983) – einen kognitiven Ansatz der Referenz vertritt, ist das nur eine logische Schlussfolgerung: Wenn wir auf Konzepte referieren und wenn Kategorien als Kategorie-Konzepte (wie MENSCH, HUND, WASSER etc.) in unserem Bewusstsein gespeichert sind, ist es nur natürlich, dass wir auch auf solche Kategorie-Konzepte referieren.[143]

Sogenannte „Artikelsprachen" (wie Deutsch, Englisch, Französisch) haben neben den „Demonstrativa" (*dieser*, *jener*, *derjenige*) einen „bestimmten Artikel" zur Anzeige von

---

140 CHUR (1993) spricht von s(emantisch)-generischer und p(rototypisch)-generischer Verwendung.

141 So ist in *Der Mensch ist nur wenig behaart*, wo auf die Gattung *Mensch* referiert wird, *ein* nicht einsetzbar, weil das nicht (artspezifisch) generisch interpretierbar ist (und hier auch kaum auf eine Unterart des Menschen bezogen werden kann).

142 Nach CHUR (1993: 42) ist Ersetzung durch eine *Art*-Konstruktion hier nicht möglich. Für mich ist die Konstruktion *Die Art der Menschen ist sterblich* möglich, was auf s-Generik deutet, wogegen bei *Elf Spieler bilden eine Mannschaft* (VATER 1984) nur p-generische Interpretation in Frage kommt; eine Paraphrase wie *Elf Spielersorten bilden eine Mannschaft* ist ausgeschlossen (vgl. CHUR 1993: 42).

143 CHUR (1993:24) verweist darauf, dass für JACKENDOFF (1983) die Projizierbarkeit eines Konzepts relevant ist. Was nicht projizierbar (und das heißt für ihn: nicht erfahrbar) ist, darauf kann nicht referiert werden.

Definitheit; besonders typisch für den bestimmten Artikel ist die Anzeige von „abstrakter Situativität", die gewöhnlich nicht durch andere Determinantien angezeigt wird. Definitheit wird jedoch nicht immer markiert (s. oben). „Artikellose Sprachen" (wie das Lateinische und die slawischen Sprachen) verfügen im Allgemeinen über Determinantien, aber nicht über den bestimmten Artikel, verhalten sich also wie „Artikelsprachen" in Bereichen, wo Definitheit nicht markiert werden muss (vgl. (6-49) – (6-52)). In solchen Sprachen wird offenbar Definitheit besonders im Bereich der Deixis angezeigt, während sie in den andern Bereichen unmarkiert bleibt oder durch andere Mittel – z.B. durch Wortstellung und Aspektgebrauch – mit bezeichnet wird. Abschließend ist festzuhalten:

- Determinantien realisieren die funktionale Kategorie D und markieren DPs als definit.
- DPs ohne Determinantien sind nicht notwendig indefinit.
- Der Unterschied zwischen „Artikelsprachen" und „artikellosen Sprachen" ist rein quantitativ: Beide Sprachgruppen haben Determinantien; nur fehlt den „artikellosen" Sprachen der bestimmte Artikel innerhalb der Determinantien (vgl. VATER 1997).

6.4 Quantifizierung

Die Quantoren-Systeme natürlicher Sprachen sind reicher als das (in 3.1 beschriebene) logische Quantoren-System. Im Deutschen lassen sich die vorkommenden Quantoren (Q) nach bestimmten Quantitäts-Merkmalen anhand von mindestens fünf Oppositionen in Untermengen klassifizieren (vgl. VATER 1984):

1. Die Quantoren *all-*, *jeder* und *beide* in (6-57)a zeigen **Totalität** an (die bei *beide* auf eine Zweiermenge beschränkt ist; vgl. REIS / VATER 1980), die Quantoren *einig-*, *mehrere* und *manch-* in (6-57)b Nicht-Totalität.[144] Totalität anzeigende Quantoren nenne ich „Totalisatoren" (vgl. VATER 1984).

(6-57) a Alle /beide Bücher sind teuer / Jedes Buch ist teuer.
b Einige /mehrere /manche Bücher sind teuer.

2. In (6-58) / (6-59) ist **Zählbarkeit** relevant. *Fleisch* ist als nicht-zählbares Nomen nicht mit Zählbarkeits-Quantoren verbindbar. *Viel* und *wenig* sind im Singular nicht-zählbar, im Plural zählbar. Es gibt im Dt. Substantive, die zählbar und nicht-zählbar vorkommen und sich dabei mit entsprechenden Quantoren verbinden. Bei definiten DPs im Sg. wird die Bezeichnung der Einer-Menge unterdrückt (Singular kann bei zählbaren Substantiven nichts anderes ausdrücken), so dass DPs wie *das Brot, der Käse* als definite Form von *Brot* oder *ein Brot*, *Käse* oder *der Käse* auftreten.[145]

---

144 In Fällen, wo Quantoren singularisch und pluralisch vorkommen (vgl. *aller/alle/alles* vs. *alle* [Pl.] und *einiger/einige/einiges* vs. *einige* [Pl.]) setze ich Stammformen wie *all-* und *einig-* als Nennformen an.

145 Zählbarkeit in diesem Sinne findet sich auch bei Abstrakta, bei denen nicht Gliederung in Einzelelemente angezeigt werden kann (vgl. **zwei Ruhen*, aber *Hier herrscht eine himmlische Ruhe*). Zählbarkeit betrifft nicht nur Gliederung in ein-

(6-58) a Hier sind drei / mehrere / viele Eier.
b Hier ist viel / einiges / etwas Fleisch.
c *Hier sind drei / mehrere / viele Fleische.

(6-59) a Hier ist etwas Brot / etwas Kuchen / etwas Käse / etwas Bier.
b Hier ist ein Brot / ein Kuchen / ein Käse / ein Bier. [146]

3. Der Totalisator *jeder* zeigt **Distributivität** an, Bezug auf Einzelelemente einer Menge, während *alle* distributive und nichtdistributive Lesart zulässt. Distributivität gilt auch für den nicht-totalen Q *manche*(*r*) im Unterschied zu *einige* (vgl. VATER 1979^2).[147]

(6-60) a Alle/einige Kinder sangen ein Lied.
b Jedes/manches Kind/manche Kinder sang(en) ein Lied.

4. Quantoren können eine **spezifische** Quantität oder eine nicht-spezifische bezeichnen. [148]:

(6-61) a Paul hat drei/hundert Bücher gekauft.
b Paul hat einige/viele Bücher gekauft.

5. Schließlich sind **skalare** und nicht-skalare Quantoren zu unterscheiden. *Das dritte Buch* meint ein bestimmtes Buch, das auf einer Skala von 1 – n den Platz 3 besetzt. Der nicht-skalare Quantor *drei* zeigt dagegen nur eine Dreiermenge an:

(6-62) a Paul hat das dritte Buch übersetzt.
b Paul hat drei Bücher übersetzt.

Syntaktisch unterscheiden sich Quantoren von Determinantien durch ihre Stellung (gewöhnlich hinter D, nur *all-* kommt vor D vor: *all das Gerede*, *alle die Leute*) sowie durch die Möglichkeit der Distanzstellung (vgl. KNIFFKA 1986 und 1996), die Determinantien versagt ist:

(6-63) a Autos fahren hier viele / wenige / keine /*die(se)
b Kugelschreiber ist hier keiner. (Hörbeleg)
c Volvo habe ich erst neulich einen aufgemacht. (Hörbeleg)[149]
d Schuhe brauche ich noch ein Paar. (KNIFFKA 1986: 66)

---

zelne Elemente, sondern auch Gliederung in Arten wie in *Wir haben drei Weine anzubieten* (vgl. VATER 1979^2).

146 *Bier* bedeutet in Verbindung mit *ein* „ein Glas Bier".

147 Zeitlich gesehen verhindert Distributivität (bei *jeder* und *mancher*) das gleichzeitige (gemeinsame) Singen der Kinder, während *all-* und *einige* Gleichzeitigkeit zulassen.

148 Ich verwende den Ausdruck „spezifisch" anders als KARTTUNEN (1968) und Linguisten in seiner Nachfolge. Für die nicht-spezifische Lesart von *John wants to catch a fish* benutze ich den Terminus „beliebig".

149 In einem Gespräch zwischen jungen Leuten in einem Restaurant ging es darum, wie man ein Auto öffnet, wenn man den Schlüssel verloren hat. Vorausgegangen war die Äußerung eines jungen Mannes, dass er jeden Wagen öffnen kann außer dem Volvo.

Dass *ein* Quantor, nicht Determinans ist, zeigt sich neben der Verbindbarkeit mit D (*das / dies eine Mal*) und vorkommender Distanzstellung (vgl. (6-61)c) vor allem daran, dass es ausschließlich bei Individuativa verwendbar ist (*ein Stein* vs. **ein Sand*), was seine quantifizierende Funktion bestätigt.[150] Determinantien – inkl. der bestimmte Artikel – sind dagegen mit Individuativa wie Kontinuativa im gleichen Maße verbindbar: *der/dieser Stein – der/dieser Sand.* Auch nach HEIDOLPH et al. (1981: 277) ist „*ein* ... in jedem Fall Zahlwort." Es lässt sich festhalten:

– Quantoren realisieren die Kategorie Q in einer QP, die ein Komplement von D bildet; sie zeigen Quantitätsmerkmale der von Q regierten NP an. Zur internen Struktur der QP vgl. BHATT (1990) und LÖBEL (1990).
– Quantoren zeigen nicht Indefinitheit an, sondern Quantität.
– Der „unbestimmte" Artikel ist ein Quantor, wie sein syntaktisches und semantisches Verhalten (Anzeige einer Einermenge) zeigt.

---

[150] Zu beachten ist, dass Zählbarkeit im Sinne von „Gliederung in Unterarten" oft auch möglich ist, wo Gliederung in Einzelelemente nicht sprachlich ausdrückbar ist; vgl. *Hier herrscht eine himmlische Ruhe*.

7. Ortsreferenz

7.0 Allgemeines

Raum und Zeit sind uns, sagt KANT in seiner *Kritik der reinen Vernunft* (1787^2, zitiert nach der Neuaufl. 1993: 95), nicht durch Wahrnehmung äußerer Gegenstände oder Ereignisse gegeben, sondern entspringen einer reinen Vorstellung:

> „Der Raum ist kein empirischer Begriff, der von äußeren Erfahrungen abgezogen worden. Denn damit gewisse Empfindungen auf etwas außer mich bezogen werden, (d.i. auf etwas in einem andern Orte des Raumes, als darinnen ich mich befinde,) imgleichen damit ich sie als außer [und neben] einander, mithin nicht bloß verschieden, sondern als in verschiedenen Orten vorstellen könne, dazu muß die Vorstellung des Raumes schon zugrundeliegen."

Raum ist wie Zeit ein notwendiger Parameter unserer Anschauung: Gegenstände werden in Raum und Zeit lokalisiert, Situationen sind räumlich-zeitlich bestimmt (vgl. 5.). An alten Raumbezeichnungen erkennt man nach JAMMER (1960: 6), dass die Menschen der Frühzeit nicht von Eigenschaften gemessener Gegenstände abstrahierten:

> „Die alte sumerische Flächeneinheit – übrigens gleichzeitig auch die Gewichtseinheit – war das ‚se' oder ‚Korn'. Aus dieser Bezeichnung ergibt sich deutlich, daß in diesen Zeiten Flächenausdehnung nach dem Gesichtspunkt der für die Besamung der fraglichen Fläche nötigen Samenmenge, und das bedeutet letzten Endes vom anthropozentrischen Gesichtspunkt der zu leistenden Arbeit, begriffen wurde."[151]

Die Alltagssprache ist voll von Ausdrücken, die auf Raum und Zeit Bezug nehmen: Eine Frage *bleibt im Raum stehen,* man schafft sich *Freiräume*, lässt einer Angelegenheit *Spielraum, gibt (einem Gedanken) Raum*, verabredet sich an einem *dritten Ort*, spricht über das, was *höheren Ortes* beschlossen worden ist, bezieht sich auf eine Äußerung *am angegebenen Ort* etc..[152]

Es gibt zwei zentrale Raumauffasungen in der Physik, die nacheinander, aber auch nebeneinander wirkten (vgl. VATER 1996^3):

– Nach der relativen Auffassung ist Raum „Lagerungs-Qualität der Körperwelt" (EINSTEIN 1960: xiii): die Lage von Körpern relativ zueinander. Es gibt danach keinen leeren Raum.

---

151 Anthropozentrische Messmethoden der Naturvölker belegt FETTWEIS (1958) mit Wegstreckenmaßen wie *drei Tassen Tee* (ca. 5 engl. Meilen) bei den Tibetanern (vgl. VATER 1996^3: 20).

152 Dem Raum verdankt die Gattung der Utopie ("Nicht-Ort") ihren Namen. Zum Verhältnis von Raum und Zeit vgl. HAWKING (1988).

- Nach der andern Auffassung ist Raum der Behälter aller körperlichen Objekte. Der Raum ist dann eine der Körperwelt übergeordnete Realität. Ein körperliches Objekt kann nur im Raum gedacht sein; andrerseits kann der Raum auch leer sein:

Beide Raum- Auffassungen finden sich schon in der Antike, wo die relative vorherrscht. Die absolute wird bei GALILEI und NEWTON vorherrschend, bis durch EINSTEINs Relativitätstheorie wieder der relative Raum zu Ehren gelangt. Bei der Zeit war von der Antike bis ins 20. Jahrhundert die absolute Auffassung dominant, bis auch hier EINSTEIN dem Gedanken der relativen Zeit zum Durchbruch verhalf und zudem Raum und Zeit in Assoziation – als Raumzeit – sah.

Für „Raumreferenz“ (Bezug sprachlicher Ausdrücke auf räumliche Verhältnisse) werden nach KLEIN (1991) „Raumausdrücke“ benutzt:

> „Mit einer Äußerung, die eine Ortsangabe enthält, kann man angeben, wo sich etwas befindet oder abspielt, woher etwas kommt oder stammt, wohin etwas geht oder gehört. Zu einer solchen Raumreferenz ... ist erforderlich, daß Sprecher und Hörer
>
> a) die Bedeutung der Raumausdrücke in der betreffenden Sprache kennen,
>
> b) über eine hinlänglich ähnliche Raumvorstellung verfügen,
>
> c) das in der Äußerung selbst Ausgedrückte in geeigneter Weise durch Kontextinf. ergänzen können.“ (KLEIN 1991: 77ff)

Nach WUNDERLICH (1982: 1) ist der Raum „für die Organisation von Sprache fundamentaler als die Zeit“: Zeitausdrücke wie *vor*, *nach*, *da* sind aus Raumausdrücken abgeleitet. Dabei fällt ein Paradox auf: Während grammatikalische Zeitausdrücke (als Tempora und Aspekte) eine zentrale Rolle in den Sprachen der Welt spielen, kommen Raumausdrücke seltener grammatikalisiert (als „lokale Kasus“) vor. Ergo: Zeitzuordnung ist sekundär, aber obligatorisch; Raumzuordnung ist primär, aber fakultativ.[153] In VATER (1994[3]: 6f) habe ich gezeigt, wie sich dieser Widerspruch lösen oder zum mindesten relativieren lässt: Raumreferenz wird sehr oft nicht explizit ausgedrückt, ist aber implizit vorhanden, ganz besonders bei Bezug auf den Sprecherort. Die a-Sätze in (7-01) und (7-02) sind daher synonym mit den b-Sätzen (falls nicht Bezug auf einen kontextuell bestimmten Ort vorliegt):

(7-01) a Ich habe etwas gefunden.
b Ich habe hier etwas gefunden.

(7-02) a Peter kommt.
b Peter kommt hierher.

---

[153] Im Deutschen und in anderen Sprachen sind allerdings Tempora nur in Sätzen mit finitem Verb obligatorisch. In infiniten Sätzen (*Alles aussteigen*! *Stillgestanden*) oder verblosen Sätzen (*Feuer*! *Die Ausweise bitte*!) fehlt die Tempusmarkierung.

Es ist zu unterscheiden zwischen statischer Raumreferenz (**Positionierung**) und dynamischer (**Direktionalisierung**). Positionierung ist Bezug auf die Position eines Objekts, während Direktionalisierung seine Verlagerung von einem Ort an einen anderen betrifft. Im Deutschen können viele Raumausdrücke positional und direktional verwendet werden; das gilt besonders für Lokalisierungsverben wie *stecken* und *hängen* und Lokaladverbiale wie *daneben* und *darauf*.[154] Als dritte Art der Raumreferenz lässt sich **Dimensionierung** ansehen, Beschreibung von Dimensionseigenschaften eines Objekts, die durch Adjektive wie *lang* und *breit* ausgedrückt wird (vgl. LANG 1987). Sprachlich wird Ortsreferenz meist durch Adverbiale (in Form einer PP, eines Adverbs oder eines Adverbialsatzes), lokale Kasus (Lokativ, Ablativ usw.) sowie Lokalisierungsverben bezeichnet.

7.1 Lokaladverbiale

Die Referenz lokaler Präpositionalphrasen behandeln u.a. STEINITZ (1969), BARTSCH (1972), MOILANEN (1979), BIERWISCH (1988) und MAIENBORN (1996). Ich gebrauche – anders als die meisten Linguisten (vgl. z.B. ALTMANN 1998) – den Terminus „lokal" als übergreifend und unterscheide innerhalb der Lokaladverbiale positionale und direktionale. Tab. 7-1 stellt die Haupttypen von Positionierungs-Ausdrücken im Deutschen dar, Tab. 7-2 die Haupttypen von Direktionalisierungs-Ausdrücken (nach VATER 1996³: 45):

Abb. 7-1 Positionale Raumausdrücke im Deutschen

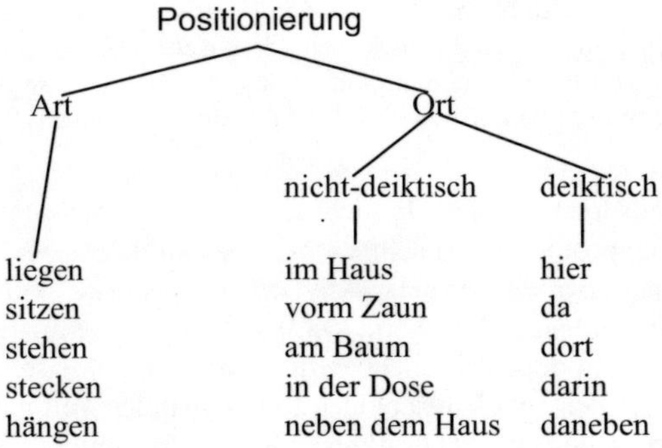

[154] Das Verb *hängen* wird stark flektiert, wenn es positionierend (intransitiv) gebraucht wird, und schwach als direktionalisierendes (transitives) Verb: *hängt – hing – gehangen* vs. *hängt – hängte – gehängt*. Bei jüngeren Deutschen hört man jedoch Sätze wie *Ich habe den Mantel an den Haken gehangen*.

Abb. 7-2 Direktionale Raumausdrücke im Deutschen

Direktionalisierung

Art | **Ort**

nicht-deikt.	**deiktisch**	**nicht-deiktisch**	**deiktisch**
legen	*kommen*	*ins Haus*	*hierher*
setzen	*bringen*	*vor den Zaun*	*dahin*
stellen	*herfahren*	*an den Baum*	*dorthin*
stecken	*hinstellen*	*hinters Haus*	*dahinein*
hängen		*neben den Ofen*	*daneben*

7.1.1 Topologische Raumausdrücke

Topologische Raumausdrücke beschreiben nach Herweg (1989: 99) lokale Konstellationen von Objekten dadurch, dass sie ein Objekt in einer für die jeweilige Präposition spezifischen Region lokalisieren:

> „Anders als z.B. die sog. Richtungspräpositionen *über*, *unter*, *vor*, *hinter*, *rechts* und *links* nehmen sie nicht Bezug auf räumliche Dimensionen (Vertikalität, primäre und sekundäre Horizontalität), Richtungen und Perspektiven (deiktische, d.h. vom Sprecher oder einem anderen Bezugszentrum der Äußerungssituation induzierte, oder intrinsische, d.h. durch die räumliche Orientierung der betreffenden Objekte vorgegebene Perspektiven)."

Man kann topologische Raumausdrücke somit als nicht-deiktisch und nicht-intrinsisch auffassen und zwei binäre Oppositionen annehmen: „perspektivisch" vs. „nicht-perspektivisch" (topologisch) und innerhalb der perspektivischen Ausdrücke „intrinsisch" vs. „nicht-intrinsisch" (deiktisch). Entgegen Herweg (1989) sollte man direktionale Ausdrücke wie *in den Schrank* (als nicht-deiktisch, nicht-intrinsisch) zu topologischen Ausdrücken rechnen. Ich verwende für den zu lokalisierenden Referenten den Terminus „Objekt" und für den die Lokalisierung des Objekts bestimmenden Referenten den Terminus „Lokalisator".[155]

Seit Wunderlich (1982) nimmt man an, dass mit dem Lokalisator eine (durch die Präposition spezifizierte) Region verbunden ist, also eine AUF-, IN-, NEBEN-Region usw.; sie kann zweidimensional sein wie in (7-03) oder dreidimensional wie in (7-04):

---

155 Es gibt viele konkurrierende Termini: Statt „Objekt" gebraucht Levelt (1986) „Verweisobjekt", Herweg (1989) „zu lokalisierendes Objekt" ("LO"), Klein (1991) „Thema"; statt „Lokalisator" sagt Levelt (1986) „Bezugsobjekt", Herweg (1989) „Referenzobjekt der Lokalisierung" ("RO") und Klein (1991) „Relatum".

(7-03) Kreta liegt unter Griechenland. (KLEIN 1991: 79)
(7-04) Hans saß unter dem Baum. (KLEIN 1991: 78)

Ein Beispiel für eine eindeutige topologische Positionierung ist *neben*, wo die Betrachterperspektive, im Gegensatz zu *vor/hinter*, *über/unter*, keine Rolle spielt (vgl. MOILANEN 1979: 66). *Neben* drückt eine Relation unmittelbarer Nachbarschaft aus; Richtung und Sprecherperspektive bleiben unspezifiziert:

(7-05) Die Kaffeekanne ist neben dem Brotkorb.

(7-06) ist nach KLEIN (1991: 83) die allgemeine Form einer Lokalisierung. Nach KLEIN (1991: 83) ordnet man zunächst dem Ort des Relatums einen „AUF-Raum" zu. In einem zweiten Schritt wird der Ort des Themas auf diesen „AUF-Raum" bezogen.

(7-06) L(Thema,t) $\subseteq$ PRÄP* (L(Relatum,t))

"L(x,t)" ist der Eigenort von x zum Zeitpunkt t. PRÄP* ist eine Funktion, die dem Relatum seinen spezifischen Raum, also seinen AUF-Raum, NEBEN-Raum usw. zuordnet. Wie man sieht, spielt das Zeitintervall bei der Lokalisierung eine Rolle: Ein Objekt (Thema) kann zu verschiedenen Zeiten verschiedene Orte einnehmen (vgl. EHRICH 1989). Das wird deutlich bei Direktionalisierung:

(7-07) Paul stellte die Kaffeekanne neben den Brotkorb.

Hier gibt es einen (nicht genannten) Ausgangsort und einen Zielort. Präpositionen, die für Positionierung und Direktionalisierung verwendet werden, fordern im Deutschen für die Lokalisator-NP bei Positionierung Dativ, bei Direktionalisierung Akkusativ. Präpositionen, die nur Direktionalisierung bezeichnen, wie *nach* oder *zu*, fordern den Dativ.[156] Als topologische Präpositionen behandelt HERWEG (1989) auch *in*, *an* und *bei*. Ihre Bedeutung stellt er prädikatenlogisch mit Lambda-Abstraktion dar:

(7-08) λy λx (Lok (x, PRÄP*(y)))

Dabei sind x und y Variablen über lokalisierbare Objekte (einschließlich Lokalisatoren). Lok ist eine Lokalisierungsrelation zwischen Objekten und Regionen. „Lok(x,p)" bedeutet, dass der von x eingenommene Ort in der Region p enthalten ist. PRÄP* ist eine regionenkonstituierende, den einzelnen Präpositionen zugeordnete, Funktion. Die Semantik von *in* wird in (7-09) definiert:

(7-09) /in/ = λy λx (Lok (x, Place(y)))

Die Funktion *Place* bezeichnet den Raum des Lokalisators y als Innenraum für x. Auf konzeptueller Ebene wird entschieden, dass sich x in (7-10)a ganz im Innenraum von y

[156] Umgangssprachlich kommt auch *bei* direktionalisierend vor: *Ich geh' mal beim Bäcker* (bzw. im Berlinischen auch ... *bei'n Bäcker*).

befindet, in b nur zum Teil, dass x in (7-11)a im Hohlraum von y ist, in b in dessen materiellem Teil.

(7-10) a Das Geldstück ist in meiner Hand. (HERWEG 1989: 102)
b Die Blumen sind in der Vase. (HERWEG 1989: 102)

(7-11) a Das Hemd ist im Schrank. (HERWEG 1989: 102)
b Im Schrank ist ein Holzwurm. (HERWEG 1989: 102)

An und *bei* bezeichnen beide eine der Region des Objekts benachbarte Region; aber der Lokalisator y hat bei *bei* nicht Kontakt mit dem Objekt x, während *an* Kontakt zulässt (aber nicht fordert):

(7-12) Der Stuhl steht beim Schreibtisch.
(7-13) a Ein Etikett klebt an der Flasche.
b Ein Mann steht an der Ecke.

In (7-13)a wird (in Verbindung mit dem Kontaktverb *kleben*) Kontakt ausgedrückt, in b nicht. Das Merkmal „Kontakt" differenziert auch *auf* vs. *über*:

(7-14) a Der Vogel ist über dem Baum.
b Der Vogel ist auf dem Baum.

(7-14)a impliziert Nicht-Kontakt; der Vogel hält sich (fliegend oder in Ruhelage) in der Luft über dem Baum auf; im zweiten Fall sitzt er auf dem Baum. *Auf* und *über* können auch deiktisch bzw. intrinsisch verwendet werden; in diesem Fall spielt die Betrachter-Perspektive eine Rolle. Eine topologische Präposition ist auch *um*, das statisch und dynamisch verwendet wird:

(7-15) a Die Kinder saßen um den Tisch. (KLEIN 1991: 84)
b Die Kinder setzten sich um den Tisch.

Die UM-Region muss den Lokalisator ganz umgeben. Eine Schlange kann einen Tisch ganz umgeben, ein Kind nicht.

(7-16) a *Das Kind saß um den Tisch. (KLEIN 1991: 84)
b Die Schlange lag um den Tisch.

7.1.2 Deiktische und intrinsische Perspektive

7.1.2.1 Deixis

BÜHLER (1934) unterscheidet in der primären (direkten) Deixis einen Nahraum, der mit *hier* und einen Fernraum, der mit *da* oder *dort* bezeichnet wird, wobei innerhalb des Fernraums die Erreichbarkeit eine differenzierende Rolle spielt. So zeigt ein Kranker dem Arzt eine schmerzhafte Stelle an seinem Körper, die er erreichen kann, mit *da* an, eine für ihn nicht erreichbare Stelle mit *dort* (BÜHLER 1934: 100f). RAUH (1983a: 18) unterscheidet systematisch zwischen drei Regionen: Kodierort („coding place"), „in Verbindung mit dem Kodierort", „nicht in Verbindung mit dem Kodierort". Der Kodierort wird in der Ortsdeixis durch *hier* bezeichnet; *da* ist für den mittleren (mit dem Kodierort verbundenen) Bereich zuständig, *dort* für den äußeren, nicht mit dem Kodierort verbundenen Bereich. Diese Einteilung überträgt sie auf die Personal- und Temporaldeixis. Nach EHRICH (1992: 13ff) bildet (wie bei BIERWISCH 1988 und HERWEG 1989) der Sprecherort $\mathbf{L^0}$ beim System der **positionalen Deixis** (bei der nur die Position des Sprechers relevant ist) im Deutschen den Ausgangspunkt.[157]

Abb. 7-3 Topologische Regionen für die positionale Deixis

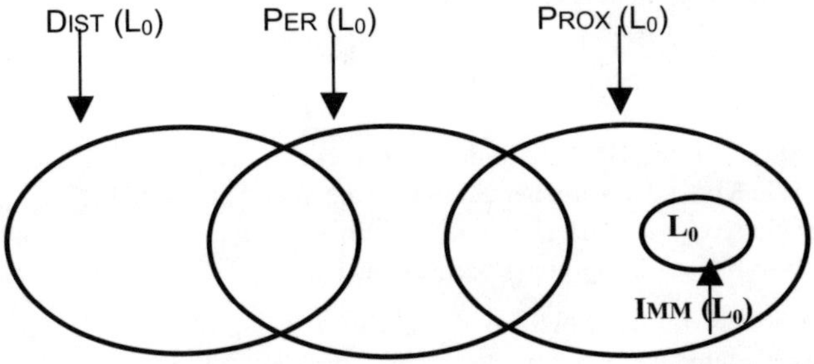

L_0 bezeichnet den Sprecherort, PROX (L_0) die proximale Umgebung (Nah-Umgebung) des Sprecherorts, DIST (L_0) die Fern-Umgebung. PER (L_0) ist der an PROX (L_0) bzw. DIST (L_0) grenzende Peripher-Raum. Eine Teilregion von PROX (L_0) ist IMM (L_0); sie spielt bei einer Verwendung von *hier* wie in (7-17) eine Rolle (vgl. EHRICH 1992: 16):

(7-17) Ich kann den Zettel nicht lesen. Es ist hier zu dunkel.

In (7-17) betrifft *hier* die IMM-Teilregion des PROX-Raums:

Abb. 7-4 PROX- und IMM-Region

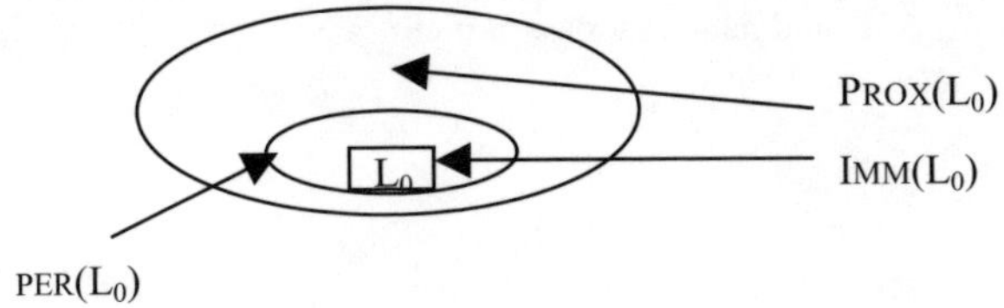

---

157 Zu anderen Deixis-Auffassungen vgl. BLÜHDORN (1993; 1995).

In anderen Fällen kann *hier* den gesamten PROX-Raum betreffen (so in (7-18)) oder gar den außerhalb von PROX liegenden PER-Raum (wie in (7-19); vgl. EHRICH 1992: 16ff und VATER 1996[3]: 48):

(7-18) Ich kann den Rasen nicht mähen. Es ist hier (draußen) zu dunkel.
(7-19) Ich kann die Schuhe nicht finden. Es ist hier (im Schrank) zu dunkel.

Auf ähnliche Weise lassen sich *da* und *dort* analysieren, deren gegenseitige Relation und die Relation zu *hier* recht kompliziert ist:

(7-20) a Hier hängt mein Lieblingsbild.
b Da hängt mein Lieblingsbild.
c Dort hängt mein Lieblingsbild.

EHRICH (1992) erläutert das Verhältnis zwischen den drei Lokaladverbialen anhand von vier Kontexten:

- Kontext 1: Sprecher und Hörer befinden sich in einem Museum.
- Kontext 2: Wie $Ktxt_1$; der Sprecher zeigt auf eine Wand in der Nähe.
- Kontext 3: Wie $Ktxt_1$: der Sprecher zeigt auf einen anderen Saal.
- Kontext 4: Wie $Ktxt_1$; der Sprecher berührt das Bild.

In $Ktxt_1$ ist als Verweis auf das Museum als Ganzes nur (7-20)a möglich, denn *hier* lässt zu, dass der Verweisraum VL den Sprecherort SL einschließt. In $Ktxt_2$ und $Ktxt_4$ kontrastieren *hier* und *da* mit *dort*, das ausgeschlossen ist, weil es verbietet, dass VL im Zugriffsbereich (ZL) des Sprechers liegt. Aus diesem Grund ist *dort* auch verwendbar, wenn der Sprecher (7-20)c auf der Straße (außerhalb des Museums) äußert. *Da* ist offenbar neutral; vgl. (7-21), wo es in der Frage mit *dort*, in der Antwort mit *hier* austauschbar ist:

(7-21) Ist Herr Müller da? – Ja, er ist da.
(7-22)A: Hans ist in New York.
B: a Wie gefällt es ihm hier?
b Wie gefällt es ihm da?
c Wie gefällt es ihm dort?

In (7-22) ist die Antwort a so zu deuten, dass nicht nur H(ans) in New York ist, sondern auch B, möglicherweise auch A. Antwort c besagt, dass weder A noch B in New York ist, während b offen lässt, wo A ist und nahelegt, dass B nicht in New York ist:

Abb. 7-5 Personen in New York

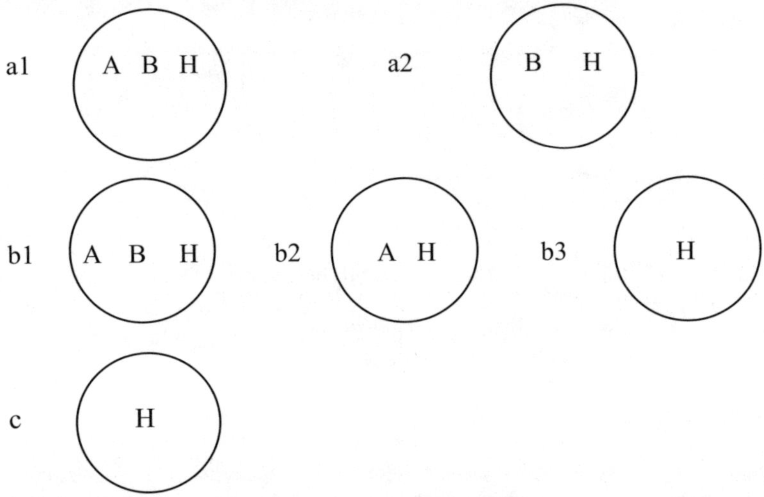

EHRICH (1992: 20) setzt für *da* den variablen Verweisbereich PROX (L_y) an; y ist eine Individuenvariable und L_y ist die von y besetzte Ortsregion. Je nach Kontext kann L_y für Sprecherort, Adressatort oder einen dritten Ort stehen:

Tab. 7-1 Oppositionen im Bereich der positionalen Deixis

	$L_i \subseteq$ PROX (L_0)	$L_i \subseteq$ DIST (L_0)
hier	+	–
da	±	±
dort	–	+

Nach EHRICH (1992: 21) stehen zwei Elemente eines semantischen Felds in starkem Kontrast, wenn mindestens bezüglich einer Dimension ein Element positiv spezifiziert ist und das andere negativ. Sie stehen in schwachem Kontrast, wenn sie nicht in starkem Kontrast stehen und mindestens bezüglich einer semantischen Dimension das eine neutral ist und das andere positiv oder negativ. Danach ist *da*, in beiden Dimensionen neutral, weder mit *hier* noch mit *dort* semantisch äquivalent, da zu beiden ein schwacher semantischer Kontrast besteht. Es gibt *da*-Kontexte, wo weder *hier* noch *dort* substituierbar ist, da *hier* zwingend auf einen egozentrischen PROX-Raum und *dort* zwingend auf einen DIST-Raum festgelegt ist. So ist in einem Satz wie *Fritz ist da da* nicht mit *dort* austauschbar, weil dort einen Fernraum bezeichnet, der Sprecher aber ausdrücken will, dass sich Fritz in die Nähe des Nahraums von Sprecher und Adressat begeben hat (den PER-Raum), aber nicht unbedingt in in unbedingt in die Nähe des (imminenten) Kern-Nahraums (des IMM-Raums, wo eher *hier* angebracht wäre. Die präferierten Anwendungsbereiche von *hier*, *da* und *dort* zeigt Abb. 7-6 (nach EHRICH 1992: 22):

Abb. 7-6 Präferenzwerte von *hier*, *da* und *dort*

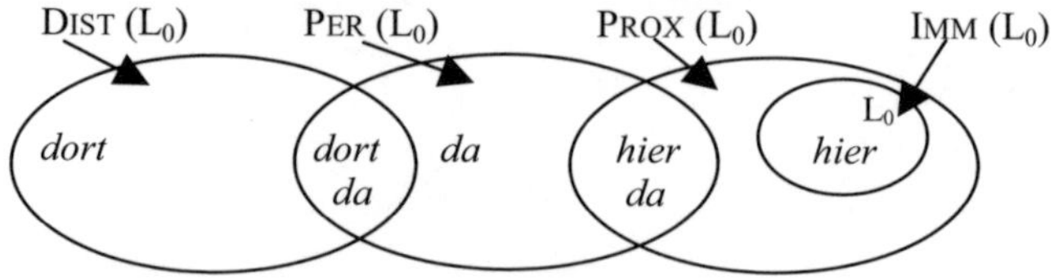

Anhand der Beispiele (7-01) und (7-02) wurde gezeigt, dass Raumreferenz oft nicht explizit angezeigt wird, ganz besonders bei (positionalem oder direktionalem) Bezug auf den Sprecherort. Das Hiersein wird offenbar genauso in jeder Äußerung impliziert wie die Jetztzeit. Ein Satz wie (7-23) wirkt daher tautologisch:

(7-23) Ich bin hier.

Ein solcher Satz wird nur geäußert, wenn der Adressat den Sprecher nicht lokalisieren kann, z.B. im Dunkeln (wo dann allerdings die Lokalisierung durch *hier* nicht so hilfreich ist wie das akustische Signal an sich, das die Lokalisierung des Sprechers erleichtert). Ein Satz wie (7-24) ist normalerweise widersprüchlich, kann aber sinnvoll mit entsprechenden Begleitgesten geäußert werden (z.B. indem man mit dem Finger auf zwei verschiedene Stellen einer Landkarte weist).

(7-24) Weimar ist hier und nicht hier.

Sätze wie (7-25)a und (7-26)a werden normalerweise im Sinne der entsprechenden b-Sätze verstanden, in bestimmten Kontexten jedoch auch anders, beispielsweise synonym mit den c-Sätzen (vgl. dazu EHRICH 1992). Auf jeden Fall wird Lokalreferenz impliziert.

(7-25) a Ich habe Geld.
b Ich habe Geld hier (bei mir).
c Ich habe Geld auf dem Sparkonto.

(7-26) a Peter kommt.
b Peter kommt hierher.
c Peter kommt zur Tagung nach Saarbrücken.

Bei der von EHRICH (1992) so bezeichneten **dimensionalen Deixis** spielt neben der Position des Sprechers auch seine Orientierung eine Rolle, d.h. die Richtung, in der der zu beschreibende Gegenstand von ihm aus lokalisiert ist. HILL (1982: 16ff) unterscheidet zwei verschiedene deiktische Perspektiven, die er „aligned“ vs. „facing“ nennt (wofür Veronika Ehrich „Tamdem-Perspektive“ vs. „Vis-à-vis-Perspektive“ sagt). Nach HILL (1982: 21) beschreiben Sprecher des Hausa eine Situation wie in Abb. 7-7 so, dass der Kugelschreiber hinter dem Ball liegt, da sie sich in einer Tandem-Perspektive orientieren: Das Orientierungsfeld, das den Kugelschreiber und den Ball enthält, wird parallel zum eigenen Orientierungsfeld empfunden (praktisch als Fortsetzung des eigenen Orientierungsfelds).

Der Ball „vertritt“ gewissermaßen den Beobachter, der Kugelschreiber befindet sich dahinter. Abb. 7-7 und 7-8 sind HILL (1982: 26) nachempfunden.

(7-27) a There is a pen in front of the ball.
b Vor dem Ball liegt ein Kugelschreiber.

Abb. 7-7 Tandem-Perspektive

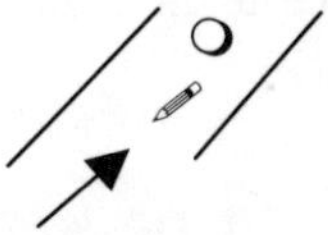

Abb. 7-8 Vis-à-vis-Perspektive

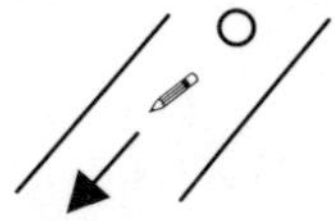

Der Sprecher des Deutschen oder Englischen wendet dagegen die Vis-à-vis-Perspektive an (vgl. Abb. 7-8); er impliziert, dass der Ball (als Lokalisator) ihn „ansieht“; der Stift liegt vor dem Ball. Bestimmte Umstände bewirken eine Perspektiven-Änderung. Im Hausa wird, wenn das Objekt vom Lokalisator (teilweise) verdeckt ist, Vis-à-vis-Perspektive angewandt, so dass *baya* „hinter“ benutzt wird. Hier gehen Englisch, Deutsch und Hausa zusammen. Andrerseits benutzen Englisch- und Deutschsprecher bei sich bewegenden Objekten vorzugsweise die Tandem-Perspektive.[158]. Bei zwei sich in gleicher Richtung bewegenden Bällen A und B ist „A vor B“:

B A

Abb. 7-9 o→ o→

X (X = Beobachter)

7.1.2.2 Intrinsik

Nun kann auch ein Gegenstand selbst eine Orientierung haben, wobei nach HILL (1982:13ff) drei asymmetrische Orientierungsachsen eine Rolle spielen: oben/unten, vorn/hinten und links/rechts. Man spricht dann von der **intrinsischen** Perspektive. In ihrer Normalposition sind Blätter am Baum unabhängig von der Position des Betrachters oben. Andrerseits hat ein Baum keine intrinsische Vorn-hinten-Achse und keine links-rechts-Achse. Mensch (bzw. Säugetier), Schrank, Auto oder Telefon haben eine von der Rückseite unterschiedene Vorderseite. HILL (1982) spricht von *asymmetrischen* Achsen. Eine Kugel hat weder eine oben-unten-Achse noch eine vorn-hinten- oder links-rechts-Achse.

[158] LEVELT (1986: 198) korrigiert HILL (1982), da „nicht der dynamische Charakter der Situation“ für die Umkehrung von *vor* und *hinter* verantwortlich zu machen ist, sondern die Bewegungsrichtung. „Noch wichtiger aber ist, dass die Position des Betrachters irrelevant ist“ (ebd.). Wir haben es hier demnach mit der intrinsischen Strategie zu tun: „Objekte, die aus intrinsischer Sicht über keine Vorderseite verfügen, erwerben durch ihre Bewegung eine solche Vorderseite; sie ist die am meisten nach vorn gerichtete Seite des sich bewegenden Objekts“ (ebd.).

Aber in einem sprecherbezogenen Orientierungsfeld lässt sich bei einer Kugel obere und untere Region unterscheiden (vgl. /7-29)).

(7-28) Oben auf dem Baum sitzt ein Bussard.
(7-29) Oben auf dem Ball liegt ein Blatt.

In der Tandem-Perspektive, so z. B. in (7-30), wenn die Schere vor der Vorderseite des Telefons und der Vorderseite des Sprechers liegt, fallen Deixis und Intrinsik zusammen (vgl. Abb. 7-10):

(7-30) Die Schere liegt vor dem Telefon.

Abb. 7-10 **Objekt und Lokalisator in Tandem-Perspektive**

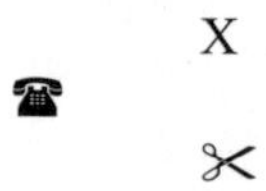

Das gilt ebenfalls für die Vis-à-vis-Situation, wo sich der Sprecher (wie auch die Schere) vor der Vorderseite des Telefons befindet. (7-30) wird dann (deiktisch oder intrinsisch) interpretiert wie in Abb. 7-11 dargestellt.

Abb. 7-11 **Objekt und Lokalisator in Vis-à-vis-Perspektive**

(7-30) bedeutet in deiktischer Lesart „vor meiner (des Sprechers) Vorderseite“, in intrinsischer Lesart „vor des Telefons Vorderseite“. Wenn jedoch das Telefon dem Sprecher weder seine Vorder- noch Rückseite zuwendet, sondern z.B. die rechte Seite (in Abb. 7-12 angedeutet durch ◑), kann (7-30) nur intrinsisch gemeint sein und bedeuten, dass die Schere vor dem Telefon (vor der Drehscheibe) liegt (vgl. Abb. 7-12). Bei deiktischer Strategie würde der Sprecher (7-31) statt (7-30) äußern (vgl. HILL 1982: 25, fig. 8):

Abb. 7-12 **Objekt nicht zwischen Sprecher und Lokalisator**

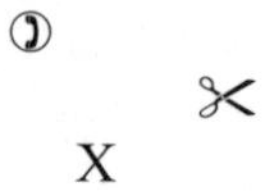

(7-31) Die Schere liegt rechts vom Telefon.

Die häufig vorkommende Verwechslung von *rechts* und *links* ist nach WUNDERLICH (1982: 14) darin begründet, dass es keine „natürliche Definition“ für *rechts* und *links* gibt, weil auf der Nordhalbkugel eine andere Orientierung nach der Sonne herrscht als auf der

Südhalbkugel (Bewohner der Nordhalbkugel, die dem Verlauf der Sonne folgen, drehen sich nach rechts, Südhalbkugelbewohner nach links). Ich meine, dass diese Verwechslung eher daher rührt, dass man beim Menschen (der ja das Muster für intrinsische Orientierung abgibt) äußerlich die rechte Seite nicht von der linken unterscheiden kann. Verständnisprobleme gibt es auch, wo deiktische und intrinsische Strategie beide möglich sind. Der Fahrlehrer äußert Satz (7-32) in der in Abb.7-13 beschriebenen Situation (vgl. VATER 1996[3]: 58). Der Fahrschüler weiß nicht, ob er hinter dem Hinterteil des VWs (intrinsisch) parken oder am VW vorbeifahren und dann parken soll (deiktisch in der Tandemperspektive):

(7-32) Parken Sie hinter dem VW

Abb. 7-13 Ambiguität zwischen Deixis und Intrinsik

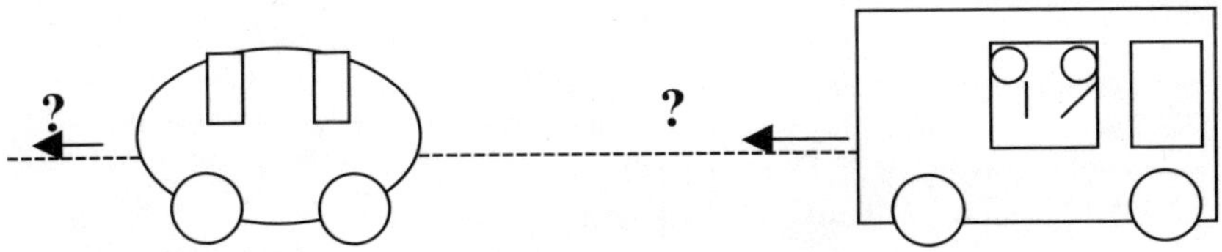

Zusammenfassung zur deiktischen und intrinsischen Strategie:

- Der Sprecher hat bei Lokalisierung eines Objekts relativ zum Lokalisator die Wahl zwischen zwei Strategien und bei deiktischer Stategie die Wahl zwischen zwei Perspektiven.
- Intrinsische Strategie ist normalerweise nur anwendbar bei Lokalisatoren mit „asymmetrischen Achsen".
- Gegenstände, die nicht über solche Achsen verfügen (Kugeln, Würfel, Pyramiden usw.) können intrinsisch lokalisiert werden, wenn sie „durch die typische räumliche Orientierung bestimmt" werden, die „Personen einnehmen, wenn sie sie benutzen" (LEVELT 1986: 195).
- Gegenstände ohne intrinsische Achsen können intrinsisch lokalisiert werden, wenn sie sich bewegen, wobei die Bewegungsrichtung entscheidend ist (LEVELT 1986: 198; vgl. Abb. 7.9).
- Gegenstände mit intrinsischen Achsen können in nichtkanonischer Position die Fähigkeit, als Bezugsobjekte für intrinsische Lokalisierung von Verweisobjekten zu dienen, verlieren (vgl. LEVELT 1986: 201f).

7.2 Dimensionalausdrücke

Nach MILLER / JOHNSON-LAIRD (1976: 36) bilden die Resultate von Wahrnehmungs-Urteilen, die Perzepte, den Input für das konzeptuelle System.[159] Wahrnehmungs-Urteile haben die Form „Perzept x hat die Eigenschaft P“ oder „Zwischen den Perzepten x und y besteht die Relation R“; kurz: **P(x)** oder **R(x,y)**. Die perzeptuelle Welt basiert auf traditionellen Kategorien wie Objekt, Raum, Zeit, Veränderung, Verursachung. Objekte werden wahrgenommen in Relationen zu Raum und Zeit. Dinge werden als voneinander isolierte Objekte wahrgenommen und haben Oberfläche, Ränder, Farbe, Gestalt, Größe und Gewicht, unabhängig von Bewegungen oder der Orientierung der Rezeptoren; sie behalten ihre Identität, so dass man sie wiedererkennt.

Das gleiche Objekt kann von einer Wahrnehmungsfigur zum Hintergrund werden, wenn sich die Aufmerksamkeit einem andern Ding zuwendet. Ein Perzept x lässt sich als konkretes, dreidimensionales Objekt beurteilen: **Obj(x,3d)**.[160] Zwei Objekte x und y werden als identisch beurteilt, wenn jedes Teil des andern ist:

(7-33) Ident(x,y) ≡ Part(x,y) & Part(y,x).

Wenn x einen Teil y hat, aber nicht selbst Teil von y ist, dann ist y eine echte Teilmenge von x:

(7-34) Pprt(x,y) ≡ Part(x,y) & not Part(y,x).

Wenn kein Teil von x Teil von y ist, sind x und y diskrete Objekte. Auch Eigenschaften wie „konvex“ und „konkav“ lassen sich so definieren. Aus diesen primitiven Gestaltsmerkmalen können komplexe Objekte (Blöcke, Zylinder, Pyramiden, Kugeln, Behälter usw.) und ihre Teile (Wände, Scheiben, Ringe, Bogen) aufgebaut werden. Auch Dimensionseigenschaften von Dingen lassen sich in Relation zu Dimensionseigenschaften anderer Dinge feststellen. Zur Dimensionsreferenz werden dimensionale Adjektive verwendet, die durch quantitätsbezeichnende Adverbiale ergänzt werden können:

(7-35) Der Schrank ist 2 m hoch, 3 m breit und 1 m tief.

---

[159] Nach SCHWARZ (1992) sind Perzepte „'reale', wahrnehmbare Objekte“ und damit „die letzte Phase eines komplexen Informationsverarbeitungsprozesses“. Vgl. auch MINSKY / PAPERT (1969). Zum Zusammenhang zwischen sprachlicher und perzeptiver (speziell visueller) Information vgl. JACKENDOFF (1987) und LANG (1989).

[160] Genauer: „(x)[Obj(x,3d) → (Ew)Place(x,w) & (Ey)Size(x,y) & (Ez)Shap(x,z)]“; d.h.: Das Objekt-Perzept x hat drei Dimensionen und in einer visuellen Szene Ort, Umfang und Form (MILLER/ JOHNSON-LAIRD 1976: 45).

Typischerweise treten Dimensionsadjektive in binären Oppositionen wie *lang* vs. *kurz*, *groß* vs. *klein*, *breit* vs. *schmal*, *hoch* vs. *niedrig* auf.[161] Dabei sind die Adjektive in komplementärer (antonymischer) Beziehung, nicht in kontradiktorischer (vgl. 3.3). Das heißt: Sie lassen Zwischengrade und Steigerungen zu:[162]

(7-36) a Der Schrank ist sehr hoch / zu hoch.
b Der Schrank ist ziemlich hoch / nicht hoch genug.

Nach BIERWISCH (1970: 174) gilt, dass nicht nur der Komparativ dimensionaler Adjektive, sondern auch ihr Positiv relational ist; (7-37)a ist gleichbedeutend mit (7-37)b und hat die semantische Darstellung (7-37)c, zu lesen als „y ist größer als die Norm N und y ist eine Dimension von x und y ist maximal (in der Überschreitung von N)":

(7-37) a Das Brett ist lang.
b Das Brett hat eine große Längendimension im Vergleich zur Normallänge eines Bretts.
c *lang*: [y GRÖSSER N & y DIM.VON x & MAXIMAL y]

In (7-37)c ist noch die Art der Dimension zu ergänzen, z.B. dass es sich – im Gegensatz zu *groß* – um eine zwei-, nicht dreidimensionale Messung handelt und dass – im Unterschied zu *hoch* – die aktuelle vertikale Ausrichtung keine Rolle spielt (vgl. LANG 1987: 298ff).[163]

7.3 Lokalisierungsverben

Lokalisierungsverben nenne ich Verben, die eine Lokalergänzung verlangen und eine Art der Positionierung oder Direktionalisierung bezeichnen (vgl. Abb. 7-1 und 7-2):[164]

(7-38) Peter wohnt / bleibt / befindet sich in Paris.

---

161 *Hoch* hat auch *tief* als Gegenpol (vgl. LANG 1987): Der Futterkasten hängt hoch / tief am Baum.

162 Antonym sind zwei Einheiten E_1 und E_2, wenn sie in allen Merkmalen gleich sind bis auf eines, in dem sie entgegengesetzte Werte haben. So haben *kurz* und *lang* die Merkmale [Eigenschaft], [Raumbezogen], [Dimension] [Längebezogen] gemein, bezeichnen aber unterschiedliche Abschnitte einer Skala; *kurz* gibt einen Abschnitt unterhalb einer Norm an, *lang* einen, der darüber liegt (vgl. VATER 2002[4], § 5.3.2).

163 *Hoch* bezieht sich eindeutig auf die vertikale Dimension (vgl. *Der Turm ist hoch*), während *lang* in der Hinsicht neutral ist: *Der Bleistift ist lang* kann man sagen, gleichgültig, ob der Bleistift liegt oder steht.

164 „Ergänzung" ist im Sinne der Valenztheorie zu verstehen als eine von einem Verb (bzw. Substantiv oder Adjektiv) geforderte Konstituente (vgl. HELBIG / SCHENKEL 1978[4] und ÁGEL 2000). Die geforderte Lokalergänzung ist bei einigen Verben (so *wohnen* und *sich befinden*) obligatorisch, bei anderen (wie *sitzen*, *stehen*, *liegen*) fakultativ. *Bleiben* impliziert (falls nicht durch entsprechenden Kontext etwas anderes nahegelegt wird) Verbleiben am Sprecherort: *Paul bleibt*.

Das Lokalisierungsobjekt ist immer durch eine Präposition mit dem Lokalisierungsverb verbunden. Einige Verben können sowohl zur Positionierung als auch zur Direktionalisierung verwendet werden. In solchen Fällen regiert bei Positionierung die Präposition das Objekt im Dativ, bei Direktionalisierung im Akkusativ:

(7-39) a Der Schlüssel steckt im Schloss / hängt an der Wand.
b Paul steckte / hängte / klebte den Schlüssel an die Wand.

Positionierung drücken Verben wie *sich befinden*, *wohnen*, *hängen*, *stecken* [165], *stehen*, *sitzen* und *liegen* u.a. aus, Direktionalisierung Verben wie *hängen*, *stecken* (trans.), *platzieren*, *stellen*, *setzen*, *legen*, *sich begeben*, *rennen* etc.[166] Alle diese Verben werden „topologisch" verwendet; d.h. sie implizieren weder eine bestimmte Betrachter-Perspektive noch intrinsische Eigenschaften des Lokalisators. Einige direktionale Verben können im Deutschen deiktisch verwendet werden. So bezeichnen *bringen* und *kommen* normalerweise Bewegung zum Sprecherort, *gehen* Bewegung vom Sprecherort weg (vgl. (7-40)). Doch können diese Verben auch nicht-deiktisch verwendet werden, z.B. mit Bezug auf einen vorerwähnten Ort (vgl. (7-41)).[167]

(7-40) a Paul hat den Fisch gebracht.
b Paul ist gekommen.
c Paul ist gegangen.

(7-41) a Bring mir doch bitte das Buch.
b Maria geht jeden Sonntag in die Kirche.
c Ich gehe zu Inges Party. Kommst du auch?

(7-41)a ist auch deiktisch, wenn die Bewegung nicht den Ort des Sprechers zum Zielpunkt hat, sondern seine „home base" (des Sprechers Wohnung). In (7-41)b ist jedoch der Ausgangspunkt des Kirchgangs (z.B. die Wohnung des Satzsubjekts) nicht mehr deiktisch (vgl. DI MEOLA 1994). In (7-41)c wird *kommen* anaphorisch verwendet; zu ergänzen ist „zu Inges Party".

---

165 *Hängen* und *stecken* werden zur Positionierung Lokalisierung verwendet; lokalisierendes *hängen* wird stark flektiert (der Mantel hing am Haken / hat am Haken gehangen), direktionalisierend wird das Verb schwach flektiert: *Er hängte* (nicht: *hing*!) *den Mantel an den Haken*.

166 Hierzu gehören auch Verben wie *werfen* (*an/auf/in* etc.). Eine Zwischenstellung zwischen Positionierungs- und Direktionalisierungsverben nehmen Verben wie *schwanken*, *wackeln*, *zittern* und *baumeln* ein, die zwar Bewegung, normalerweise aber nicht „Fortbewegung" bezeichnen. Einige von ihnen können für Fortbewegung benutzt werden (*X schwankte / wackelte von Y nach Z*), andere nicht (z.B. *baumeln* und *zittern*). Vgl. dazu MAIENBORN (1996).

167 Vgl. dazu DI MEOLA (1994), der *kommen* und *gehen* nicht nur in ihren deiktischen Gebrauchsweisen untersucht, sondern auch in abstraktem oder lexikalisiertem Gebrauch (vgl. *Mir kommt ein Gedanke* oder *Etwas ist kaputt / verloren gegangen*).

7.4 Lokalkasus

Das Lateinische macht ziemlich häufig Gebrauch von (aus dem Indogermanischen ererbten) lokalen Kasus. So wird der Ablativ für den Ausgangsort, der Lokativ für den Positionierungsort, der Akkusativ (wenn auch selten) für den Direktionalisierungsort verwendet:

(7-42)	a	Ex oriente lux.	(„Aus dem Osten kommt das Licht")
	b	In vino veritas.	(„Im Wein ist Wahrheit")
	c	Rus eo.	(„ich gehe aufs Land").

In den germanischen Sprachen ist der aus dem Indogermanischen ererbte Lokativ, der z.B. in den heutigen slawischen und baltischen Sprachen eine große Rolle spielt, verlorengegangen. Einen Allativ, Illativ, Inessiv, Elativ usw. haben finno-ugrische Sprachen wie Finnisch, Estnisch und Ungarisch.

7.5 Zusammenfassung

Raumreferenz ist eng verwoben mit Situations-, Ding- und Zeitreferenz. Sie betrifft Lokalisierung eines (belebten, unbelebten oder abstrakten[168]) Objekts relativ zu einem Lokalisator. Zu unterscheiden sind dabei positionale und direktionale Raumreferenz. Positionale Referenz ist der statische Bezug eines Objekts zum Raum, der es umgibt, während direktionale Raumreferenz den Wechsel von einem Lokalisierungsort eines Objekts zu einem andern betrifft.[169]

Bei der Raumreferenz hat der Sprecher die Wahl, das Objekt topologisch (ohne Bezug auf seinen Standort oder auf Achsen eines Lokalisators) zu lokalisieren oder deiktische bzw. intrinsische Strategie zu wählen. Bei der deiktischen Strategie nimmt er sich selbst als primären Bezugspunkt, wobei er noch die Wahl zwischen Tandem- und Vis-à-vis-Perspektive hat; bei der intrinsischen Strategie dient der Lokalisator (wenn er über asymmetrische Achsen verfügt) als primärer Ausgangspunkt der Lokalisierung. Gegenstände, die an sich die Bedingungen für intrinsische Lokalisierung nicht erfüllen, weil sie über keine asymmetrischen Achsen verfügen, können trotzdem intrinsisch verwendet werden, wenn sie in einer geeigneten Situation, z.B. aufgrund ihrer Funktion, sekundär intrinsisch lokalisierbar werden; so bekommt ein Schemel eine Vorderseite, wenn er vor einem Kla-

---

168 Lokalisierung eines abstrakten Objekts haben wir in *Die Frage steht im Raum.*

169 Claudio di Meola machte mich darauf aufmerksam, dass direktionale Verben auch mit statischen PPs verwendet werden; vgl. *Peter joggt jeden Tag im Wald* oder *Die Läufer laufen (zehn Runden) im Stadion.*

vier steht. Lokalisierungsverben, die die Art der Positionierung oder Direktionalisierung eines Objekts bezeichnen, spielen im Deutschen eine eher marginale Rolle. Lokalkasus, von denen das Lateinische und die finnougrischen Sprachen reichlich Gebrauch machen, sind im heutigen Deutsch nicht mehr gebräuchlich.

8. Zeitreferenz

8.0 Allgemeines

Zeit ist ein zentraler Aspekt des gesamten Universums. Zeit ist unentrinnbar; wir sind an sie gebunden. Zeit lässt sich wie Raum in Maßeinheiten zerlegen, darunter solche, die der „öffentlichen Zeit“ zuzurechnen sind, wie Sekunde, Minute, Stunde und Tag. Aber eine solche Zeiteinheit kann von verschiedenen Menschen – oder vom gleichen Menschen zu verschiedenen „Zeiten“ – verschieden lang empfunden werden: Eine Minute auf dem Behandlungsstuhl eines Zahnarztes kommt einem länger vor als eine Minute in einem angeregten Gespräch mit Freunden. Zeiteinheiten wie *ein Augenblick*, *eine Weile*, *gerade* sind (als Einheiten der „persönlichen Zeit“ vgl. BULL 1968) gar nicht durch chronometrische Systeme erfassbar. Auch die sogenannte „innere Uhr“ (vgl. ASCHOFF 1983) deutet auf etwas, das nicht der genauen Messung zugänglich ist und wofür es ebenfalls keine Entsprechung im räumlichen Bereich gibt. Der hier behandelte Gegenstand betrifft also nicht nur die Linguistik, sondern auch andere Wissenschaften (wie Philosophie, Physik, Psychologie, Theologie und Biologie) und das Alltagsleben des Menschen: „Alles Handeln und alle Erfahrung ist orts- und zeitgebunden“ (EHRICH 1992: 1). Dabei ist der Mensch

- einerseits durch Raum und Zeit bestimmt (in sie eingebunden),
- andrerseits bestimmend, da er sich selbst als Bezugspunkt für räumliche und zeitliche Relationen setzt. „Deixis“ ist nach BÜHLER (1934) eine egozentrische (personale, lokale und temporale) Orientierung (vgl. 1.3).

Wie für das Tier ist auch für das Kind Konzentration auf die unmittelbare Gegenwart charakteristisch. Erst allmählich lernt das Kind, zeitliche (wie räumliche) Relationen zu differenzieren. Dabei geht die Erfassung des Raums dem Zeitverständnis voraus. Raum und Zeit sind allgegenwärtige Faktoren, die das Leben des einzelnen, aber auch das Zusammenleben in der Gesellschaft bestimmen: Staatsgrenzen werden vertraglich geregelt oder revidiert; in regelmäßigen zeitlichen Abständen werden Volksvertretungen gewählt; soziale Einrichtungen wie Rente und Arbeitslosenunterstützung erfahren eine gesetzlich geregelte zeitliche Eingrenzung.

In der Alltagssprache wird oft auf Zeit Bezug genommen: Etwas geschieht *zur rechten Zeit* bzw. *rechtzeitig*, wobei suggeriert wird, dass eine richtige Zeit von einer nicht-richtigen unterschieden werden könne. *Ich habe keine Zeit* ist wörtlich genommen eine total unlogische und unrealistische Äußerungsweise. Da jeder in der Zeit lebt, ist auch jedem Zeit zugeordnet. Die Ausdrucksweise ist nur interpretierbar als *Ich habe keine Zeit für die und die Beschäftigung* oder, z.B. als Reaktion auf einen Verabredungsvorschlag.

Ebenso unlogisch sind – wörtlich genommen – Sprichwörter wie *Kommt Zeit, kommt Rat, Spare in der Zeit, so hast du in der Not.* Auch der Titel der Bach-Kantate *Gottes Zeit ist die allerbeste Zeit* kann nicht wörtlich verstanden werden (Gott hat keine Extra-Zeit zur Verfügung). Gemeint ist: Das Zeitintervall, das Gott für den Tod eines Menschen bestimmt, ist von ihm mit Bedacht gewählt.

Auch in der Literatur wird Zeit thematisiert. Thomas MANN diskutiert das Wesen der Zeit im „Zauberberg“ an charakteristischen Abschnitten des Buchs. So fragt er zu Beginn des zweiten Teils:

> "Was ist die Zeit? Ein Geheimnis – wesenlos und allmächtig. Eine Bedingung der Erscheinungswelt, eine Bewegung, verkoppelt und vermengt dem Dasein der Körper im Raum und ihrer Bewegung. Wäre aber keine Zeit, wenn keine Bewegung wäre? Keine Bewegung, wenn keine Zeit? Frage nur! Ist die Zeit eine Funktion des Raumes? Oder umgekehrt? Oder sind beide identisch? Nur zu gefragt! Die Zeit ist tätig, sie hat verbale Beschaffenheit, sie „zeitigt". Was zeitigt sie? Veränderung! Jetzt ist nicht damals, hier nicht dort, denn zwischen beiden liegt Bewegung. ... Da ferner eine endliche Zeit und ein begrenzter Raum auch mit der verzweifeltsten Anstrengung nicht vorgestellt werden können, so hat man sich entschlossen, Zeit und Raum als ewig und unendlich zu „denken“ ... Bedeutet aber nicht die Statuierung des Ewigen und Unendlichen die logisch-rechnerische Vernichtung alles Begrenzten und Endlichen, seine verhältnismäßige Reduzierung auf null? ... Das frage du nur immerhin!
>
> (Th. MANN, *Der Zauberberg*, Berlin 1925: S.Fischer, II: 9f)

Thomas MANN erkennt Zeit als „eine Bedingung der Erscheinungswelt“. Das korreliert mit den philosophischen Überlegungen Kants. Der Erzähler hat nur deshalb mit Zeit zu tun, weil er Ereignisse berichtet, und für die gilt nach BULL (1968: 17): „All events take place in time. All events take time to take place.“ Im Gedicht *Der Mönch von Heisterbach* von W. MÜLLER VON KÖNIGSWINTER (1873) grübelt ein Mönch (praktisch Einsteins Relativitätstheorie vorausahnend) über den Bibel-Ausspruch: „Dem Herrn sind tausend Jahre wie ein Tag". Beliebt sind in der schönen Literatur auch in zyklischer Wiederkehr angebrachte Hinweise auf die (verflossene) Zeit als Markierungen für Einschnitte im Erzählungsablauf, so bei Wilhelm BUSCH im Versepos *Julchen*: „Einszweidrei, im Sauseschritt läuft die Zeit; wir laufen mit".

Für KANT (1787^2: 103) ist Zeit – wie Raum –

> "kein empirischer Begriff, der irgend von einer Erfahrung abgezogen worden. Denn das Zugleichsein oder Aufeinanderfolgen würde selbst nicht in die Wahrnehmung kommen, wenn die Vorstellung der Zeit nicht a priori zugrunde läge."

In der Zeitlogik geht PRIOR (1967; 1968) davon aus, dass die einem Satz zugrundeliegende Proposition erst in Verbindung mit einem Zeitoperator einen Wahrheitswert bekommt. Nach PRIOR (1968: 20f) gibt es nur einen Vergangenheits-Operator **P(ast)** und einen Zukunfts-Operator **F(uture)**, die der „nackten“ Proposition hinzugefügt werden. „Präsenz“ (presentness) ist für ihn etwas mit dem im Verb Ausgedrückten Gegebenes. *Hans hat gefrühstückt* bedeutet demnach, dass das Frühstücksereignis in der Vergangenheit präsent war.

8.1 Sprachliche Mittel zur Zeitreferenz

In den meisten Sprachen wird in jedem Satz Zeitreferenz ausgedrückt, durch Tempusmorpheme im finiten Verb. Die Annahme, dass es auch Sprachen ohne Tempora gibt – vgl. WHORF (1937) in seinem Aufsatz über die Sprache der Hopi-Indianer (vgl. CARROL ed. 1956)– ist nicht unumstritten. BULL (1968) nimmt an, dass jede Sprache über Mittel zur Zeitreferenz verfügt, manchmal allerdings nur mit der Option „vollendet“ vs. „nicht vollendet", wobei diese Unterscheidung nicht immer an der finiten Form des Verbs angezeigt wird. COMRIE (1985: 3f) bezweifelt zwar, dass es Kulturen ohne Zeitkonzept gibt, und steht Whorfs Interpretation der Hopi-Sprache in dieser Hinsicht kritisch gegenüber. Er nimmt jedoch an,

- dass dies Zeitkonzept bei verschiedenen Kulturen recht unterschiedlich ist (so kommen Kulturen mit zyklischem Zeitkonzept vor),
- dass nicht alle Sprachen über die Kategorie „Tempus", d.h. „grammaticalized location in time“ verfügen.

Wann kann man von Grammatikalisierung der Zeitreferenz sprechen? Idealerweise (nach COMRIE 1985: 10) dann, wenn

- Zeitreferenz obligatorisch ausgedrückt wird und
- durch gebundene Morpheme (z.B. Flexive) bezeichnet wird.

Diese „Idealkriterien“ werden nur von wenigen Tempora erfüllt. Obligatorisch sind Tempora im Deutschen nur bei Sätzen mit finitem Verb, nicht jedoch bei Sätzen mit infinitem Verb oder ohne Verb:

(8-01) a Einsteigen bitte! b Stillgestanden!
(8-02) a Hände hoch! b Die Ausweise bitte!

Das zweite Kriterium – Markierung durch gebundene Morpheme – erfüllt in Sprachen wie Englisch und Deutsch nur ein einziges Tempus: das Präteritum (vgl. 8.3.2).

Als lexikalische Mittel zur Zeitreferenz werden in erster Linie Adverbiale (vgl. (8-03), (8-04)) und Adverbialsätze (vgl. (8-05)) oder Adjektive in adverbialer Funktion verwendet (vgl. (8-06)):[170]

(8-03) Paul kommt um zehn Uhr / in einer Stunde.
(8-04) Paul kommt nach dem Essen / nachher / bald.
(8-05) Paul kommt, wenn er mit der Arbeit fertig ist.
(8-06) Paul kommt früh(zeitig) / spät(er)

[170] Man sollte streng unterscheiden zwischen der Wortart Adverb (vgl. *hier*, *gestern*, *bald*, *ziemlich*, *dabei*) und Adverbial als syntaktischer Funktion (vgl. VATER 2002[4], Kap.4). Adjektive kommen in Adverbial-Funktion vor (vgl. *Karl fährt schnell*), ohne dass sie dadurch zu Adverbien werden. Die Bezeichnung „Adjektiv-Adverb“ ist daher verfehlt.

8.2 Zeitwahrnehmung und Zeitmessung

Obwohl Zeit physikalisch gesehen ein Kontinuum ist, wird sie vom Menschen als Folge quantifizierter Momente wahrgenommen.[171] MILLER / JOHNSON-LAIRD (1976:76ff) zufolge betrifft die psychologische Erforschung von Zeiterfahrung vier Schwerpunkte:

- Erfahrung kurzer Zeitintervalle wie des „phenomenal present",
- die Einschätzung von Zeitdauer,
- die Wahrnehmung von Gleichzeitigkeit,
- die Erfahrung der „Zeitperspektive“ ("temporal perspective"), d.h. die Platzierung von Ereignissen in Vergangenheit, Gegenwart und Zukunft.

Schriftsteller kommen oft an Höhepunkten der Narration auf Zeit zu sprechen (vgl. Thomas Mann in 8.0). Hier eine Stelle aus dem Roman *Radetzkymarsch* von Joseph ROTH (1979: 223):

> „Aber er wußte nicht, ob zehn, zwanzig oder noch mehr Jahre seit damals verflossen waren. Ihm war, als schwämme er auf dem Meer der Zeit – nicht einem Ziel entgegen, sondern regellos auf der Oberfläche herum, oft zurückgestoßen zu den Klippen, die er schon gekannt haben mußte.“

Hier wird das Problem des Zeitbewusstseins angesprochen. Zeit ist nicht selbst Wahrnehmungsobjekt, sondern Attribut der Ding-Wahrnehmung (vgl. 7.2). Da Dinge sich verändern und bewegen, muss eine Wahrnehmungstheorie eine temporale Koordinate bereitstellen, die anzeigt, daß x in einem bestimmten Zeitintervall in einem bestimmten Zustand oder in einer bestimmten Region ist.

Nach BULL (1968: 5) gibt es einen Widerspruch zwischen dem physikalischen und dem psychologischen Zeitkonzept: Physikalisch gesehen ist Zeit nicht nur linear, sondern auch bidirektional; jedes Zeitintervall kann vorwärts und rückwärts gemessen werden. Das Zeitbewusstsein dagegen ist notwendig unidirektional: Wir werden älter, nicht jünger. Nach KOSCHMIEDER (1929: 4ff.) gibt es (im Anschluss an CASSIRER 1923: 169) zwei Zeitverlaufsrichtungen:

- Das Ich kommt aus der Vergangenheit und geht über die Gegenwart zur Zukunft.
- Die Ereignisse kommen aus der Zukunft, werden Gegenwart, wenn unser Ich sie wahrnimmt und wandern dann in die Vergangenheit.

---

[171] Mit der Zeit verhält es sich wie mit dem Lautmaterial in menschlicher Sprache: Der Phonetiker stellt in Sonagrammen kontinuierliche Schallwellen fest, wogegen der Phonologe von diskreten Einheiten ausgeht; das beweisen Austauschmöglichkeiten in Minimalpaaren (*tot* vs. *rot*) wie Versprecher, wo Segmente vertauscht oder eingefügt werden (*Wepse* statt *Wespe*, *Musterbrust* statt *Mutterbrust*; vgl. WIESE 1983).

KOSCHMIEDER (1929: 6) stellt sich vor, dass sich das Ich auf dem Zifferblatt einer Uhr zwischen der sechsten und siebenten Minute einer Stunde befindet. Verfolgen wir den Zeitstellenwert 10, dann

> „nähert sich uns dieser Zeitstellenwert in gleichmäßiger Geschwindigkeit aus der Zukunft, geht durch die Gegenwart hindurch in die Vergangenheit, um sich dann in der Vergangenheit immer weiter von uns zu entfernen."

Dabei ist Gegenwart ein rein psychologischer Begriff:

> „Vom physikalischen Standpunkt aus ... gibt es eine Gegenwart nicht, denn der Uhrzeiger gibt nur an, an welchem Punkt der Zeitlinie *wir*, d. h. das Ich oder alle Iche, uns befinden. Zukunft und Vergangenheit stoßen in ihm direkt zusammen. Vom psychologischen Standpunkt aus aber gibt es eine Gegenwart. Für diese aber ist wesentlich, daß sie streckenhaft aus der Vergangenheit in die Zukunft reicht und in diesem Sinne mit Bezug auf Zeit gerichtet ist." (KOSCHMIEDER 1929: 4)

Die Kontinuität des Bewusstseins wird nach KOSCHMIEDER (1929: 4) dadurch erreicht, dass das Ich „sich in jedem Augenblick als den eben-gewesenen und den sofort-seinwerdenden setzt". Der Einfluss des Raumkonzepts auf das Zeitkonzept ist nach MILLER / JOHNSON-LAIRD (1976: 410f) am meisten fühlbar in der Bewegung. Bewegungswahrnehmung ist ontogenetisch offenbar vor Raum- und Zeitkonzept anzusiedeln (MILLER / JOHNSON-LAIRD 1976: 411).

Zeiterfahrung ist ein komplexer Prozess. Es dauert Jahre, bis das Kind Verständnis für Zeitkonzepte und Zeitrelationen entwickelt (vgl. PIAGET 1974). Nach GRÜSSER (1983: 79) wird das motorische Verhalten des Kindes im Mutterleib von nervös gesteuerten Biorhythmen beeinflusst. Nach der Geburt werden diese endogenen Rhythmen von Umweltfaktoren wie den Zeiten des Stillens mitbestimmt. Die weitere Entwicklung verläuft so:

> "Wenn das kleine Kind im zweiten Lebensjahr laufen gelernt hat, so erobert es sich zunächst *zeitlos* den extrapersonalen Raum und benützt in seiner sprachlichen Entwicklung bis zum vierten Lebensjahr allmählich richtige Ortsbezeichnungen. Erst danach lernt es, mit der Zeit der Erwachsenen umzugehen, sein Verhalten auf diese Zeit hin anzupassen und die ersten Begriffe des Zeitbereiches anzuwenden." (GRÜSSER 1983: 82)

Das a priori der Zeitvorstellung schließt nach GRÜSSER (1983: 80) erfahrungsabhängige Komponenten nicht aus. Bewusst erlebt wird Zeit nach GRÜSSER (1983: 81) offenbar erst vom 6. bis 8. Lebensjahr an: Zeit spielt jetzt eine Rolle als Ordnungsfaktor (bestimmte Ereignisse sind bestimmten Tageszeiten zugeordnet). Das Kind ahnt, dass Zeit etwas mit rhythmischen Ereignissen und mit dem Zählen zu tun hat ("wenn der große Zeiger der Turmuhr zweimal herumgelaufen ist, musst du nach Hause kommen"). Bis zum zweiten Schuljahr haben die Kinder folgende wesentliche Eigenschaften der Zeit gelernt:

- Erlebte Zeit gliedert sich in Vergangenheit, Gegenwart, Zukunft.
- Zeit hat eine Richtung von der Vergangenheit in die Zukunft.

- Zeit lässt sich durch ein periodisches Ereignis (z.B. eine Pendeluhr) messen und durch Zählen der Periode in ihrer Länge angeben.
- Die Menschen haben sich geeinigt, Zeit in den jeweils gleichen Messgrößen (Sekunde usw.) anzugeben.

Die subjektiv erfahrene Zeit nennt GRÜSSER (1983: 90) die „Ich-Zeit":

> „Diese Zeit kann erlebte Gegenwart sein, sie kann erfahrene und erinnerte Zeit sein, die sich auf Vergangenes bezieht, sie kann aber auch planende, sorgende, erwartete Zeit sein, Vorgriff auf Zukünftiges."

Mit psychologischen Methoden wurde subjektive Zeiterfahrung unter anderem in folgenden Hinsichten untersucht:

- das Erlebnis von Gleichzeitigkeit und Aufeinanderfolge von Ereignissen,
- die Dauer des subjektiven „Jetzt",
- Erfahrung eines kontinuierlichen Vergehens der Zeit während des Wachbewußtseins und Unterbrechung dieser Erfahrung im Schlaf.

In Untersuchungen zum „kritischen Zeitintervall" – der Einheit, die bei MILLER / JOHNSON-LAIRD (1976) *Moment* genannt wird – ergab sich, dass Menschen nur mit begrenzter Genauigkeit zeitliches Nacheinander von Ereignissen unterscheiden können. Bei welchem Wert das kritische Zeitintervall T_c, der Übergang vom Nacheinander zur Gleichzeitigkeit, unterschritten wird, hängt von der Modalität und dem Komplexitätsgrad der Reize ab. T_c wird größer bei ansteigender Reizkomplexität. Zwei aufeinanderfolgende kurze Knackgeräusche im Lautsprecher wurden unterschieden (d.h. durch leeres Intervall getrennt) gehört, wenn T_s (das Intervall zwischen erstem und zweitem Geräusch) größer als 80 ms ist. Ist T_s kleiner, so wird kein leeres Intervall zwischen den Geräuschen gehört. Beim Riechen ist die kritische Zeit größer als bei den anderen Modalitäten; zwei aufeinanderfolgende Duftstöße müssen fast eine Sekunde getrennt sein, um als getrennt wahrgenommen zu werden.

Veränderungen an Objekten und Ereignissen, die sich schneller abspielen als die durch den Moment bestimmte Zeit, können in ihrem zeitlichen Ablauf nicht mehr direkt wahrgenommen werden. Durch indirekte Verfahren mit modernsten physikalischen Messgeräten konnte man diese biologische Grenze der zeitlichen Meßgenauigkeit um die Größenordnung von 10^{15} verbessern. Es gibt auch eine obere Grenze für erlebte Gegenwärtigkeit.

Die **psychische Präsenzzeit** T_p kann sich über viele Sekunden ausdehnen, wobei T_p mit dem Komplexitätsgrad des Wahrgenommenen ansteigt.

Die Länge eines **Augenblicks** lässt sich durch Lesetests ermitteln. Beim Lesen verschiebt sich der Fixationspunkt des Auges durch „Sakkaden", ruckartige Bewegungen von etwa 10-80 ms Dauer. Zwischen den Sakkaden liegen 150-600 ms lange **Fixationsperioden**.

„Die der visuellen Gestaltwahrnehmung dienende Information wird diskontinuierlich, nämlich nur während der Fixationsperioden aufgenommen. Die Dauer der Fixationsperioden, der Augenblicke im wörtlichen Sinne, ist gut an die ... Gestaltfusionsfrequenz von 4-6 Hz angepaßt. Die Diskontinuität der Augenblicke wird ... in der Regel jedoch nicht bemerkt. Daraus folgt, daß es irgendwo im Zentralnervensystem zeitliche Integrationsprozesse geben muß, durch die die visuelle Signalaufnahme während der durch Sakkaden unterbrochenen Augenblicke in eine kontinuierliche Wahrnehmung umgesetzt wird. Dieser Integrationsprozeß muß mit einer Zeitkonstante arbeiten, die mehrere Augenblicke umfaßt." (GRÜSSER 1983: 99)

Bei schwierigeren Texten springen die Augen oft nach rückwärts und die Lesegeschwindigkeit nimmt ab, weil mehr Zeit zur richtigen Sequenzierung in den Gehirnzellen benötigt wird.[172] Durch Integrationsprozesse in den Nervenzellnetzen der Großhirnrinde werden Textverständnis und gleichförmiges lautes Lesen ermöglicht. Es erwies sich, dass der Informationsfluss beim Lesen oder Hören von Sprache auch durch in die unmittelbare Zukunft weisende Erwartungswerte beeinflusst wird. Die Dauer der sprachlichen Präsenzzeit ist (auch bei der Satzproduktion) begrenzt auf maximal 20 Sekunden. Selbst ein geübter Redner kann den Faden verlieren, wenn er einen Satz formuliert, der länger ist als die Präsenzzeit.

Zeitwahrnehmung basiert nach MILLER / JOHNSON-LAIRD (1976: 410) auf der Annahme, dass Zeit eine eindimensionale Variable mit Vergangenheits-Zukunfts-Orientierung ist, die ("von links nach rechts") in diskrete nummerierbare Momente geteilt werden kann. t+1 ist der psychologische Moment, der unmittelbar t folgt, und t–1 der Moment, der t unmittelbar vorangeht. Wie lange dauert ein Moment? Einige Psychologen nehmen an, dass Momente durch Alpha-Frequenzen der Gehirnströme bestimmt werden; STROUD (1967) legt sich auf die Dauer einer zehntel Sekunde fest. Gestützt wird die diskrete Notierung durch sprachliche Ausdrücke wie *in diesem/ einem Moment*. Die Ähnlichkeit mit der Zahlenreihe zeigt sich darin, dass Zahl- und Zeitkonzepte bei Kindern ungefähr gleichzeitig erworben werden.[173] „Später" (notiert als „>") ist eine asymmetrische transitive Relation. Sie ist asymmmetrisch, weil b > a nicht = a > b; transitiv, weil aus b > a und c > b notwendig c > a folgt. Zu jedem t gibt es ein späteres t'.[174] Dieser logisch-psychologische Faktor ist wohl schuld daran, dass der Gedanke an den Tod nicht nur unangenehm, sondern auch irgendwie unlogisch erscheint. In der kindlichen Entwicklung gibt es eine Phase, wo „später" auf längere Intervalle übertragen wird.

---

172 Bei einem Test lag nach GHAZARIAN (1980) die Frequenz der Vorwärts- und Rückwärtssakkaden beim *Butt* von Günther GRASS zwischen denen bei Albert SCHWEIZERS *Aus meiner Kindheit und Jugendzeit* und HEGELS *Einführung in die Philosophie* (als schwierigster Lektüre).

173 Ereignis-Sequenzen werden dann in Links-nach-rechts-Reihenfolge gezeichnet, eventuell noch von oben nach unten. Bei kleineren Kindern kommt auch Rechts-nach-links- und Unten-nach-oben-Reihenfolge vor.

174 Nach COMRIE (1985) gibt es Sprachen mit zirkulärem Zeitkonzept. Beispiele in unserer Kultur sind die Uhr (vgl. AVENI 1990, WHITROW 1991 und DOHRN-VAN ROSSUM 1992) bzw. Bewegung „im Uhrzeigersinn" und die Anordnung der Wochentage.

MILLER / JOHNSON-LAIRD (1976) notieren „S“ für „state of affairs“ und „t“ als nummerischen Zeitwert für den Moment, wo S sich abspielt. Die Notierung „$\text{Incl}_{t,t+k}$ (y,Reg(x))“ besagt, dass y in der Region von x eingeschlossen ist von Zeitpunkt t bis t+k Das Prädikat wird realisiert zu den angegebenen Zeitmomenten. Man kann sich einen „Zeitvektor“ vorstellen als geordnete Folge von Nullen und Einsen, wo 1 bedeutet, dass die Relation zum betreffenden Moment gilt, und 0, dass sie nicht gilt. In Abb. 8-1 (nach MILLER / JOHNSON-LAIRD 1976: 419) hat t den Wert 1 für jeden Moment zwischen den beiden Grenz-Momenten.

```
                .........11111111111...................
Abb. 8-1   ----------+-----------+----------->
                     ti          ti+k
```

Hier wird ein temporal indefiniter Zustand S während eines Zeitintervalls realisiert, der von t_i bis t_{i+k} reicht; t. Da wir nichts über die Realisierung von S vor und nach diesen Grenzmomenten wissen, können wir nicht „0“ für diese Intervalle einsetzen; die Punkte deuten an, dass wir keine Information bezüglich der Realisierung von S für diese Momente haben. MILLER / JOHNSON-LAIRD (1976: 413) nehmen an, dass Raum-Relationen tatsächlich existierenden physikalischen Raum beschreiben, dass dagegen Zeitrelationen wie Vergangenheit und Zukunft nicht-existierende Zustände beschreiben, sondern lediglich komplexe psychologische Konstruktionen. Die Referenzforschung nimmt jedoch heute an, dass immer auf Bewusstseinsinhalte referiert wird (vgl. 4.). Zur Notierung von Zeitrelationen verwenden MILLER / JOHNSON-LAIRD (1976: 417ff) ein zeitlogisches System nach RESCHER / URQUHART (1971). Ausgangspunkt ist der deiktische Moment *jetzt*:

(8-07) (It) [t = n]
PAST(t) – LATER(n,t)
FUTURE(t) – LATER(t,n)

Hiernach ist Vergangenheit definiert als „vor jetzt“ und Zukunft als „nach jetzt". Es gelten unter anderem folgende Axiome:

(8-08) a not $R_t(S) \rightarrow R_t$ (not S) (R = Zeit-Operator)
b R_t (S & S') $\rightarrow$ (R_t (S) & R_t (S'))
c R_n (S) $\rightarrow$ S

Dass eine Situation S nicht zum Zeitpunkt t realisiert wird, ist nach (8-08)a äquivalent damit, dass nicht-S zum Zeitpunkt t realisiert wird.[175] Gelten zwei Zustände S und S' zu einem bestimmten Zeitpunkt, dann gilt nach (8-08)b, dass S in t realisiert wird und dass S' in t realisiert wird. Nach (8-08)c wird S im Moment des Sprechens realisiert. Der Zeit-Operator R bildet aus zeitlosen Propositionen wahrheitswertfunktionale Propositionen. R_t ermöglicht es, ein Ereignis auf die Zeitlinie abzubilden. Anhaltende Zustände und Prozesse können auf der Zeitlinie quantifiziert werden:

175 *Es regnet nicht* besagt, dass zum Zeitpunkt der Aussage (t=n) das Regnen nicht der Fall ist, was der Aussage äquivalent ist, dass das Nicht-Regnen zum Zeitpunkt der Aussage der Fall ist.

8.3 Tempora

8.3.1 Definition von „Tempus"

COMRIE (1985) unterscheidet grammatische Mittel für Zeitreferenz – Tempora und Aspekte – und lexikalische Mittel wie Adverbien (*jetzt*, *heute* usw.) und Präpositionalphrasen wie *vor drei Tagen*, *beim Essen* oder *in zwei Jahren*. „Tempus" ist eine universale Kategorie, d.h. in allen Sprachen vorhanden, was allerdings einige Linguisten mit Hinweis auf Sprachen wie Chinesisch und Hopi abgestritten haben. WEINRICH (1964; 1977³: 33) vertritt die Ansicht, dass Tempora nicht Zeitrelationen, sondern „Sprechhaltungen" ausdrücken. Bei den „besprechenden" Tempora gebe der Sprecher zu erkennen,

> „dass er beim Hörer für den laufenden Text eine Rezeption in der Haltung der Gespanntheit für angebracht hält. Durch erzählende Tempora gibt er in Opposition dazu zu verstehen, daß der in Frage stehende Text im Modus der Entspanntheit aufgenommen werden kann."

Diese These wurde von vielen Linguisten scharf kritisiert, z.B. von POLLAK (1968). Zeitoppositionen, wie sie durch (8-09) ausgedrückt werden, kann Weinrich nicht erklären.

(8-09) Paul ist nicht hier, aber er war hier.

Zudem kann Weinrich nicht nachweisen, dass es reine erzählende oder besprechende Texte gibt. Die Mehrheit der Linguisten nimmt an, dass Tempora Relationen der (persönlichen) Zeit ausdrücken, deren Hauptbezugspunkt das Jetzt ist, der zeitliche Null-Punkt im egozentrischen Koordinatensystem (vgl. BÜHLER 1934). Problematisch ist die Abgrenzung grammatischer und lexikalischer Zeitreferenz-Mittel. COMRIE (1985: 10) nennt Obligatheit und (morphologische) Gebundenheit als Kriterien für Grammatikalisierung. Doch sind Tempora nur in Sätzen mit finitem Verb obligatorisch (vgl. (8-01), (8-02)).

Nach BULL (1968: 4) gibt es zwei Arten der Zeiteinteilung: Einheiten der **öffentlichen Zeit** ("public time") wie *Tag*, *Monat* und *Jahr* sind an kosmischen Ereignissen (Erdumdrehung, Sonnenauf- und Untergang usw.) orientiert; der Ausgangspunkt im Gregorianischen Kalender lehnt sich an Christi Geburt. als ein (quasi)historisches Ereignis an. **Persönliche Zeit** ("personal time") ist eine Einteilung in Intervalle von subjektiv eingeschätzter Dauer (*sofort*; *nach dem Frühstück*); sie sind sprachspezifisch definiert.[176] Die Intervalle des öffentlichen Zeitmessungssystems entsprechen kosmischen Ereignissen, der Drehung der Erde um sich selbst und um die Sonne. Da diese Ereignisse zyklisch sind, braucht man einen zusätzlichen Anfangspunkt: in unserem Kalender Christi Geburt. Der

[176] Ausländer verwenden oft *vorhin*, *neulich*, *kürzlich* usw. falsch. *Vorhin* bedeutet „zu einem unbestimmten Zeitpunkt vor dem gegenwärtigen Sprechakt" (aber am gleichen Tag!), *neulich* „vor dem gegenwärtigen Sprechakt, aber nicht am gleichen Tag.

Hauptbezugspunkt im System der persönlichen Zeit ist, wie in 6.2 dargestellt, das Jetzt. Das Jetzt wiederum wurde als psychisches Ereignis, als Hauptbezugspunkt für die psychisch relevante Einteilung in Einheiten der persönlichen Zeit bestimmt. Bezeichnungen wie „erlebte Gegenwart“ (GRÜSSER 1983:90) oder das Uhr-Beispiel von KOSCHMIEDER (1929: 4) – all das suggeriert, dass das „Jetzt“ das Zeitintervall ist, in dem das Ich etwas wahrnimmt bzw. erlebt. Seit

REICHENBACH (1947) und auf ihm aufbauende Tempus-Linguisten nehmen jedoch an, dass nicht der Erlebensmoment, sondern der Sprechmoment der relevante Bezugspunkt für Sprachverarbeitung ist. „Jetzt“ ist ein deiktisches, am Sprechereignis orientiertes Zeitintervall, der zeitliche Null-Punkt in der egozentrisch ausgerichteten Hier-jetzt-ich-Origo nach BÜHLER (1934: 102). REICHENBACH (1947: 287ff) behandelt „the tenses of verbs“ und definiert:

> “The tenses determine time with reference to the time point of speech, i.e. of the token uttered.” (REICHENBACH 1947: 287f)

Im System von REICHENBACH (1947: 287ff) bestimmen Tempora Zeit in Relation zum Sprechereignis „S“ ("point of speech"). Ein Ereignis findet zum Zeitpunkt E ("point of event") statt und wird durch die Relationen „vor", „gleichzeitig“ und „nach“ mit Bezug auf S als vergangen, gegenwärtig oder zukünftig lokalisiert. In (8-10) geht E dem S voraus, in (8-12) folgt es ihm; in (8-11) fallen beide zusammen.

(8-10)a I saw John. b 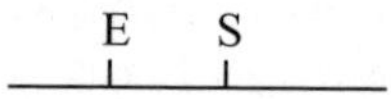

(8-11)a I see John . b 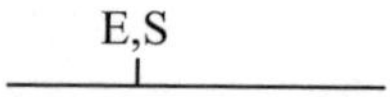

(8-12)a I will see John. b 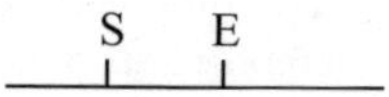

Nach REICHENBACH (1947: 288) ist beim Plusquamperfekt ein dritter Bezugspunkt „R“ („point of reference“) erforderlich..

(8-13) I had seen John. 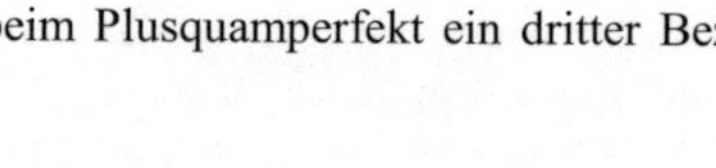

Doch zeigt Reichenbach, dass dieser dritte Bezugspunkt auch für die anderen Tempora relevant ist.: Beim englischen Präteritum fallen nach REICHENBACH (1947: 290) E und R, beim Perfekt S und R zusammen.[177] Das reflektiert die Tatsache, dass das englische Per-

[177] COMRIE (1985) versucht, ohne R auszukommen. Kritik daran übt SOCKA (2004): „Insbesondere lässt sich ... argumentieren, dass das Präteritum – als ein ‚anaphorisches‘ oder ‚definites‘ Tempus – nur verwendet werden kann, wenn der sprachliche Kontext eine vergangene Zeit festlegt, mit der die Ereigniszeit über-

fekt im Gegensatz zum Präteritum gegenwartsbezogen ist. Das gilt nur eingeschränkt fürs Deutsche, wie noch zu zeigen ist.

(8-14) a I saw John.

b 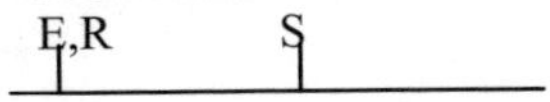

(8-15) a I have seen John.

b 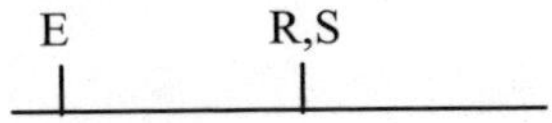

BULL (1968: 12) schlägt ein „hypothetisches Tempussystem“ vor:

Abb. 8-2 Hypothetisches Tempussystem von BULL (1968: 25)

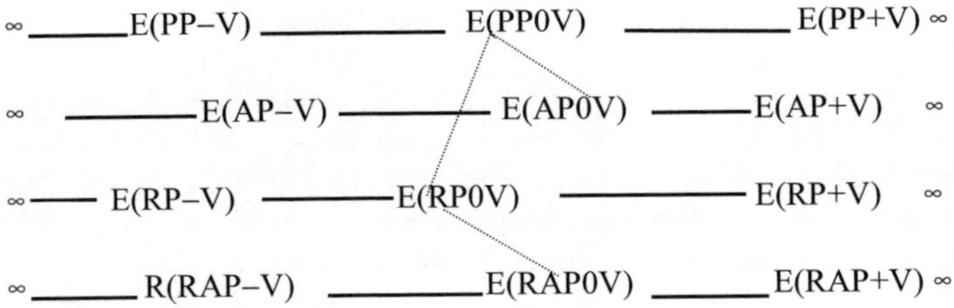

Das System besteht aus vier Achsen. Hauptbezugspunkt (S bei REICHENBACH entsprechend) ist E(PP0V) auf der PP-Achse. Dabei steht „E“ für das Ereignis und „V“ für den Vektor; der Ø-Vektor drückt Simultaneität mit einem Bezugspunkt aus. Nach BULL (1968: 13f) sind „anterior", „past“ und „perfected“ verschiedene Interpretationen des Minus-Vektors. Zukünftige und gegenwärtige Ereignisse sind in PP unvollendet ("imperfected"). Danach sind Aspekt und Tempus nur verschiedene Interpretationen ein und desselben Systems. Die Unterscheidung in Tempus-Sprachen und tempuslose Sprachen wird bedeutungslos.[178] Theoretisch gibt es eine unbegrenzte Menge von Orientierungsachsen, doch genügen vier Achsen zur Beschreibung natürlichsprachiger Tempussysteme.

KLEIN (1994) stellt eine Weiterentwicklung von REICHENBACH (1947) dar. Zentral in diesem Ansatz ist die „Topik-Zeit“ ("TT"), die Zeitspanne, auf die sich der Sprecher einer Äußerung (zur Sprechzeit TU) bezieht. (8-16) drückt aus, dass John im äußerungsrelevanten Zeitabschnitt TT (als man ihn fand) tot war; TSit (die Zeit von Johns Totsein) dauert zur Sprechzeit noch an. Tempus betrifft – anders als in der auf REICHENBACH (1947) ba-

lappen muss. Diese ‚betrachtete Zeit’ ... ist die Referenzzeit.“ Zur Kritik an Comrie vgl. auch VON RONCADOR (1988).

178 Minimalsysteme wie im Hawaiischen, Estnischen und Finnischen unterscheiden nur zwischen „vergangen“ und „nicht-vergangen". Zur Interaktion von Tempus und Aspekt vgl. CZOCHRALSKI (1972), KIEFER (1982).

sierenden Standard-Tempustheorie – die Relation zwischen TT und TU, Aspekt dagegen die Relation zwischen TT und TSit (Aspekt ist also auch relational).

(8-16) Man fand Barschel in der Badewanne liegend. Er war tot.

8.3.2 Die Tempora des Deutschen

Die Kriterien von COMRIE (1985) erfüllt fürs Deutsche nur das Präteritum. Aufgrund dieser Schwierigkeit schwanken die Annahmen über die Zahl deutscher Tempora außerordentlich: MUGLER (1988) akzeptiert nur das Präteritum als Tempus und betrachtet das Präsens als „Atemporalis". BARTSCH (1969) setzt zwei Tempora an (Präsens und Präteritum); die Schulgrammatik arbeitet mit dem „klassischen“, am Lateinischen orientierten Sechsersystem, ebenso FABRICIUS-HANSEN (1986). Ein Vierersystem findet sich bei VATER (1983), ein Sechsersystem (ohne Futurtempora, mit Doppelperfekt und Doppelplusquamperfekt) bei VATER (1993; 1994[3]). Acht Tempora nimmt WEINRICH (1977[3]) an, neun (rein semantisch motivierte) STEUBE (1980), THIEROFF (1992) zehn (die klassischen sechs sowie Doppelperfekt, Doppelplusquamperfekt, Konditional I und II). Zur Bestimmung der Zahl der Tempora sind morphologische und syntaktische Fakten heranzuziehen. Da lässt sich feststellen, dass Perfekt und Plusquamperfekt syntaktisch zu rechtfertigen sind, da sie (jedenfalls bei *haben*-Konstruktionen) syntaktisch markiert sind:

(8-17)	a	Das Pferd hat die Fesseln bandagiert.	(LATZEL 1977)
	b	Das Pferd hat den Knecht gebissen.	(LATZEL 1977)

In (8-17)a bildet *die Fesseln bandagiert* eine Konstituente; der Satz ist präsentisch, als Bezeichnung eines gegenwärtigen Zustands zu interpretieren. In (8-17)b bildet *hat ... gebissen* eine Konstituente und ist als Perfekt (mit Vergangenheitsbezug) zu interpretieren. Doppeldeutig sind Fälle wie (8-18).

(8-18) Emma hat die Haare ins Gesicht gekämmt.

Die *sein*-Konstruktionen sind syntaktisch gleich, aber semantisch deutlich verschieden:[179]

(8-19)	Peter ist besonnen.	(Präsens, Zustandsform)
(8-20)	Peter ist verwundet.	(Präsens, Zustandspassiv)
(8-21)	Peter ist gekommen.	(Perfekt)

Was die sogenannten „Futurtempora“ betrifft, habe ich in VATER (1975) dargelegt, dass diese Gefüge syntaktisch und semantisch Modalverbkonstruktionen sind:

(8-22) Peter muss/ wird/ kann zuhause sein.

---

179 Konstruktionen aus *sein* + Part. Perf. werden behandelt in VATER (2002c).

(8-23) Peter muss/ wird/ kann zuhause gewesen sein.

Werden kann zwar, wie andere Modalverben, „entmodalisiert" für Zukunftsbezeichnung verwendet werden, ist aber primär Modalverb.[180] „Futur II" kann überhaupt nur mit zugefügtem Temporaladverbial Zukunft bezeichnen. In (8-23) handelt es sich wie in (8-24) um Perfektformen. Das Perfekt kann ohne *werden* Zukunft ausdrücken (vgl. VATER 2002b); in Verbindung mit einem Zukunftsadverbial verschiebt sich seine Zeitreferenz. In (8-25) ist dagegen die Zeitreferenz des Adverbials verschoben. Hier (in der Schlusszeile eines Uhland-Gedichts) wird Zukunft in der Vergangenheit ausgedrückt.

(8-24) Morgen hat Inge das Buch ausgelesen.
(8-25) Und morgen war doch Feiertag.

Meine Schlussfolgerung (vgl. VATER 1975: 131): *Werden* ist ein Modalverb, das einen mittleren Wahrscheinlichkeitsgrad – zwischen dem durch *müssen* und *können* ausgedrückten – bezeichnet. Gestützt wird diese These durch die Tatsache, dass das sogenannte „Futur II", also die Fügung aus *werden* + Part.Perf., ohne Zukunftsadverbial nicht etwas Zukünftiges, sondern etwas Vergangenes ausdrückt; es ist eine Perfektform mit Modalverb (vgl. auch (8-23)):

(8-26) Ich werde das Buch an der Uni gelassen haben.

Mein stärkstes Argument für die modale Grundbedeutung der *werden*-Konstruktion ist die Tatsache, dass sie bei „modalitätsfreier" Zukunftsbezeichnung ausgeschlossen ist; hier ist nur Präsens möglich.

(8-27) Morgen ist Mittwoch..

Morgen wird Mittwoch sein sagt man nur, wenn man unsicher ist. Meine Thesen wurden durch BRONS-ALBERT (1982) in vielen Hinsichten bestätigt, wobei sich auch zeigte, dass der Sprachstil eine Rolle spielt. Im gewählten, von normativen Regeln stark beeinflussten Stil wird die *werden*-Konstruktion eher rein futurisch verwendet als in ungezwungener Umgangssprache.

Kandidaten für Tempora des Deutschen sind noch Doppelperfekt und Doppelplusquamperfekt (vgl. Beispiele (8-45) und (8-46) sowie EROMS 1984 und BREUER / DOROW 1996). Morphologisch, syntaktisch und semantisch lassen sich sechs Tempora fürs Deutsche rechtfertigen: Präsens, Präteritum, Perfekt, Plusquamperfekt, Doppelperfekt und Doppelplusquamperfekt. Das Präsens ist morphologisch merkmallos; es ist durch kein Morphem markiert.

---

[180] Nach LEISS (1985; 1992) bilden modales und temporales *werden* verschiedene Stufen in Grammatikalisierungsprozessen. Vgl. auch DITTMANN (1976), LENERZ (1997) und (zur Futur-Problematik allgemein) COMRIE (1989).

Als wörtliche Bedeutung des **Präsens** lässt sich nach KRATZER (1978: 79) und VATER (1983: 207) „(noch) nicht vergangen“ annehmen. Das schließt die Bezeichnung von unmittelbarer Gegenwart (vgl. (6-28)) und von Zukunft (vgl. (6-29)) ein sowie die Bezeichnung habitueller – das Sprechereignis einschließender – oder immerwährender ("zeitloser") Situationen wie in (6-30) und (6-31) und in der Vergangenheit begonnene, in der Gegenwart noch nicht abgeschlossene Situationen wie in (6-32).

(8-28)	Es blitzt.	(E simultan S)
(8-29)	Ich fahre (morgen) nach Paris.	(E nach S)
(8-30)	Paul raucht dreißig Zigaretten täglich.	
(8-31)	Zwei mal zwei ist vier.	
(8-32)	Paul raucht seit einem Jahr nicht mehr.	

Das **Präteritum** hat als wörtliche Bedeutung „Vergangenheit“, d.h. zeitliche Lokalisierung einer Situation vor dem Sprechereignis und gleichzeitig mit dem Referenzpunkt R (E,R vor S):

(8-33) Paul war müde.

Das gilt auch bei Bezug auf eine andere Situation im sprachlichen Kontext: E wird einem vor S liegenden R zugeordnet; R kann dem E vorausgehen, mit ihm überlappen, ihm folgen oder es einschließen.

(8-34) Als Paul auf die Straße trat, schneite es.

„Zeitlose“ Situationen können bei Bezug zu vergangenen Ereignissen durch ein „subjektives“ Präteritum ausgedrückt werden:

(8-35) Wir kamen über die Autostrada nach Florenz, das in einem tiefen Tal lag.
(WUNDERLICH 1970: 139)

(8-36) Wie war doch Ihr Name?

Das **Perfekt** wird von einigen Linguisten als Vergangenheits-Tempus gesehen; für andere ist es ein Aspekt; wieder andere vertreten die Ambiguitätshypothese, nach der das Perfekt einmal Tempus, einmal Aspekt sei; oder die Komplexitätshypothese, nach der das Perfekt beides gleichzeitig ist. Die von COMRIE (1976) u.a. vertretene Ansicht, dass das Perfekt „Gegenwartsrelevanz“ habe, wird anscheinend durch Beispiele wie (8-37)a gestützt; dieser Satz kann als „brandneue“ Nachricht verwendet werden, im Gegensatz zu (8-37)b. Fügt man ein Zeitadverbial hinzu, wie in (8-38), sind jedoch beide austauschbar. Das Perfekt könnte nach der Ambiguitätshypothese in Sätzen ohne Adverbial aspektuell, in Sätzen mit Adverbial temporal erklärt werden. Diese These versagt aber in Fällen wie (8-39), wo das Perfekt ohne Adverbial mit dem Präteritum austauschbar ist, reine Vergangenheitsbedeutung hat und sich nicht aspektuell erklären lässt. Nach EHRICH /VATER (1989) kann dem Perfekt im Rahmen der Komplexitätshypothese eine einheitliche Grundbedeutung zugeschrieben werden, die durch die Aktionsart des verwendeten Verbs eine modifiziert wird: Bei resultativen Verben wie in (8-37)/(8-38) wird das Ergebnis einer vergangenen Handlung ausgedrückt (hier kommt die „Gegenwartsrelevanz“ zum Zuge); bei durativ-nicht-resultativen Verben wird das Perfekt als „unbestimmte Vergangenheit“ gedeutet (vgl. (8-40)), bei nicht-durativen nicht-resultativen Verben (Semelfaktiva) wie in (8-40)a als unmittelbare Vergangenheit.

(8-37) a Der Briefträger ist gekommen.
b Der Briefträger kam.
(8-38) a Der Briefträger ist schon um acht Uhr gekommen.
b Der Briefträger kam schon um acht Uhr.
(8-39) a Hans hat Klavier gespielt. b Hans spielte Klavier.
(8-40) a Es hat geblitzt. b Es blitzte.

Nach Thieroff (1992) färbt der gesamte Kontext die Bedeutung des Perfekts. Nach Ehrich / Vater (1989) kann man Verschiebungen („migratory forms“ bei Bull 1968) erklären, wenn man die Reichenbachschen Beziehungen E, S und R unterteilt in zwei Beziehungen, die aus der Raumdeixis bekannt sind: Die intrinsische Relation betrifft das Verhältnis zwischen E und R, die kontextuelle das Verhältnis zwischen R und S.[181] Die deiktische Interpretation eines Tempus spezifiziert die Beziehung zwischen E und S. Präsens und Präteritum stimmen in ihrer intrinsischen Bedeutung überein; bei beiden ist E simultan mit R. Präsens und Perfekt stimmen in ihrer kontextuellen Bedeutung überein; R ist simultan mit S. Tab. 8-1 zeigt intrinsische und kontextuelle Relationen bei den Haupttempora des Deutschen.

Tab. 8-1 Intrinsische und kontextuelle Relationen

		Kontextuelle Rel.	
		S,R	**R<S**
Intrinsische	**E,R**	Präsens	Präteritum
Relation	**E<R**	Perfekt	Plusquamperfekt

Perfekt und Präteritum, in ihren intrinsischen und kontextuellen Relationen verschieden, haben die gleiche deiktische Interpretation: „E<S", d.h. sie kennzeichnen eine Situation als vergangen:

181 Aufschlussreich sind die Ergebnisse von Socka (2004:206) zum Tempusgebrauch in erlebter Rede: „Die Transpositionstempora bringen ... zwei Perspektiven zum Ausdruck: die des Erzählers mittels der intrinsischen Komponente der Tempusbedeutung ('E...R'), die des Bewusstseinsträgers mittels der kontextuellen Komponente ('R...S')."

Tab. 8-2 Relationen bei Perfekt und Präteritum

Perfekt		Präteritum
E<R	Intrinsische Bedeutung	E,R
S,R	Kontextuelle Bedeutung	R<S
E<S	Deiktische Interpretation	E<S

Da das Perfekt im Normalfall auf das Sprechereignis bezogen ist (S,R), wird bei resultativen Verben – falls die Spezifizierung durch ein Adverbial dem nicht widerspricht (vgl. (8-38)) – ein resultierender gegenwärtiger Zustand impliziert wie in (8-37). Hier ist das Perfekt nicht mit Präteritum austauschbar. Bei temporaler Verschiebung kann auch Bezug auf eine vergangene oder zukünftige Situation stattfinden, so dass das Resultat nicht notwendig gegenwärtig ist (vgl. (8-41)).

(8-41) Paul hat (gestern / neulich / morgen) alles vergessen.

Möglich ist sogar auch „zeitlose“ (d.h. nicht auf Vergangenheit, Gegenwart oder Zukunft beschränkte) Lokalisierung einer Situation:

(8-42) Wählbar ist, wer das fünfundzwanzigste Lebensjahr vollendet hat.
(*Grundgesetz für die Bundesrep. Deutschland*, Artikel 38)

Perfekt und Präteritum als Haupttempora zur Bezeichnung von Vergangenheit haben einen großen Überlappungsbereich, in dem nicht-temporale Faktoren eine Rolle spielen (vgl. Ballweg 1988b und Vater 2002b/c). Statistiken für Perfekt- und Präteritumgebrauch in Dramen und Hörspielen bietet Latzel (2004: 16ff). Es ergab sich ein leichtes Überwiegen des Perfekts (mit 57,18% in den Dramen und 53,35% in den Hörspielen) gegenüber dem Präteritum (mit 42,82% in Dramen, 46,65% in Hörspielen).[182] Interessant ist (S.50), dass bei hochfrequenten Verben das Präteritum dem Perfekt vorgezogen wird.

Das **Plusquamperfekt** hat nach Ehrich / Vater (1989: 119) die intrinsische Bedeutung „E<R“ und die kontextuelle Bedeutung „R<S". Daraus lässt sich seine Grundbedeutung „Vorvergangenheit", (Vergangenheit in Bezug auf vergangene Referenzzeit) erklären. R kann explizit durch ein Temporaladverbial ausgedrückt werden.

Bei Fällen wie (8-40), wo das Plusquamperfekt anscheinend „Nachvergangenheit“ bezeichnet, ist anzunehmen, dass der Einschlafzeitraum vom Predigt-Zeitraum inkludiert wird (vgl. (8-44')): Das Predigtende liegt nach dem Einschlafen der Gemeinde.

[182] Bei Latzel (2004: 20) ergibt sich für „besprechende“ Dialoge und „erzählende“ Textpassagen (vgl. 8.3.1), dass „zwar das Präteritum das dominierende Erzähltempus ist, daß aber ... der Anteil des 'besprechenden' Präteritumgebrauchs im ausgewerteten Korpus hoch ist“. Den hohen Perfekt-Anteil (62,1%) in „Stehkneipengesprächen“ bei Aberle (1971) erklärt er mit dem Gebrauch „niederer Umgangssprache“.

(8-43) Ich hatte die Mütze (gestern bereits) verloren.
(8-44) Der Pfarrer predigte so lange, bis die Gemeinde eingeschlafen war. (VATER 1994³: 72)
(8-44') Der Pfarrer predigte so lange, bis der Punkt erreicht war, wo die Gemeinde eingeschlafen war. (VATER 1994³: 72)

Das **Doppelperfekt** verdankt seine Entstehung dem „oberdeutschen Präteritumsschwund", der ung. im 17. Jahrhundert abgeschlossen war (vgl. LINDGREN 1957) und das Plusquamperfekt mit erfasste (da darin die Präteritalform von *haben / sein* vorkommt). Sowohl das Doppelperfekt – das wie das Plusquamperfekt Vorvergangenheit ausdrückt – als auch das offenbar analog dazu entstandene **Doppelplusquamperfekt**, das „Vorvorvergangenheit" bezeichnet, breiteten sich früh nordwärts aus und fanden auch in die Literatur Eingang (vgl. EROMS 1984):

(8-45) Ich habe viele Begriffe nicht richtig definiert gehabt. (Hörbeleg 30.8.1978)

(8-46) In dem Augenblick fühlte er sich am linken Arm ergriffen und zugleich einen sehr heftigen Schmerz. Mignon hatte sich versteckt gehabt, hatte ihn angefaßt und ihn in den Arm gebissen.
(GOETHE, W. Meisters Lehrj., VII: 327)

Im Goethe-Beispiel bezeichnet das Doppelplusquamperfekt ein Zeitintervall vor Mignons Attacke (die im Plusquamperfekt geschildert wird), die ihrerseits vor Wilhelms Schmerzfühlen (im Präteritum) geschieht (vgl. VATER 1994³: 76f).

Das **Präsens historicum** (vgl. (8-47)) lässt sich wie das „futurische Perfekt" durch Verschiebung der kontextuellen Relation erklären. Hier wird durch den Kontext (z.B. das Temporaladverb *gestern*) angezeigt, dass es sich um ein vergangenes Ereignis handelt, das simultan mit R ist; aber R liegt vor S, da der Sprecher sich in die Vergangenheit versetzt und sie praktisch zur Gegenwart macht. Es gibt Textsorten, die ganz im Präsens erzählt werden. Dazu gehören Witze wie (8-48).

(8-47) Gestern treffe ich doch Emil im Internet-Café.
(8-48) Ein Mann kommt in ein Geschäft und verlangt ein Hemd. Die Verkäuferin sagt: „Keine Hemden gibt es nebenan. Bei uns gibt es keine Schuhe."
(Witz aus der ehem. DDR)

Bei Tempusverwendungen, die sich weder durch ihre Grundbedeutung noch durch Verschiebung ableiten lassen wie dem Präteritum in *Herr Ober, ich bekam ein Bier* oder *Was gab es morgen im Theater*? (vgl. WUNDERLICH 1970) sind pragmatische Zusatzerklärungen notwendig (hier: impliziter Bezug auf ein vergangenes Sprechereignis). GREWENDORF (1982) versucht, pragmatisch vermittelte Verwendungsweisen deutscher Tempora mithilfe der Griceschen konversationellen Implikaturen zu erklären (zur Kritik vgl. LENERZ 1986). Ich halte das in einigen Fällen für machbar, in anderen für unnötig, so z.B. beim sogenannten „futurischen Plusquamperfekt" (vgl. (8-44), (8-44').

8.4 Aspekte und Aktionsarten

Neben den Tempora gibt es in vielen Sprachen Aspekte als eine zweite Art der Grammatikalisierung zeitlicher Relationen. COMRIE (1976: 3) nennt Aspekte „different ways of viewing the internal temporal constituency of a situation". Hier einige Beispiele:

(8-49) a John was reading when I entered.
b Ivan čital, kogda ja vošel.
c Jean lisait quand j'entrai.

Geht es beim Tempus um die Relation zwischen der Ereigniszeit und einer Evaluationszeit – vorzüglich der Sprechzeit –, so geht es beim Aspekt um die interne zeitliche Gliederung der beschriebenen Situation. Im Englischen wird mit dem „progressiven Aspekt" – den COMRIE (1976: 25) für eine Unterart des imperfektiven Aspekts ansieht – ausgedrückt, dass ein Ereignis (wie das Lesen in (9-49a) nicht ganzheitlich gesehen wird, sondern in sich gegliedert und dass ein anderer Vorgang (hier mein Eintreten) zeitlich innerhalb des ersten Ereignisses zu lokalisieren ist (vgl. auch SMITH 1983).

Im Russischen (vgl. ISAČENKO 1962) wird das Lesen in (8-49b) durch eine imperfektive Verbform ausgedrückt, das Eintreten durch eine perfektive. Im Französischen (vgl. IMBS 1960, GUENTHNER et al.1978) wird ein aspektueller Unterschied nur bei Vergangenheitstempora ausgedrückt: In (8-49c) ist das Imperfekt *lisait* imperfektiv (oder merkmallos), das passé simple *entrai* perfektiv. Für die deutsche Standardsprache wird gewöhnlich angenommen, dass sie keine Aspekte hat. COMRIE (1976: 52ff) nimmt noch „Perfekt" als dritten Aspekt an, der im Deutschen durch Perfekt und Plusquamperfekt ausgedrückt wird [183]. Die für diese beiden Tempora angenommenen aspektuellen Merkmale lassen sich jedoch auch (und sicher besser) nichtaspektuell erklären (vgl. VATER 2002b). Sie sind dann reine Tempora. GROSS (1974: 10) vermerkt, „daß es sich beim deutschen Aspektausdruck nur um nicht-systemhafte Mittel handeln kann".

In der westdeutschen Umgangssprache gibt es die „rheinische Verlaufsform" als Aspektform, die morphologisch und semantisch dem englischen Progressive und der entsprechenden niederländischen Form (*Ik ben aan't schrijven*) ähnelt (vgl. BHATT / SCHMIDT 1993).

(8-50) Ich bin (einen Brief) am Schreiben.

[183] Nach COMRIE (1976: 52f) markiert der Perfektaspekt nicht die interne Gliederung einer beschriebenen Situation, sondern „expresses a relation between two timepoints, on the one hand the time of the state resulting from a prior situation, and on the other the time of that prior situation. Thus the present perfect, for instance, such as English *I have eaten*, partakes of both the present and the past. In some languages this dual role has syntactic and morphological repercussions". Diese Annahme ist von Rezensenten kritisiert worden, da der Perfekt-Aspekt den beiden klassischen Aspekten sehr unähnlich ist und mehr den Tempora ähnelt.

Wie eng das aspektuelle System einer Sprache mit dem temporalen verwoben sein kann, lässt sich am Beispiel des Polnischen zeigen (vgl. VATER 1995). Hier ist das imperfektive Präsens als merkmalloses Tempus zu beurteilen, da es sowohl Gegenwart als auch Zukunft, „Zeitlosigkeit“ und als „Präsens historicum“ auch Vergangenheit (vgl. UHR 1993) bezeichnen kann, während das perfektive Präsens nur Zukunftsbezug herstellen kann; Perfektivität eines Ereignisses schließt seine Betrachtung als gegenwärtig aus [184].

Aktionsarten gliedern das Verbinventar einer Sprache in semantischer Hinsicht, wobei zeitliche Faktoren eine entscheidende Rolle spielen. In den slavischen Sprachen gibt es Aktionsarten wie die iterative, inchoative, terminative usw., die meist in beiden Aspekten auftreten. Doch gibt es auch sog. Perfektiva tantum bzw. Imperfektiva tantum, bei denen dann die betreffende Aktionsart nur in einem Aspekt realisiert ist. Eine systematische Beschreibung des Verhältnisses zwischen Aspekt und Aktionsarten im Russischen liefert ISAČENKO (1962); zum Aspekt im Polnischen und seinem Einfluss auf die Verbmorphologie vgl. KOSCHMIEDER (1927).

Das Deutsche hat zweifellos Aktionsarten, wenn auch nicht in so vollständig durchstrukturierter Form wie in den slavischen Sprachen (vgl. dazu ANDERSSON 1978, STEINITZ 1977 und STEUBE 1980). Der Aktionsartmarkierung dienen Präfixe wie in (6-51) und (6-52), Verbpartikeln wie in (6-53) und (6-54); doch kann die Markierung auch ganz fehlen, wie die Beispiele (6-55) und (6-56) zeigen:

(8-51) Der Baum ist erblüht.
(8-52) Karl hat das Papier verbraucht.
(8-53) Anna ist aufgewacht.
(8-54) Peter hat das Buch angelesen/ das Brot aufgegessen/ den Wein ausgetrunken.
(8-55) Maria hat geschlafen.
(8-56) Petra hat (einen Brief) geschrieben.

Wie die Beispiele zeigen, kennzeichnen *er-*, *an-* und *auf-* inchoative Aktionsart, *auf-* und *aus-* terminative. Die durative Aktionsart (vgl. (8-55) und (8-56)) wird meist nicht gekennzeichnet. Auch die resultative Aktionsart bleibt oft unmarkiert; vgl. *Paul ist gekommen.* In (8-51) und (8-52) ist die resultative Aktionsart durch Präfixe markiert.

Bei der Analyse des Perfekts wurde gezeigt, dass die Aktionsart eine Auswirkung auf die temporale Deutung der Verbform hat. Das wird besonders deutlich bei resultativen Verben, wo das Perfekt den aus einem vergangenen Ereignis resultierenden Zustand beschreibt (vgl. (8-37)a). Das fürs Perfekt Festgestellte gilt mutatis mutandis auch fürs Plusquamperfekt, Doppelperfekt und Doppelplusquamperfekt.

[184] Nach LEISS (1992:226) verfügt das Russische im imperfektiven Bereich über ein dreigliedriges, im perfektiven Bereich über ein zweigliedriges Tempussystem. Das Gleiche ließe sich für das Polnische (unter Einbeziehung des periphrastischen imperfektiven Futurs) vertreten.

8.5 Temporaladverbiale

Wie bereits in 8.0 angedeutet, gibt es im Deutschen und in andern Sprachen eine Fülle nicht-grammatikalisierter temporaler Referenzmittel. COMRIE (1985: 8) nennt sie „lexikalisch“, was mir aber im Fall von Temporalsätzen nicht angebracht erscheint. Allen ist gemein, dass sie weder obligatorisch sind noch durch gebundene Morpheme ausgedrückt werden (was allerdings teilweise auch auf Tempora zutrifft) und dass sie ganz oder teilweise aus einem lexikalischen Temporalausdruck bestehen. Dabei lassen sich wiederum nach COMRIE (1985: 8) zwei Gruppen unterscheiden:

- Temporaladverbien wie *heute*, *jetzt*, *gerade* und *einst* oder Verben wie *anfangen* und *dauern* sind einfache **lexikalische Einheiten** („lexical items“);
- temporale Präpositionalphrasen und Temporalsätze sind **lexikalisch komplexe Ausdrücke** und enthalten (mindestens) einen einfachen Temporalausdruck: *in einer Stunde, nach wenigen Minuten, vor dem Essen, während des Gesprächs, wenn der Frühling kommt* usw.

Allerdings gilt für PPs, dass sie meistens nur durch den Kontext eindeutig temporal zu interpretieren sind, da Präpositionen wie *in*, *vor*, *an* usw. primär lokal verwendet werden. Hier spielt auch das in der NP vorkommende Substantiv eine Rolle: *in einer Sekunde* hat temporale Referenz, da *Sekunde* ein Temporalausdruck ist, *in einer Badewanne* nicht, da *Badewanne* gewöhnlich nicht temporal verwendet wird.[185]

Allerdings können nicht-temporale Lexikoneinheiten durch Übertragung nach WEINREICH (1966: 430) zu Temporal-Ausdrücken werden; man vergleiche die oben angeführten Ausdrücke *vor dem Essen* oder *während des Gesprächs*.[186] Doch gibt es hier einen Unterschied: *Während* ist auf temporale Bedeutung festgelegt und kann sein temporales Merkmal ohne weiteres auf die von ihm regierte NP übertragen; doch woher bekommt die PP *vor dem Essen* ihre temporale Bedeutung? Da *vor* primär lokal verwendet wird, müssen offenbar Kontext und Weltwissen bei Sätzen wie (8-57) und (8-58) entscheiden, ob die PPs lokal oder temporal zu interpretieren sind.

(8-57) Vor dem Essen stand eine Blumenvase.
(8-58) Vor dem Essen gab es einen Aperitiv.

Der Satzkontext in (8-57) genügt dem Rezipienten, um *Essen* als konkret und damit *vor dem Essen* als lokale PP zu interpretieren, wogegen der Satzkontext in (8-58) auf zwei zeitlich aufeinanderfolgende Ereignisse schließen lässt.

---

185 Nach FETTWEIS (1958) leiten sich Raum- und Zeitmaße in vielen Kulturen von charakteristischen Ereignissen ab, so z. B. „bis ein Kessel Wasser kocht“ bei den Jukagiren“ oder „drei Tassen Tee“ bei den Tibetern (vgl. 7.0).

186 Die Verbindung von *vor*, *unter* und *nach* mit einem EN (*vor Bismarck / unter Hitler / nach Adenauer*) wird gewöhnlich temporal aufgefasst.

Im Folgenden werden Temporaladverbiale kurz behandelt; Temporalsätze (die der Funktion nach Temporaladverbiale sind) bleiben unberücksichtigt. WUNDERLICH (1970) unterscheidet hier drei Hauptklassen [187]:

– Sprechzeitrelative Advb: *gestern, neulich, morgen, demnächst*;

– Kontextrelative Advb: früher, danach, vor Sonnenuntergang, inzwischen;

– Sprechzeitüberlappende Advb: *heute, heute nacht, gerade jetzt.*

Der Unterschied zwischen sprechzeitrelativen und sprechzeitüberlappenden Adverbialen besteht darin, dass erstere nach Ansicht von WUNDERLICH (1970: 181) ein bestimmtes Tempus implizieren, wogegen letztere umgekehrt erst durch die Wahl des Tempus auf Vergangenheit, Gegenwart oder Zukunft bezogen werden:

(8-59) Heute hat es geschneit/ schneite es.
(8-60) Heute schneit es.
(8-61) Heute wird es schneien.

In Wirklichkeit ist das Verhältnis zwischen Tempora und Temporaladverbialen komplizierter: (8-60) ist weder durch Tempus noch durch Adverbial eindeutig: Die Aussage kann sich auf die Gegenwart oder Zukunft (vgl. *Heute schneit es bestimmt!*) beziehen; *heute schneit es schon fünf Stunden* kann sogar einen beträchtlichen Teil der Vergangenheit einbeziehen. Andrerseits zeigt (8-59), dass mehrere Tempora das gleiche „sprechzeitüberlappende" Advb zulassen, wobei Unterschiede in der temporalen Interpretation bestehen. (8-61) ist primär als modale Aussage (Vorhersage / Vermutung) aufzufassen. Merkwürdig ist auch, dass WUNDERLICH (1970: 181) *einst* zu den sprechzeitüberlappenden Adverbialen rechnet, wahrscheinlich, weil es ebenfalls nicht eindeutig in seinen Zeitbezügen ist, allerdings aus anderen Gründen, als das bei *heute* oder *gerade* der Fall ist; *einst* bezeichnet einen großen Zeitabstand zur Gegenwart und kann sich dabei auf Vergangenes oder Zukünftiges beziehen. *Gerade* (das anders als *heute* Zukunftsbezug ausschließt) ist insofern homonym oder polysem, als *gerade*$_1$ sich auf Gegenwart bezieht (vgl. (8-62a)), *gerade*$_2$ auf unmittelbar vorangehende Vergangenheit (vgl. (8-62)b/c):

(8-62) a Der Briefträger kommt gerade.
b Der Briefträger war gerade da.
c Der Briefträger ist gerade gekommen.

Außerdem nimmt WUNDERLICH (1970: 270ff) noch eine Klasse von durativen und iterativen Adverbialen (Advb$_D$) an, die sich mit Adverbialen der drei anderen Klassen verbinden.

Zu ganz anderen Subklassifizierungen der Temporaladverbiale kommen SCHIPPOREIT (1971), die eine Zweiteilung in „Up-to-now"-Averbiale (UTN) und „End-in-Past-or-

187 WUNDERLICH (1970) verwendet das Symbol „Advb" nach STEINITZ (1969) für die Funktion „Adverbial", nicht die Wortklasse „Adverb".

Future"-Adverbiale (EPF) vornimmt. OVERSTEEGEN (1988 und 1989) wiederum baut auf der „Two-Track-Theory" von MCTAGGART (1927) auf, der zufolge zwei verschiedene temporale Serialisierungen möglich sind:

- **A-Serie**: Vergangenheit - Gegenwart - Zukunft;
- **B-Serie**: früher vs. später.

Dabei können alle Ereignisse der B-Serie auch als Einheiten der A-Serie ausgedrückt werden, aber nicht umgekehrt.

Interessant wäre es, das Zusammenspiel von Temporaladverbialen mit anderen Adverbialen näher zu betrachten, wozu in diesem Rahmen leider keine Gelegenheit ist. Es sei auf HETLAND (1992: 71ff) verwiesen, die die Positions-, Kombinations- und Generierungsmöglichkeiten der verschiedenen Adverbialklassen eingehend analysiert, wobei die Relation zwischen Satzadverbial und Fokus eine zentrale Rolle spielt.[188]

Zur Einführung in die Problematik der Zeitreferenz ist auf COMRIE (1985) und VATER (1994^3) zu verweisen, zur Vertiefung (nach älteren Ansätzen, doch mit Beispielen aus vielen Sprachen) auf KOSCHMIEDER (1929) und BULL (1968). Zu den Tempora des Deutschen sei der Leser vor allem auf FABRICIUS-HANSEN (1986), BALLWEG (1988a/b), THIEROFF (1992) und LEISS (1992) sowie die dort angegebene Literatur verwiesen; zur Theorie und Analyse von Tempora im allgemeinen und in einzelnen Sprachen auf RAUH (1983b), EHRICH / VATER (eds.) (1988), ABRAHAM / JANSSEN (eds.) (1989), FABRICIUS-HANSEN (1991), THIEROFF / BALLWEG (eds.) (1994) und THIEROFF (ed.) (1995), zum Tempusgebrauch in erlebter Rede auf SOCKA (2004).

---

188 HETLAND (1992: 230) kommt nach gründlicher Diskussion der Fokusproblematik zu der Einsicht, dass Fokus als „abstraktes, syntaktisches Merkmal" zu betrachten ist, „das auch mit anderen Interpretationen als 'neuer Information' verbunden werden kann."

9. Referenzbeziehungen in Texten

9.0 Vorbemerkungen

Die Textlinguistik ist ein interdisziplinäres Gebiet, in dem Literaturwissenschaft und Linguistik (bei der Analyse literarischer Texte) kooperieren. Natürlich befasst sich die Textlinguistik auch mit nichtliterarischen Texten, und die Literaturwissenschaft hat auch mit ästhetischen Fragen zu tun, die nicht-sprachliche Merkmale von Texten betreffen. Es lässt sich zeigen, dass textlinguistische Methoden auf die Analyse literarischer Texte anwendbar sind und dabei literaturwissenschaftliche Analysen untermauern und ergänzen können. SAUSSURE (1916) sieht das Sprachsystem (frz. *la langue*) als vorrangigen Gegenstand der Linguistik an, während der Sprachgebrauch (*la parole*) dem Sprachsystem untergeordnet, von ihm abgeleitet ist. Daher haben sich Strukturalismus und Generative Grammatik – die beiden wichtigsten Richtungen in der modernen Linguistik – im wesentlichen auf die Untersuchung des Sprachsystems (in seinen Komponenten: Phonologie, Morphologie, Syntax und Semantik) konzentriert. Die von CHOMSKY (1965) in den Vordergrund gerückte *Kompetenz* entspricht in etwa Saussures *langue*. Erst in den siebziger Jahren hat man erkannt, dass der Sprachgebrauch (*performance* bei CHOMSKY 1965) eminent wichtig ist und auf das System zurückwirkt – Veränderungen im Sprachsystem kommen aus dem Sprachgebrauch. Zudem nehmen Textlinguisten wie KALLMEYER / MEYER-HERMANN (1980^2) an, dass Texte nicht nur mit Sprachgebrauch zu tun haben, sondern auch mit dem Sprachsystem, da man invariante Merkmale von Texten ermitteln kann.

Die Definition von „Text“ erwies sich als äußerst problematisch. Schriftlichkeit wurde von Textlinguisten als zu eng angesehen; es gibt auch mündliche Texte. BRINKER (1999^3: 12) sieht Mehrsätzigkeit als Textmerkmal an. Danach wären manche Witze und viele Sprichwörter keine Texte:

(9-01) Lügen haben kurze Beine. (Sprichwort)

Nach HALLIDAY / HASAN (1976: 1) sind Texte durch Ganzheitlichkeit definiert.

> „The word TEXT is used in linguistics to refer to any passage, spoken or written, of whatever length, that does form a unified whole.“

Auch diese Definition ist zu strikt, da es (mündliche und schriftliche) Texte gibt, die nicht „ein einheitliches Ganzes“ bilden. Als wichtigstes Kriterium erweist sich die Kohärenz (der Sinnzusammenhang). Versuche von CHAROLLES (1983) mit anscheinend sinnlosen Satzsequenzen ergaben, dass die Versuchspersonen Verbindungen zwischen den Sätzen herstellen konnten. (9-02) interpretierten die meisten Befragten so, dass nach einem alten Aberglauben Regenschirme Unglück bringen. Ähnliche Ergebnisse erzielte ich mit Tests zur Satzfolge (9-03).

(9-02) John's mother has serious heart trouble. She was admitted to hospital last week. John does not go out with his umbrella even when it rains.

(CHAROLLES 1983: 5)

(9-03) Es regnet. Gib mir die Bibel!

Hier gab es vor allem drei Interpretationen von seiten der Testpersonen:

– Der Sprecher der Satzsequenz will sich mit Hilfe der Bibel vor dem Regen schützen.
– Der Sprecher der Satzsequenz will die Bibel (z.B. unterm Mantel) vor dem Regen schützen)
– Der Sprecher will nicht ausgehen, sondern zu Hause bleiben und die Bibel lesen.

In (9-04) stellt nur der Titel „Dämmerung" Kohärenz her:

(9-04) *Die Dämmerung* von Alfred LICHTENSTEIN (Auszug)

Ein dicker Junge spielt mit einem Teich.
Der Wind hat sich in einem Baum gefangen.
Der Himmel sieht verbummelt aus und bleich,
Als wäre ihm die Schminke ausgegangen.

Auf lange Krücken schief herabgebückt
Und schwatzend kriechen auf dem Feld zwei Lahme.
Ein blonder Dichter wird vielleicht verrückt.
Ein Pferdchen stolpert über eine Dame.

An einem Fenster klebt ein fetter Mann.
Ein Jüngling will ein weiches Weib besuchen.
Ein grauer Clown zieht sich die Stiefel an.
Ein Kinderwagen schreit und Hunde fluchen.

Die Auffassung von *Text* als (rein syntaktisch zu definierende) Einheit der Grammatik wie bei HARWEG (1968) und schon bei HARRIS (1952) hat sich als nicht haltbar erwiesen (vgl. dazu LANG 1973). Die pragmatische Auffassung von Text als Einheit der (sprachlichen) Kommunikation sieht BRINKER (1991) mit Recht als Fortschritt an, doch ist auch ihr keine allseits zufriedenstellende Textbestimmung gelungen. Eine klare Grenzziehung zwischen Texten und Nicht-Texten ist offenbar unmöglich, wie SCHERNER (1984: 146) darlegt. Eine Textbestimmung mit Hilfe der Prototypentheorie (vgl. KLEIBER 1990, dt. 1993) hat SCHERNER (1998: 1038) im Sinn, für den die Vorstellung von „Text" als „einem zusammenhängenden Verbund sprachlicher Elemente" als „der prototypische semantische Gehalt des T.-Begriffs gelten" kann. Es gibt offenbar einen „harten Kern", zu dem rein sprachliche Texte gehören, während „Mischtexte", die nichtsprachliche Komponenten (z.B. Bilder) enthalten, in ihrer Zugehörigkeit zur Kategorie „Text" problematisch sein können. Je weiter man sich vom Kern wegbewegt, desto zweifelhafter wird die Texthaftigkeit eines Textes (vgl. Abb. 9-1; VATER 2001[3]: 15).

Abb. 9-1

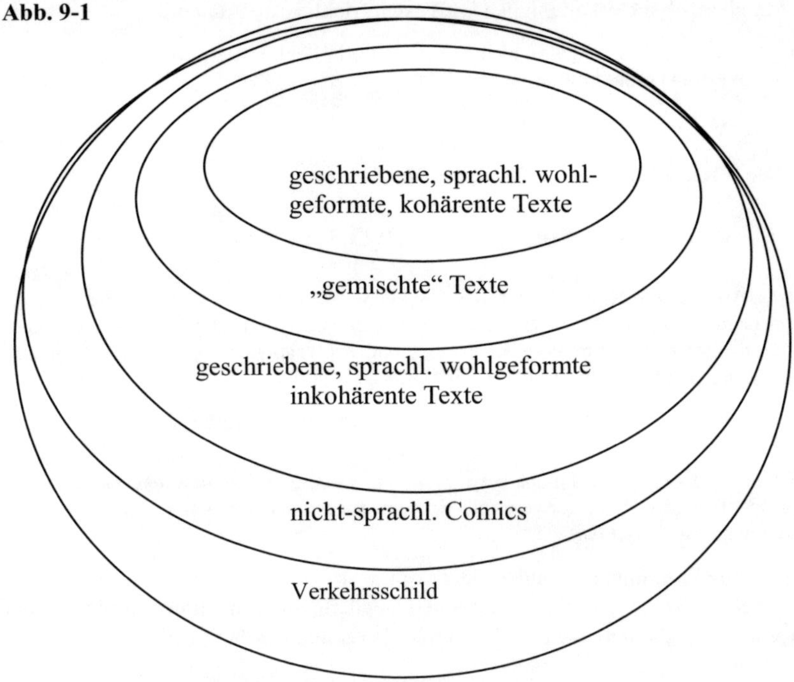

DE BEAUGRANDE / DRESSLER (1981: 3) geben folgende Textdefinition:

> „Wir definieren einen TEXT als eine KOMMUNIKATIVE OKKURRENZ ..., die sieben Kriterien der TEXTUALITÄT erfüllt. Wenn irgendeines dieser Kriterien als nicht erfüllt betrachtet wird, so gilt der Text nicht als kommunikativ. Daher werden nicht-kommunikative Texte als Nicht-Texte behandelt.“[189]

Während „Textualität“ (oder „Textur“) sich auf Text als Gebilde bezieht, ist „Vertextung“ (vgl. WAWRZYNIAK 1980) auf Text als Prozess, also Textbildung oder Textkonstitution bezogen. Die Definition von Text ist jedoch problematisch (vgl. VATER 2001³):

- Die Definition ist zirkulär, da Text mit Hilfe von Textualität definiert wird, Textualität aber nichts anderes als „Texthaftigkeit“ ist.
- Die Erfüllung aller sieben Textualitäts-Kriterien wird als Voraussetzung für das Zustandekommen eines („kommunikativen“) Textes angesehen. Eine Überprüfung ergibt, dass sechs der Kriterien nicht notwendig oder nicht anwendbar sind und Kohärenz allein als text-konstituierendes Kriterium ausreicht (vgl. VATER 2001³, § 2.8).

---

189 Durch den Druck in Kapitälchen soll offenbar ausgedrückt werden, dass es sich um Konzepte handelt.

- Es ist fraglich, ob nicht-kommunikative Texte „Nicht-Texte“ sind.
- Es wird eine scharfe Grenze zwischen Texten und Nicht-Texten postuliert, was nach SCHERNER (1984) nicht haltbar ist.

9.1 Kohäsion und Kohärenz

Kohäsion ist nach DE BEAUGRANDE / DRESSLER (1981:3f.):

> „... die Art, wie die Komponenten des OBERFLÄCHENTEXTES, d.h. die Worte, wie wir sie tatsächlich hören oder sehen, miteinander verbunden sind. Die Oberflächenkomponenten hängen durch grammatische Formen und Konventionen voneinander ab, so daß also Kohäsion auf GRAMMATISCHEN ABHÄNGIGKEITEN beruht.“

HALLIDAY / HASAN (1976: vii) definieren Kohäsionsbeziehungen folgendermaßen:

> „Cohesive relations are relations between two or more elements in a text that are independent of the structure; for example between a personal pronoun and an antecedent proper name, such as *John...he*.“

Interessant ist die Formulierung „independent of the structure“. „Text“ ist nach Meinung der beiden Autoren keine grammatische Einheit, sondern eine Einheit der parole („a unit of language in use“). Zudem sehen sie Text nicht als (grammatische) Struktur:

> „A text ... is not a structural unit; and cohesion, in the sense in which we are using the term, is not a structural relation.“ (HALLIDAY / HASAN 1976: 6)

Andrerseits sehen HALLIDAY / HASAN (ebd.) Kohäsion als semantische Relation an, da sie nicht zwischen Kohäsion und Kohärenz unterscheiden, so dass beide Relationen in „cohesion“ zusammenfallen. Sie rechnen neben rein kohäsiven Mitteln wie Substitution und Ellipse auch Kohärenzphänomene wie Referenz zur „Kohäsion“. Dass hier etwas nicht stimmt, sieht man z.B. daran, dass die Koreferenz-Relation sowohl durch Substitution eines Pronomens als auch durch Rekurrenz oder Ellipse ausgedrückt werden kann. Referenz und Substitution sind also nicht auf der gleichen Ebene anzusiedeln.

Hier besteht also ein Gegensatz zwischen HALLIDAY / HASAN (1976) und DE BEAUGRANDE / DRESSLER (1981: 3f.), die Kohäsion als grammatische Abhängigkeiten auffassen (s. obiges Zitat). Man kann m.E. Kohäsion als grammatische Relation zwischen Einheiten des Textes auffassen, wobei es jedoch vorwiegend um satzübergreifende Relationen geht. Kohäsionsbeziehungen fallen innerhalb des Satzes oft mit Konstituenten-Relationen zusammen, d.h. mit in der Syntax üblichen Beziehungen wie „x dominiert y und z“, „x c-kommandiert y“, „x regiert y“, „x wird mit y koindiziert“. Nur die letzte dieser Beziehungen kommt auch satzübergreifend vor.

Kohärenz wird in BUSSMANN (2002^3: 351) folgendermaßen definiert:

„Semantisch-kognitiver Sinnzusammenhang eines Textes, darstellbar z.B. in Form → semantischer Netze aus → Konzepten und Relationen. Lokale K. besteht satzintern und zwischen benachbarten Äußerungen, globale K. konstituiert das → Textthema bzw. die → Textfunktion aus semantisch-pragmatischenm → Makrostrukturen. K. beruht im Wesentlichen auf zwei Aspekten der Referenz, nämlich auf → Koreferenz, dem wiederholten Bezugnehmen auf denselben 'Gegenstand' (z.B. Objekte, Zeitintervalle, Handlungen, Orte, dazu Vater [1994], und auf der → referentiellen Bewegung, der strukturierten textuellen Entwicklung der Information in den verschiedenen Referenzbereichen (z.B. Erhalt, Verschiebung, Neueinführung; dazu Stutterheim [1997]; vgl. → Thema vs. Rhema)."

Ähnlich bezieht auch VAN DIJK (1980) pragmatische Aspekte (Sprechakt-Sequenzen) neben syntaktischen Aspekten mit ein. Kohärenz bei DE BEAUGRANDE / DRESSLER (1981: 88f.) betrifft semantisch-kognitive Aspekte von Texten wie Kausalitäts-, Referenz- und Zeitbeziehungen, also kognitive Zusammenhänge, die einem Text zugrunde liegen (egal, ob sie versprachlicht werden oder nicht). Das kognitive Moment führen die Autoren im Zusammenhang mit der Tatsache an, dass der Textverwender auch Zusammenhänge herzustellen versucht, die nicht (durch kohäsive Mittel) markiert sind. Das bezeugen Beispiele wie (2-18)c. Aber nicht nur die Interpretation eines Textes ist ein kognitiver Prozess. Die gesamte einem Text zugrunde liegende Konstellation, die **Textwelt**, ist etwas Kognitives. Die Textwelt ihrerseits ist durch eine „Sinnkontinuität" bestimmt (DE BEAUGRANDE / DRESSLER 1981:88):

„Wenn wir mit BEDEUTUNG ... die Fähigkeit oder das Potential eines sprachlichen Ausdrucks (oder eines anderen Zeichens) bezeichnen, Wissen (d.h. mögliche = virtuelle Bedeutung) darzustellen oder zu übermitteln, dann können wir mit SINN ... das Wissen bezeichnen, das tatsächlich durch die Ausdrücke innerhalb eines Textes übermittelt wird. Viele Ausdrücke haben mehrere mögliche Bedeutungen, aber unter normalen Bedingungen im Text nur einen Sinn."

Die (durch Ausdrücke des Textes aktivierte) Sinnkontinuität sehen die beiden Autoren als Grundlage der Kohärenz an, die somit kognitiv bestimmt wird: durch den Zugriff auf Konzepte (Begriffe) und Relationen zwischen Konzepten. Eine solche dem Text zugrunde liegende Konstellation ist die Textwelt, die mit der realen Welt nicht unbedingt übereinstimmen muss.

Kohärenz in einem Text baut auf der Sinnkontinuität der Textwelt auf. Die Textwelt ist die Gesamtheit der einem Text zugrunde liegenden Sinnbeziehungen; sie muss mit der realen Welt nicht unbedingt übereinstimmen, sondern wird vom Sprecher, von seinem Wissen und seinen Intentionen zugrundegelegt. Bei einem gesprochenen Text bildet die Gesprächssituation die „Textwelt". Pronomina können in einem (gesprochenen oder geschriebenen) Text nur kohärent verwendet werden, wenn Gesprächssituation und Weltwissen berücksichtigt werden. So sagt uns unser Weltwissen bei (9-05) – Wiederholung von (6-18) –, dass nur ein Mensch eine Spritze geben kann, nicht ein Hund, und dass der *Tierarzt* im Textzusammenhang als mögliches Antezedens von *er* am wahrscheinlichsten ist.

(9-05) Paul ist mit Flocki zum Tierarzt gegangen. Er hat ihm eine Spritze gegeben.

Die Textwelt setzt sich aus Konzepten und Relationen zwischen diesen Konzepten zusammen.[190] Besteht eine Diskrepanz zwischen der in der Textwelt ausgedrückten Konzept-Konstellation und unserem Wissen, d.h. den gespeicherten Konzeptstrukturen, dann können wir keine Sinnkontinuität herstellen. Dann sind die betreffenden Texte für uns sinnlos. Das ist möglicherweise bei Nonsens-Gedichten der Fall. Konzepte setzen sich aus Merkmalen zusammen, die ihrerseits auch Merkmale anderer Konzepte sein können. Daher stellt man sich in der „Artificial Intelligence“ Konzepte als Netzwerke solcher Merkmale vor (vgl. z.B. SCHANK / ABELSON 1977 und WETTLER 1980). Kohärenz kann trotz fehlender Kohäsion auftreten. Das Hintereinander-Äußern zweier Sätze bewirkt gewöhnlich beim Hörer/Leser die Herstellung eines Zusammenhangs zwischen diesen Sätzen (vgl. (9-02) und (9-03)). Nach LANG (1977) gilt eine „Gemeinsame Einordnungsinstanz“ (GEI) für Satzkoordination, aber auch für den Textzusammenhang. Im Fall von (9-03) ist die GEI „(Verhalten bei) Regen"; im Gedicht (9-04) ist sie „Dämmerung“ (vgl. den Titel).[191] Nach LANG (1977: 26) bewirkt die GEI in (9-06), dass der Satz *Peter hat sich einen Trabant gekauft* durch Koordination mit dem Satz *Peter hat seiner Frau ein Auto gekauft* die zusätzliche Bedeutung erhält, der Trabant sei kein Auto.

(9-06) Peter hat sich einen Trabant und seiner Frau ein Auto gekauft.

Kohärenzrelationen stellen nach DE BEAUGRANDE / DRESSLER (1981: 3) Verkettungen von Konzepten durch Relationen wie „Eigenschaft von", „Lokalisierung von“, „koreferent mit“ dar und lassen sich als konzeptuelle Netzwerke darstellen.

(9-07) Kochanweisung für eine Pilzsuppe

Inhalt der Packung in 3/4 Liter kochendes Wasser einrühren und aufwallen lassen. Bei geringer Wärmezufuhr 5 Minuten kochen und dabei gelegentlich umrühren. Bitte beachten: Reste der Pilzsuppe nicht wieder aufwärmen.

Abb. 9-2 stellt der Kohärenzbeziehungen in (9-07) als Netzwerk dar.

[190] Vgl. die Definition von „Konzept“ in 3.5.
[191] Der Titel kann jedoch (wie oft bei Werbeanzeigen) in die Irre führen.

Abb. 9-2 Netzwerkdiagramm von (9-07)

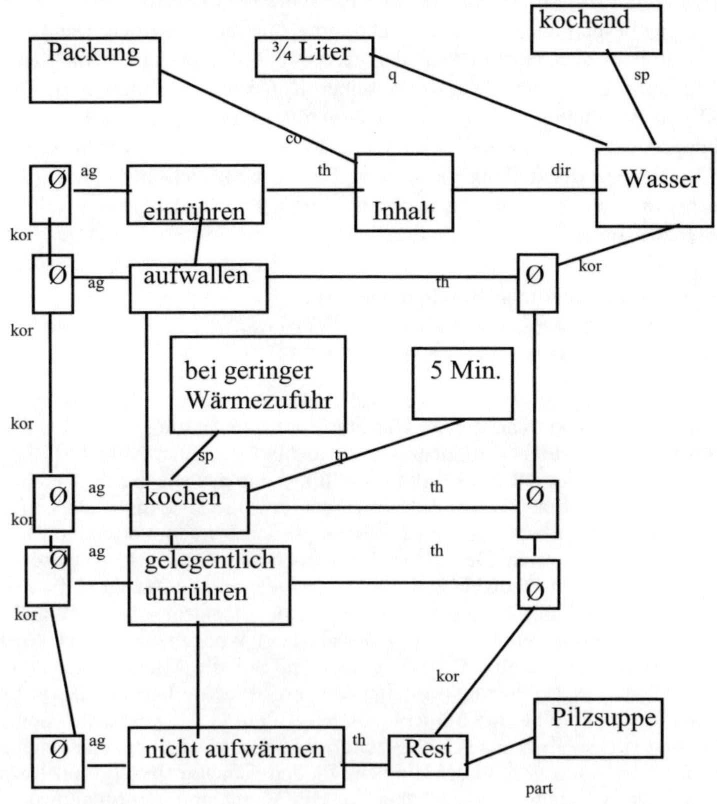

Legende

ag	=	Agens von	co	= enthalten in		dir	= Richtung	
kor	=	koreferent mit	part	= Teil von		q	= Quantität	
sp	=	Spezifizierung	th	= Thema		tp	= temp. Spezifizierg.	

In (9-07) sind alle Sätze subjektlose Infinitivkonstruktionen. Für jede der Handlungen in der „Textwelt“ ist ein Agens vorauszusetzen, dem in der Oberflächenstruktur des Textes jeweils kein sprachlicher Ausdruck (als „Ø“ notiert) entspricht. Die horizontalen Linien charakterisieren die Propositionen (Prädikat-Argument-Strukturen), die vertikalen die Verknüpfung der einzelnen Propositionen zum Text. Zu ihnen gehören temporale und kausale Relationen zwischen Propositionen, aber auch Koreferenz-Relationen. Koreferenz besteht zwischen den nicht-verbalisierten Agentien links im Diagramm, aber auch zwischen den Themabezeichnungen rechts, die teilweise explizit genannt sind (*Inhalt der Packung*, *Pilzsuppe*), teilweise nicht (so z.B. als elliptisches Objekt von *kochen* und *umrühren*).[192] Koreferenz besteht auch zwischen nicht-verbalisierten Konzepten. Das Objekt ist in (9-07) öfter elidiert, aber erschließbar: der vorerwähnte Inhalt der Packung (der sich durch Hinzufügung von heißem Wasser in seiner Konsistenz geändert hat). Daneben kommen Teil-von-Beziehungen vor wie die zwischen *Reste* und *der Pilzsuppe* und Quantitäts-Beziehungen wie die zwischen *¾ Liter* und *kochendes Wasser.* Einen Aspekt von Texten gibt die Netzwerkdarstellung gut wieder: Ein Text hat nicht nur einen „roten Faden", wie man früher angenommen hatte, sondern ein ganzes Fadengeflecht (eine „Textur"). Koreferenzbeispiele demonstrieren die Texte (9-08) und (9-09):

(9-08) Neue Festnahmen nach Bombenanschlag.
Ermittler sehen aber „keinen dringenden Tatverdacht
Von Axel Spilcker (*KStA* 13.7.04:23)

Die Mordkommission „Sprengstoff" verzichtete auf das übliche Spezialeinsatzkommando bei dem Zugriff. Kurz nach 16.30 Uhr am Montagnachmittag nahmen die Beamten **ein Brüderpaar** vor seiner Wohnadresse im rechtsrheinischen Köln fest. Zugleich wurden die Wohnungen **der 28 Jahre alten Zwillinge** durchsucht. Nach Angaben von Polizeisprecher Wolfgang Beus wollen die Ermittler etwaige Zusammenhänge zum Nagelbombenanschlag in der Keupstraße in Mühlheim prüfen, bei dem vor einem Monat 22 Menschen verletzt worden waren. Derzeit bestehe jedoch kein dringender Tatverdacht gegen **die türkischstämmigen Deutschen**, betonte Beus weiter. **Die Männer**, die nach Informationen des „Kölner Stadt-Anzeiger" der Polizei als Kleindealer bekannt sind, wurden bis in den späten Abend verhört. ... Vor mehr als einer Woche meldete sich *ein Informant* aus dem Milieu und gab den Beamten den Tipp auf **die Männer** und einen 23-jährigen Schausteller. Der Gelegenheitsarbeiter, der im osthessischen Landkreis Lauterbach wohnt und dessen Familie in Köln lebt, soll am 9. Juni in Absprache mit **den Zwillingen** das Fahrrad vor das Friseurgeschäft geschoben haben, auf dem der Hartschalenkoffer mit der Bombe deponiert war, so der Hinweis. Zu den weiteren Hintergründen soll *der Informant* eher vage Angaben gemacht haben. ... Die Mordkommission nahm den Hinweis so ernst, dass man am vorigen Freitag zunächst den 23-jährigen Gelegenheitsarbeiter in seiner Wohnung festnahm ... „Das war ein ganz besonderes Früchtchen", berichtet [die Bauersfrau], bei [der] der Verdächtige bis Ende Oktober gearbeitet hatte. ... Der Großmutter habe er Geld gestohlen, mit einer gefälschten Unterschrift knapp 4000 Euro vom Konto des Bauern erschwindelt. „Davon hat er sich ein Motorrad gekauft und einen neuen Anzug. Wir haben ihn schließlich angezeigt." Unklar ist seine Verbindung zu **den festgenommenen Zwillingen. Sie** wurden bis in den späten Abend hinein vernommen.

Hier wurden zur Kenntlichmachung der Koreferenzbeziehungen die Hauptpersonen jeweils besonders gekennzeichnet: die Beamten der Mordkommission mit Kapitälchen, das Brüderpaar mit Fettdruck, der 23-jährige Schausteller mit Unterstreichung, ein Informant durch Kursivdruck, die Bauersfrau durch eckige Klammern. Es zeigt sich, dass auf die

[192] Es ist anzunehmen, dass die anfangs genannten Ingredienzien (Inhalt der Packung und Wasser) zusammen mit der später *Pilzsuppe* genannten Substanz referenzidentisch sind.

Hauptpersonen im Textverlauf mit präziseren Kennzeichnungen referiert wird als bei der Ersterwähnung: zuerst mit *ein Brüderpaar*, beim zweiten Mal mit (*die Wohnungen*) *der 28 Jahre alten Zwillinge*, beim dritten Mal mit *die türkischstämmigen Deutschen*; erst beim vierten Mal, nachdem die wichtigsten Merkmale der beiden Personen bekannt sind, wird auf sie mit der hyperonymen (und daher merkmalärmeren) Kennzeichnung *die Männer* referiert (vgl. 3.3, speziell Beispiele (3-64)a/c).

Im Fall der Mitglieder der Mordkommission wird zunächst die ganze Gruppe als *Die Mordkommission „Sprengstoff"* benannt; danach wird auf die einzelnen Mitglieder der Kommission mit *die Beamten* bzw. *die Ermittler* referiert; hier handelt es sich i.S.v. HAWKINS (1978) um assoziativ-anaphorische Verwendung (vgl. (6-43) und (6-44) in 6.3), denn die Beamten (bzw. Ermittler) sind Teil der Mordkommission. Bei der dritten Personalreferenz wird auf die betreffende Person erst mit *einen 23-jährigen Schausteller* referiert, dann mit *der Gelegenheitsarbeiter*.[193]

(9-09) Armstrong. Übermenschlich VON STEFAN KLEMM **(*KStA* 22.7.04:21)**

> Diese Energie ist nicht von dieser Welt, sie kann es nicht sein. 15,5 Kilometer prügelt Lance Armstrong, 32, seine Pedalen in extrem kleiner, immer gleicher Trittfrequenz, jeden noch so steilen Anstieg auf dem Weg hinauf nach Alpe d'Huez überrolt er als handele es sich um glattgebügelte Passagen in der Ebene. Es ist eine übermenschliche Überlegenheit, mit der sich der Amerikaner in diesen Tagen bei der Tour de France präsentiert, auch im spektakulären Bergzeitfahren auf den Gipfel der Leiden war der fünffache Sieger unbezwingbar, ...

Hier wird die Hauptperson – die bei allen Lesern der Zeitung als bekannt vorausgesetzt werden kann – zunächst mit ihrem Namen (und Alter) als *Lance Armstrong, 32* eingeführt, dann wird auf sie mit dem Hyperonym *der Amerikaner* referiert; schließlich wird (ähnlich wie beiden Hauptpersonen in (9-08)) die speziellere Kennzeichnung *der fünffache Sieger* verwendet, die wohl für einige Leser eine neue Information darstellt. Interessant ist der Textanfang, wo nicht auf die Person selbst, sondern eine ihrer charakteristischen Eigenschaften referiert wird: *Diese Energie ist nicht von dieser Welt.* Die erste Kennzeichnung – interessanterweise enthalten beide Kennzeichnungen das Determinans *dieser*, das typischerweise anaphorisch verwendet wird – ist kataphorisch (vgl. 6.1, speziell Beispiel (6-19)): *Diese Energie* ist eine (wesentliche) Eigenschaft von Armstrong, was im Text jedoch nicht direkt gesagt wird, sondern indirekt, bei der Bewertung seiner Leistung bei der Bergfahrt. Die zweite Kennzeichnung im ersten Satz *nicht von dieser Welt* ist eine feste Wendung, genauer ein Bibelzitat; Jesus sagt: *Mein Reich ist nicht von dieser Welt.* Auch diese Wendung wird durch den folgenden Text (indirekt) verdeutlicht, wenn von *übermenschlicher Überlegenheit* die Rede ist, wobei *übermenschlich* praktisch synonym mit *nicht von dieser Welt* ist.

[193] Die Charakterisierung „(*Das war*) *ein ganz besonderes Früchtchen*" im Bericht der Bauersfrau rechnet als Eigenschaftsreferenz (vgl. 4.), nicht als Personalreferenz, da sie im Prädikat einer Aussage vorkommt.

9.2 Referenzielle Bewegung in Texten

KLEIN / VON STUTTERHEIM (1987: 163) bestimmen wie HELLWIG (1984) Textthema und Textstruktur dadurch, welche Frage(n) der Text beantwortet. Der Text in seiner Gesamtheit dient dazu, eine explizite oder implizite Frage zu beantworten, die **Quaestio** des Textes. Die einzelnen Äußerungen tragen zur Beantwortung dieser Frage(n) bei.

Jede Äußerung enthält zwei Komponenten, die die Autoren „Topik" und „Fokus" nennen, für die ich aber die üblicheren Termini „Thema" und „Rhema" benutze. Das Thema gibt die Alternative an, die es zu entscheiden gilt, das Rhema „welche Alternanten der Sprecher tatsächlich wählt" (KLEIN / VON STUTTERHEIM 1987: 164). Nur Äußerungen der Hauptstruktur in einem Text geben eine (partielle) Antwort auf die Quaestio des Textes. In die Hauptstruktur sind Passagen eingeschaltet, die zur Nebenstruktur (zum Hintergrund) des Textes gehören. Sie tragen nur indirekt zur Antwort auf die Quaestio bei.

> „Jede einzelne Äußerung enthält ein Gefüge von Angaben zu Ort, Raum, Handlung, Personen usw. – zu verschiedenen semantischen Bereichen oder, wie wir hier sagen, Referenzbereichen. Die folgende Äußerung behält einen Teil dieser Informationen bei und führt andere neu ein. Diese Entfaltung der Information von Äußerung zu Äußerung bezeichnen wir als **referenzielle Bewegung.**" (KLEIN / VON STUTTERHEIM 1987: 167)

KLEIN / VON STUTTERHEIM (1987: 171) unterscheiden fünf **Referenzbereiche**:

- Angaben zu zeitlichen Eigenschaften (R_t),
- Angaben zu räumlichen Eigenschaften (R_l),
- Angaben zu an der Handlung beteiligten Personen (R_p),[194]
- Angaben zu Vorgängen, Zuständen, Ereignissen (R_e) [195],
- Angaben zu modalen Eigenschaften (R_m).

Eine Äußerung referiert auf ausgewählte Merkmale dieser Bereiche und integriert sie zu einer Proposition. Ereignisreferenz ist die übergeordnete Referenzform: Ein Satz referiert gewöhnlich auf ein Ereignis (bzw. genauer auf eine Situation; vgl. 5.). Zeitreferenz betrifft Zeitrelationen zwischen Ereignissen (vgl. 8.; zur Zeitreferenz in Texten vgl. GVOZDANOVIC / JANSSEN eds. 1991). Ortsreferenz fasst Positionierung eines Gegenstandes oder Ereignisses und direktionale Referenz zusammen (vgl. 7.). Dingreferenz ist der klassische Fall von Referenz (vgl. 4. und 6.). Für Dingreferenz werden fast ausschließlich Determinansphrasen (DPs) inkl. Pronomina als sprachliche Mittel benutzt (vgl. 6.).

---

[194] KLEIN / VON STUTTERHEIM (1991) erweitern Personalreferenz zu Dingreferenz, was auch absolut notwendig ist.

[195] KLEIN / VON STUTTERHEIM (1987:171) wählen als zusammenfassenden Terminus für Vorgänge, Zustände, Handlungen den unglücklichen Ausdruck „grammatisches Prädikat". Ich benutze dafür „Ereignis" (nach REICHENBACH 1947) bzw. (genauer) „Situation" (nach EHRICH 1991) als zusammenfassenden Terminus.

Merkmale einer Domäne können mehrmals auftreten. Der „innere Kern“ besteht aus einem Element in R_e und einem aus R_p; zusammen mit der Situierung in Raum und Zeit ergibt der innere Kern den „äußeren Kern“, dem eine Modalität M zugeordnet wird (vgl. KLEIN / VON STUTTERHEIM 1987: 172).

Abb. 9-3 Grundstruktur einer Proposition

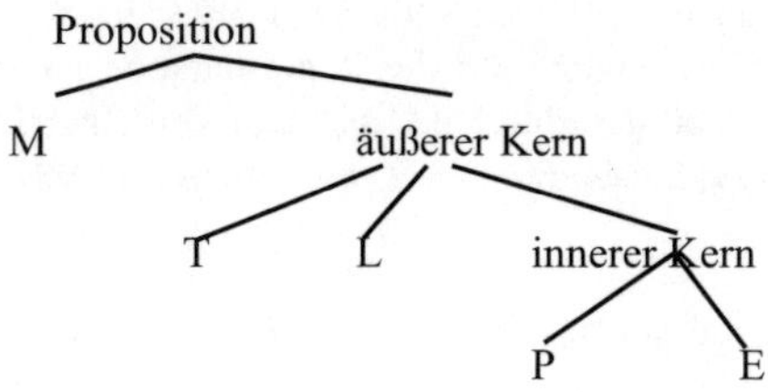

Referenzielle Bewegung erfolgt von einer Proposition zur nächsten. Jede Proposition ist ein Gewebe aus Merkmalen der einzelnen referenziellen Domänen, wobei die Bedeutung der Proposition mit dem Kontext interagiert. Arten referenzieller Bewegung werden in Abb. 9-4 (nach KLEIN / VON STUTTERHEIM 1991: 25) illustriert:[196]

Abb. 9-4 Referenzielle Bewegung

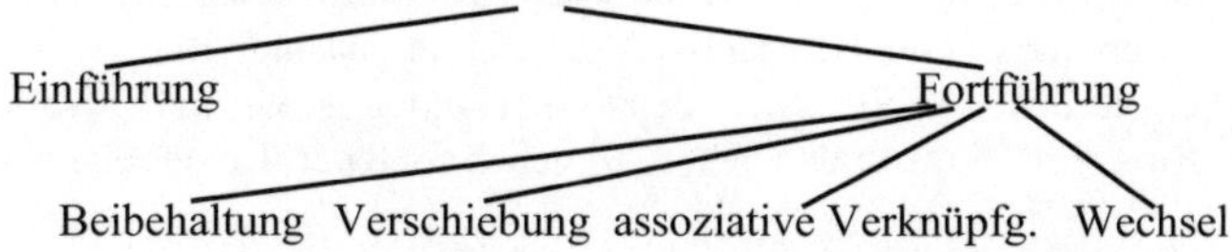

Referenzielle Bewegung wird durch die Quaestio eingeschränkt. So muss nach KLEIN / VON STUTTERHEIM (1987: 174) eine Zeitangabe T_j auf ein Zeitintervall referieren, das nach dem des vorangehenden Zeitausdrucks T_i liegt, die Belegung von P_i muss in P_j beibehalten werden, E_j muss gegenüber E_i neu belegt werden. Für Nebenstrukturen gelten diese Beschränkungen nicht. Auch die (in dieser Allgemeinheit sicher nicht zutreffende) Festlegung, nach der generische, futurische und präsentische Belegung von T in Erzählungen ausgeschlossen ist, gilt nicht für Nebenstrukturen. Ein Textbeispiel für referenzielle Bewegung wird in 9.4 vorgeführt.

[196] Bei KLEIN/ VON STUTTERHEIM (1991) ist von *vager (assoziativer) Verknüpfung* die Rede, zu der auch „assoziative Anaphora", z.B. eine Teil-Ganzes-Beziehung wie die zwischen *Buch* und *Seite* gehört (vgl. HAWKINS 1978 und VATER 1984). Zur „indirekten Anapher“ vgl. SCHWARZ (1997 und 2000) und CONSTEN (2004). Zur Diskussion der Frage, ob Anaphern endophorisch (d.i. innerhalb des Textes) oder exophorisch (auf die außersprachliche Welt) verweisen, vgl. BERDYCHOWSKA (2002).

9.3. Textverstehen

Sprachverarbeitung ist ein Teil der menschlichen Geistestätigkeit, der Kognition (vgl. SCHWARZ 1996² und RICKHEIT / STROHNER 1993), d.h. Informationsverarbeitung im Zentralnervensystem. Dieses besteht beim Menschen aus einigen hundert Milliarden Neuronen (Nervenzellen), die miteinander durch „Synapsen" verknüpft sind. Das Wissen, das Lebewesen in kognitiven Prozessen aufbauen, wird nach SCHWARZ (1996²: 91–94) in mentalen Schemata (vgl. 3.5) repräsentiert. Eine andere Art der Repräsentation ist analog wie z.B. die „kognitive Karte", das individuell gefärbte Bild, das man von einer Landschaft oder einer Wegstrecke gespeichert hat (vgl. dazu die in 3.5 geschilderten Experimente von NORMAN / RUMELHART (1975).

Kohärenz ist im Vorgang der Textproduktion (bei HELLWIG 1984 und KLEIN / VON STUTTERHEIM 1987/1991), im Textgebilde selbst (z.B. bei BELLERT 1972) und im Textverstehen (vgl. KINDT / WIRRER 1976) lokalisiert worden. Nach KINDT / WIRRER (1976: 126) ist Kohärenz „an Leistungen und Urteilen von Rezipienten" festzumachen. SCHERNER (1984: 148) berücksichtigt dagegen, „daß Wörter schon etwas mitbringen, bevor sie zur kommunikativen Verwendung gelangen". Nach SCHERNER (1984: 187ff) gehören zum Textverstehen Sprachkenntnis, Situation, sprachlicher Kontext und Horizont von Textproduzent/-rezipient. Für SCHERNER (1984) ist Sprachwissen für Teilhaber einer Sprachgemeinschaft weitgehend institutionalisiert, während der Horizont individuell oder gruppenspezifisch ist. Das Wissen, dass *Hund* Substantiv, Maskulinum und Individuativum ist, gehört zum Wissen über die deutsche Sprache; Angst vor Hunden ist ein individuelles psychisches Problem. RICKHEIT / STROHNER (1993: 70) geben folgende Taxonomie des Textverstehens:

(9-10) Taxonomie des Textverstehens

a *Perzeptuelles Verstehen*: Der sprachliche Input wird hinsichtlich sensorischer Merkmale erkannt (z.B. in welcher Sprache der Text formuliert wurde, ob eine Frage gestellt wurde, welche Wörter vorkommen).
b *Syntaktisches Verstehen*: Wortarten und morphologische Struktur werden erkannt.
c *Konzeptverstehen*: Das mit dem Wort verbundene Konzept wird aktiviert und disambiguiert.
d *Referenzverstehen*: Dem Wortkonzept werden referenzielle Relationen zur realen oder fiktiven Textwelt zugeordnet.
e *Semantisches Sinnverstehen*: Referenzkonzepte werden zu kohärenten Strukturen zusammengefügt und mit weiterem Wissen ergänzt.
f *Pragmatisches Sinnverstehen*: Die Meinung des Textproduzenten wird ermittelt, Verständigung wird erreicht.

Zum perzeptuellen Verstehen gehören Lautstärke und Stimmfärbung; die Stimmhöhe gibt Aufschluss über das Geschlecht des Telefonpartners. Ein Teil des perzeptuellen Verstehens ist dem pragmatischen Sinnverstehen zuzuordnen: Der Hörer erkennt, ob der Sprecher eine Äußerung in zufriedenem oder gereiztem Ton, sachlich oder ironisch macht (vgl. FIEHLER 1990). KINTSCH / VAN DIJK (1983) (vgl. RICKHEIT / STROHNER 1993: 75f) machen folgende Annahmen:

(9-11) Annahmen zum Textverstehen

- *Konstruktivistische Annahme*: Menschliche Kommunikatoren konstruieren eine mentale Repräsentation der Sachverhalte des Textes.
- *On-line-Annahme*: Menschliche Kommunikatoren beginnen beim ersten Wort mit der Konstruktion der Textwelt und modifizieren sie schrittweise bei jedem weiteren Wort.
- *Präsuppositive Annahme*: Menschliche Kommunikatoren gehen bei der Konstruktion der Textwelt von Überzeugungen und Einstellungen aus.
- *Strategische Annahme:* Menschliche Kommunikatoren verwenden für die Konstruktion der Textwelt relevante externe und interne Informationen flexibel und interaktiv, um Textverstehen zu erreichen.

Das Grundprinzip des radikalen Konstruktivismus formuliert VON FOERSTER (1981: 40): „Die Umwelt, so wie wir sie wahrnehmen, ist unsere Erfindung“. Ein selbsterlebter „Verleser“ bestätigt die präsuppositive (und die konstruktivistische) Annahme von KINTSCH / VAN DIJK (1983). Ich las im Reisewetterbericht des *Kölner Stadtanzeigers*:

(9-12) REISEWETTER: BALEAREN: Überwiegend freundlich und trocken, bis 18 Grad. **Italien / Mafia**: heiter bis wolkig und trocken, Höchstwerte bis 15 Grad.

Erst beim zweiten Lesen stellte ich fest, dass in der Zeitung an der fraglichen Stelle „Italien / Malta“ stand. KINTSCH / VAN DIJK (1983) machen noch „kontextuelle Annahmen“, die Gesprächssituation und Funktionen einzelner Äußerungen betreffen. So muss der Textproduzent einen dem sozialen Kontext angemessenen Text produzieren.[197] Die objektsprachliche oder metasprachliche Funktion einer Äußerung ist nicht immer sofort ersichtlich, wie Beispiel (9-13) zeigt:

(9-13) Seminarleiter (fragt einen vortragenden Studenten): „Auf welches Beispiel in Ihrem Papier beziehen Sie sich jetzt?". Student: „Halt den Mund!“ (das fragliche Beispiel!).

Die kommunikative Funktion spielt auf der rezeptiven Seite eine größere Rolle: Der Textproduzent weiß gewöhnlich, was er sagen will, der Rezipient muss herausfinden, worum es geht. Dabei hilft ihm neben der Situation die Textsorte (im Wetterbericht erwartet man nichts über die Mafia). Auch die Sprechaktfunktion ist von Seiten des Produzenten ein-

---

197 Abweichungen von der funktionalistischen Annahme werden vom Rezipienten sanktioniert. Abweichend ist Elsas Verhalten in Wagners *Lohengrin*, wenn sie, vor Gericht des Mordes an ihrem Bruder angeklagt, statt einer Verteidigungsrede ihren Traum vom strahlenden Ritter erzählt. Dass dann Lohengrin auf einem Schwan-gezogenen Nachen naht und Elsas Widersacher Telramund besiegt, ist nur in Märchenopern möglich.

deutig – er weiß, ob er zu etwas auffordern oder über etwas aussagen will usw., während der Rezipient hier irren kann.[198]

HARWEG (1989) sieht Kohärenz als textimmanent an, VIEHWEGER (1989) als Ergebnis der Interpretation durch den Rezipienten. SCHERNER (1994: 318f) fasst beide Positionen als miteinander vereinbar auf: Ein Text ist für ihn die wahrnehmbare '**Spur**' eines Kommunikationsereignisses." Er erklärt dies an einer Passage aus Umberto ECOs Roman *Der Name der Rose*: William von Baskerville und sein Adlatus Adson nähern sich einem Kloster, als ihnen aufgeregte Mönche entgegenkommen. William sagt ihnen: „Der schwarze Hengst eures Abtes, Brunellus, ist dortlang gelaufen" und zeigt in Richtung eines Seitenpfades. Dem erstaunt fragenden Adson erklärt William:

(9-14) Brunellus-Episode (aus ECO, *Der Name der Rose*, 38ff)

> Am Kreuzweg zeichneten sich im frischen Schnee sehr klar die Hufspuren eines Pferdes ab, die auf den Seitenpfad zu unserer Linken wiesen. Schön geformt und in gleichen Abständen voneinander, lehrten sie uns, daß der Huf klein und rund war und der Galopp von großer Regelmäßigkeit, woraus sich auf die Natur des Pferdes schließen ließ ... An einem der Maulbeersträucher – dort, wo das Tier kehrtgemacht haben mußte ... – befanden sich zwischen den Dornen noch ein paar tiefschwarze Strähnen ... Und du wirst mir doch nicht weismachen wollen, du habest nicht gewußt, daß dieser Seitenpfad zur Müllhalde führt ... Gewiß gaben mir jene Spuren für sich genommen nur das Pferd als verbum mentis in den Sinn ... Doch an diesem Ort und zu dieser Stunde des Tages lehrten sie mich, daß zumindest eines von allen denkbaren Pferden dort vorbeigekommen sein mußte. Also befand ich mich bereits auf halbem Wege zwischen der Vorstellung des Begriffes 'Pferd' und der Erkenntnis eines einzelnen Pferdes. Und in diesem Fall war mir das, was ich vom Pferd im allgemeinen wußte, durch eine besondere Spur ins Bewußtsein gerufen worden.

SCHERNER (1994: 320) stützt seine Schlussfolgerungen auf eine weitere Stelle aus Ecos Roman. Der Autor lässt dort Willam erklären:

[198] Ein Irrtum in Bezug auf die Sprechaktfunktion passierte mir im Habilitationskolloquium an der Universität Hamburg. Ich führte in meinem Vortrag Komposita wie *Hausherr* auf syntaktische Konstruktionen wie *Herr des Hauses* zurück. Ein Professor sagte in der Diskussion: „Aber der *Hausfreund* ist doch nicht gleichzusetzen mit dem *Freund des Hauses*." Alle lachten. Nach dem Kolloquium erfuhr ich zu meinem Schrecken, dass die Äußerung, die ich als Witz aufgefasst hatte, als Frage intendiert war.

(9-15) Brunellus-Episode (Fortsetzung)

So war ich vor einer Stunde noch darauf gefaßt, jedem denkbaren Pferd zu begegnen ... Und der Wissensdurst meines Geistes wurde erst in dem Augenblick gestillt, als ich das einzelne Pferd erblickte, das die Mönche am Zügel führten. Da erst wußte ich wirklich, daß meine vorausgegangenen Überlegungen mich der Wahrheit nahegebracht hatten. Die Ideen, mit deren Hilfe ich mir bis zu diesem Moment ein Pferd vorgestellt hatte, das ich noch niemals zuvor gesehen, waren mithin reine Zeichen, wie die Spuren im Schnee nur Zeichen der allgemeinen Idee des Pferdes waren – und Zeichen oder Zeichen von Zeichen benutzen wir nur, solange wir keinen Zugang zu den Dingen selbst haben.

Nach SCHERNER (1994: 320f) treten im Verstehensprozess von der Wahrnehmung der als (Zeichen verstandenen) Spuren bis zur vollen Erkenntnis Ideen als vermittelnde Elemente auf, die ebenfalls als Zeichen aufgefasst werden: Ideen sind Zeichen; Spuren sind Zeichen von Zeichen:

> „Der 'Spuren'-Charakter eines 'Textes' ist demnach generell darin zu sehen, daß ein Textproduzent seine einmaligen individuellen Kognitionen nur mit dem Vehikel der abstrakten ... und sozial geteilten ... Sprachzeichen kommunizieren kann."[199]

Zeichen sind an die soziokulturelle und individuelle „Lebenswelt" einer Person als „Diskursinstanz" gebunden (vgl. SCHERNER 1984: 98ff). Das kognitive Resultat von auf einer ersten Ebene verarbeiteten Zeichen kann Zeichen für eine Verarbeitung auf einer weiteren Ebene (Zeichen von Zeichen) sein. So schließt William aus *Hufspuren in gleichen Abständen* auf einen *Galopp von großer Regelmäßigkeit* und davon auf *die Natur des Pferdes*. Der Terminus „Spur" lässt an eine Abfolge mehrerer Signale, an einen komplexen Interpretationsprozess, denken. Spurenlesen hat einen gerichteten Verlauf. Die Spuren im Schnee werden als Hufspuren eines Pferdes gedeutet, die schwarzen Fäden im Dornbusch als Pferdehaare. Beim Textverstehen spielen kognitive Operationen wie Kondensieren, Inferieren eine Rolle (vgl. RICKHEIT / STROHNER 1993).[200] Der Textrezipient bringt seinen Horizont mit. SCHERNER (1994: 325ff) unterscheidet sechs kognitive Voraussetzungsysteme des Textverstehens:

- sprachliches Wissen,
- konzeptuelles Wissen ("Weltwissen"),
- Perzeptionswissen,
- Interaktionswissen,
- Emotions- und Evaluationswissen,
- Musterwissen.

[199] SCHERNER (1994) folgert daraus nicht, dass Sprachzeichen Zeichen dritter Ordnung ("Zeichen von Zeichen von Zeichen") seien, was sich ergibt, wenn Sprachzeichen auf Spuren ("Zeichen von Zeichen") referieren.

[200] Ein prozedurales Modell des Textverstehens präsentiert WINOGRAD (1977); vgl. auch WINOGRAD (1980) und (1983).

Sprachwissen betrifft nach VIEHWEGER (1989: 259) nicht nur Kenntnis phonologischer, morphologischer, syntaktischer, semantischer und lexikalischer Strukturen, sondern auch „Wissen, das es ermöglicht, mit Hilfe dieser Strukturen Äußerungszusammenhänge aufzubauen ...".[201] Sprachwissen und konzeptuelles Wissen sind miteinander und mit Schemata im jeweiligen Wissensbereich vernetzt. **Perzeptionswissen** nimmt SCHERNER (1994: 330ff) mit Hinweis auf BÜHLER (1934) an, weil deiktische Ausdrücke wie *ich, hier, jetzt* Perzeption im „Zeigfeld" voraussetzen. **Interaktionswissen** benötigt der Textrezipient, um die sich in den Illokutionen sprachlicher Äußerungen niederschlagenden Intentionen des Sprechers zu erkennen. Dieses Wissen ist auf Texte als Äußerungseinheiten bezogen und ist vom Sprach- und Weltwissen klar unterscheidbar.[202] **Emotions- und Evaluationswissen** sind notwendig zur Erkennung der in Äußerungen enthaltenen emotionalen Konnotationen, die in Texten Spuren hinterlassen. **Muster- oder Schemawissen** (vgl. VIEHWEGER 1989) ist nach SCHERNER (1994: 335) eher eine „generelle Strukturierungsinstanz" als ein eigenes Kenntnissystem. Diese Instanz entscheidet offenbar, welchem Schema (falls es sich um konzeptuelles Wissen handelt) bzw. welchem Satz- oder Wortbildungsmuster (bei sprachlichem Wissen) etwas zuzuordnen ist.

9.4 Textpolyphonie und referenzielle Bewegung

Einen neuen Ansatz zur Textstrukturierung und Textinterpretation postuliert Marie Hélène PÉRENNEC (1994). Sie stützt sich auf Beobachtungen von Oswald DUCROT (1989). Wenn der Sprecher in indirekter Rede Worte und Gedanken eines anderen referiert, dann weist die Äußerung zwei Sprecher auf. Auch kann ein Erzähler in erlebter Rede in die Haut seines Helden schlüpfen und dessen Worte (oder Gedanken) übernehmen. Ducrot schreibt jeder Quelle der Äußerung die Rolle eines „Äußernden" („énonciateur") zu. PÉRENNEC (1994) untersucht Polyphonie in Gedichten von H. M. ENZENSBERGER, der selbst von Mehrdeutigkeit der benutzten Wörter spricht. Für PÉRENNEC (1994: 128) ergibt sich Mehrdeutigkeit aus dem Kontext.[203]

Der Polyphonie-Ansatz lässt sich mit der Analyse der referenziellen Bewegung im Text von KLEIN / VON STUTTERHEIM (1987) kombinieren. Da die Interaktion der einzelnen Stimmen mit den Referenzbereichen sehr komplexe Strukturen ergibt, sollen hier nur Ereignis- und Personalreferenz in der Netzwerkdarstellung eines Texts dargestellt werden.[204]

---

201 Man vergleiche die Diskussion zu (9-05) in 9.1 und in VATER (2001³: 38).

202 Ich hatte im Habilkolloquium die Äußerung des Professors sprachlich und in Bezug auf das für *Hausfreund* relevante Weltwissen voll verstanden, aber nicht die intendierte Illokution erkannt.

203 Im *Bürgerlichen Gesetzbuch* ist Mehrdeutigkeit fehl am Platz; im delphischen Orakel gehört sie dazu.

204 In Abb. 9-5 bedeuten: E = Ereignisbereich, P = Personalbereich (als Teil des Objektbereichs, vgl. KOHLMANN et al. 1989), S = Stimme (in der polyphonen Struktur). Hier wurde (in Übereinstimmung mit KLEIN / VON STUTTERHEIM 1987)

Ich wähle einen Ausschnitt aus der deutschen Übersetzung der Erzählung *Die sanfte Lena* von Gertrude STEIN. Die Heldin ist an sich eine langweilige Person. Trotzdem gelingt es Gertrude Stein, den Leser für sie zu interessieren. Man lernt Lena überwiegend aus den Äußerungen und dem (rücksichtslosen) Verhalten anderer Personen kennen – und das, obwohl kaum direkte Rede vorkommt. Man weiß jedes Mal genau, wessen Ansicht ausgedrückt wird, kann also „Stimmen hören". Lena ist ein deutsches Mädchen, das von ihrer reichen Tante, Mrs. Haydon, nach Amerika gebracht wird, um dort als Dienstmädchen zu arbeiten und verheiratet zu werden.

Als Netzwerke dargestellt werden die kursiv gedruckten Abschnitte von (9-16). Im ersten Textausschnitt ist zunächst (im ersten und zweiten Satz) die neutrale Stimme des Erzählers zu vernehmen. Mitten im dritten Satz wechselt die Perspektive von der Stimme des Erzählers (*Sie schimpfte sehr mit ihr*) zu einer zweiten Stimme, die unschwer als die von Mrs. Haydon identifizierbar ist, denn jetzt wird aus ihrer Sicht erzählt: *weil sie* [d.h. Lena] *so närrisch war*; ... *sie* [d.h. Mrs. Haydon] *war doch wie eine Mutter zu ihr* etc.

(9-16) *Die sanfte Lena* von Gertrude Stein (dt. Übs., S.288-291)

> ... Mrs. Haydon schickte an alle, die eingeladen waren, die Nachricht, daß sie bis Dienstag in einer Woche warten müßten, und am Dienstagmorgen schickte sie dann nach Lena, sie solle zu ihr kommen. *Mrs. Haydon war sehr böse mit der armen Lena, als sie sie sah. Sie schimpfte sehr mit ihr, weil sie so närrisch war, und jetzt war Herman weggelaufen, und keiner konnte sagen, wohin er gegangen war, und alles nur, weil Lena immer so dumm und töricht war. Und Mrs. Haydon war doch genau wie eine Mutter zu ihr*, und Lena stand immer nur so dumm da und antwortete nicht, wenn man sie etwas fragte, und Herman war auch so töricht, und jetzt mußte sein Vater ihn suchen gehen. ... Glaubte Lena vielleicht, es machte Mrs. Haydon Spaß, sich so abzumühen, um Lena glücklich zu machen und ihr einen guten Ehemann zu verschaffen, wenn Lena dann so undankbar war und nie etwas tat, was man wollte. Es war eine Lehre für die arme Mrs. Haydon, nie mehr irgend etwas für irgend jemanden zu tun. ... Mrs. Haydon hielt inne, und *die arme Lena stand da ... und die Tränen liefen ihr aus den Augen, und Lena wusste nicht, was sie getan hatte, nur, daß sie nicht heiraten würde und daß es für ein Mädchen eine Schande war, von einem Mann sitzengelassen zu werden genau an dem Tag, an dem sie geheiratet werden sollte. Lena ging ganz allein nach Hause und weinte in der Straßenbahn. ...*

Da die Netzwerk-Darstellung sich auf Ereignis-, Personalreferenz und Stimmen beschränkt, nenne ich sie „EPS-Struktur". In Abb. 9-5 und Abb. 9-6 sind Koreferenzbezie-

---

„E(reignis)" statt „S(ituation)" gewählt, da das Symbol „S" die jeweilige Stimme markiert.

hungen zwischen den Person-Referenten durch Linien dargestellt, in Abb. 9-5 zudem Relationen zwischen den aufeinanderfolgenden Situationen (bzw. Ereignissen) durch Pfeile. Gleicher Index gibt gleiche referenzielle Besetzung (hier bei der Personalreferenz) an, fortlaufender Index (bei den Ereignissen) Wechsel (i.S.v. KLEIN / VON STUTTERHEIM 1987). Dabei handelt es sich jedoch nicht immer um folgende Ereignisse oder Zustände, wie der letzte Satz in Abb. 9-5 zeigt, wo auf einen (in der Vergangenheit begonnenen) Zustand referiert wird. Diesen Satz würden KLEIN / VON STUTTERHEIM (1987) der Nebenstruktur zurechnen, da er eher Hintergrundinformation bringt als die Narration vorantreibt (vgl. 9.2). Noch interessanter ist die dritte Stimme (S_3) im zweiten Ausschnitt (Abb. 9-6), wo die (von Lena übernommenen) herrschenden Vorurteile über sitzengelassene Mädchen zum Ausdruck kommen.

Abb. 9-5 EPS-Struktur von (9-16), Ausschnitt 1

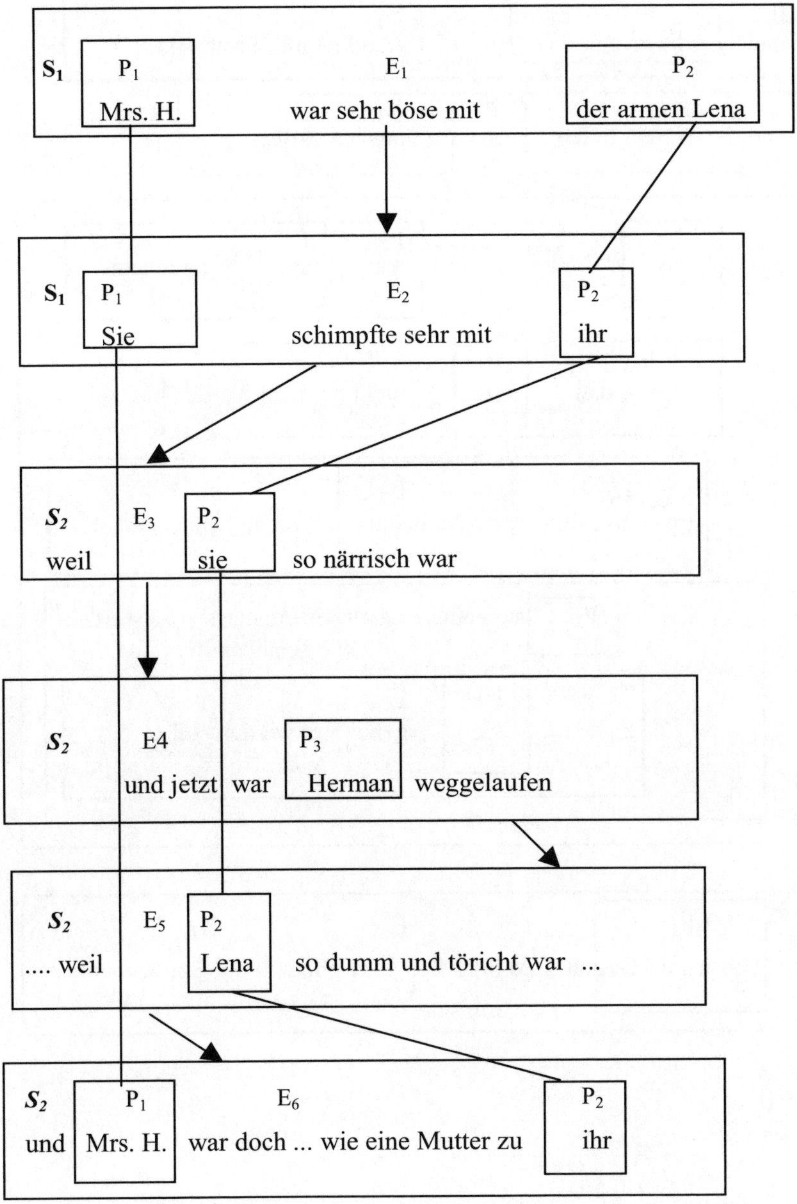

Abb. 9-6 EPS-Struktur von (9-16), Ausschnitt 2

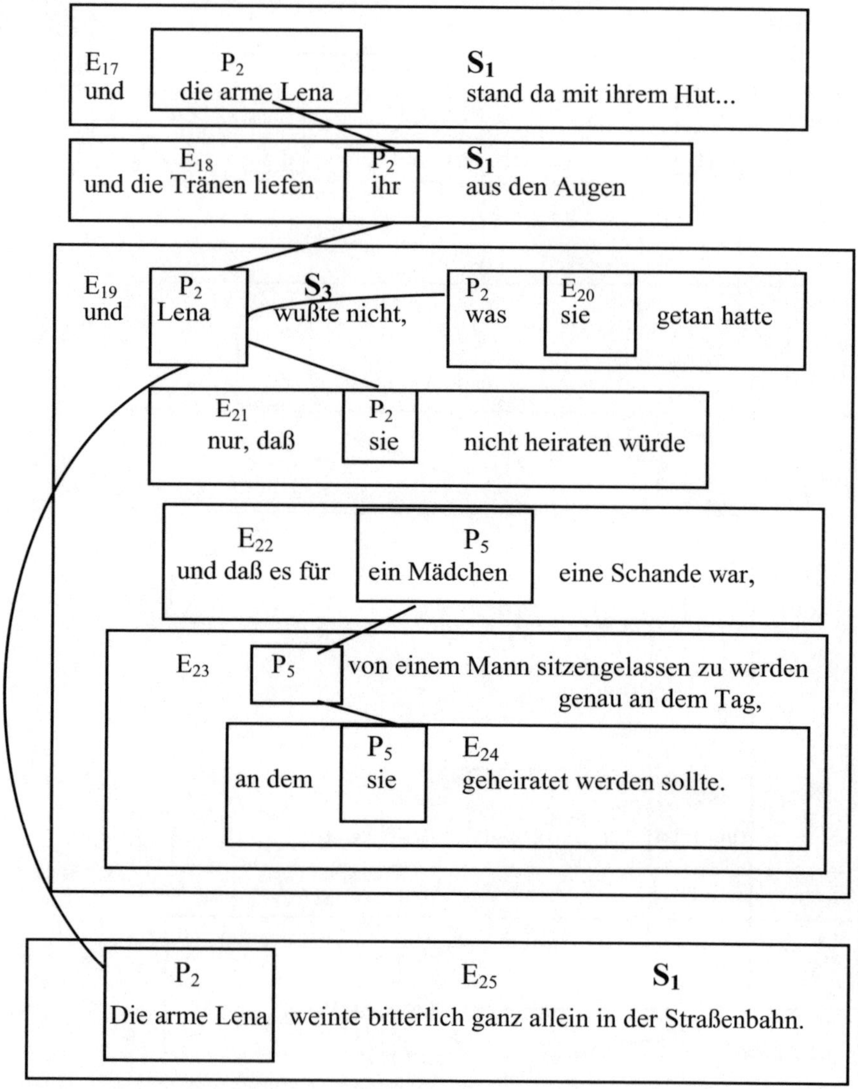

In diesem zweiten Ausschnitt kommt deutlich eine dritte Stimme zum Ausdruck: die (innere) Stimme Lenas. Hier handelt es sich um sogenannte „erlebte Rede" (vgl. dazu die exzellenten linguistischen Analysen bei SOCKA 2004). Dass Sitzengelassenwerden eine Schande ist, kann keineswegs als Ansicht der Autorin interpretiert werden, sondern nur als Ansicht Lenas (die sie natürlich von der gängigen Volksmeinung übernommen hat). An dieser Stelle kommen assoziative Beziehungen vor (die allerdings nicht als solche gekennzeichnet wurden), und zwar zwischen *Lena* und *(für) ein Mädchen*, wobei eine Teil-Ganzes-Beziehung zwischen beiden Referenten anzusetzen ist (vgl. 6.3, 9.1 und 9.2). Falsch wäre es, hier Koreferenz anzunehmen, denn die Autorin bezieht das Prädikat ... *eine Schande war, von einem Mann sitzengelassen zu werden* ausdrücklich auf die Menge aller Mädchen, von denen Lena nur ein Element bildet; das Prädikat betrifft Lena (in ihren Überlegungen) daher nur indirekt (was ihr Leiden natürlich nicht mindert).

Wie bei Abb. 9-2 ist auch in diesem Text 0-Ausdrücken Rechnung zu tragen, d.h. Positionen als Subjekt von Infinitivkonstruktionen (vgl. *0 sitzengelassen zu werden*) oder in Koordinationen (vgl. *L. ging nach Hause und 0 weinte*).[205] Diese 0-Positionen nehmen an den referenziellen Beziehungen teil, vor allem bei Koreferenz.

9.5 Schlussbemerkungen zur Textreferenz

Da sprachliche Kommunikation gewöhnlich nicht in isolierten Sätzen vor sich geht, sondern in Texten, sind bei der Analyse der Referenzeigenschaften sprachlicher Ausdrücke Referenzen von Sprachausdrücken in Texten wie auch Referenzrelationen zwischen Ausdrücken in Texten notwendigerweise einzubeziehen. Das zeigte sich bereits bei der Referenzanalyse von Satzpaaren wie (6-18), das in diesem Kapitel als (9-05) wiederholt wurde, wo bei der Referenzbestimung des Pronomens *er* die Kenntnis des Vorgängersatzes zur Bestimmung des zutreffenden Antezedens unerlässlich war. Gleichzeitig zeigte sich hier wie noch mehr in den Textbeispielen dieses Kapitels, wie eng Sprachwissen, Weltwissen, Äußerungssituation und Horizont (i.S. von SCHERNER 1984) beim Referieren und bei der Interpretation referenzieller Ausdrücke zusammenwirken. Zu ergänzen wären solche Textanalysen durch Einbeziehung des Textproduzenten, des potenziellen Textrezipienten und der Äußerungssituation, wie es z.B. KNIFFKA (1980) bei der Analyse von Zeitungsmeldungen vorgeführt hat.

---

[205] In der generativen Grammatik werden hier PRO-Elemente notiert.

10. Schlussbemerkungen

In diesem Buch ging es mir darum, wichtige neuere Ansätze der Referenzforschung anhand von möglichst vielen Beispielen zur Referenzanalyse und Referenzproblematik zu erläutern. Ich habe mich dabei auf linguistische Theorien und Verfahren konzentriert, aber auch philosophische und psychologische Referenzforschungen berücksichtigt (so in Kap. 3, 5, 6, 7 und 8). Ich habe versucht zu zeigen, dass die traditionelle Referenzforschung in ihrer fast ausschließlichen Konzentration auf (definite singuläre) Dingreferenz zu eng ist (vgl. hierzu vor allem Kap. 3 und 4) und dass mittlerweile genügend Vorschläge zur Einbeziehung der Situations-, Orts- und Zeitreferenz vorliegen, so dass diese „Referenzbereiche" (wie sie von KLEIN / VON STUTTERHEIM 1987 genannt werden) unbedingt einzubeziehen sind.

Referenz ist ein zentraler Bestandteil menschlicher Kommunikation. Jeder Kommunikationsakt enthält notwendig Referenz, d.h. Bezug von Sprachausdrücken auf die reale oder eine mögliche Welt bzw. – nach JACKENDOFF (1983) u.a. – auf eine (projizierte) Bewusstseinswelt (vgl. Kap. 4). SEARLE (1969) nimmt einen Referenzakt als Teil eines jeden Sprechakts an und macht dadurch deutlich, dass sprachliches Handeln Referieren auf Gegebenheiten außerhalb der Sprache inkludiert.[206] Neben einem Referenzpotenzial hat jeder sprachliche Ausdruck auch einen Sinn (vgl. 3.3), wobei Sinngleichheit (Synonymie) jedoch keineswegs Referenzgleichheit garantiert. Andererseits wird seit FREGE (1892a) angenommen, dass Referenzgleichheit auch durch Sprachausdrücke mit unterschiedlichem Sinn erreicht werden kann (vgl. Beispiel (3-10) *Der Sieger von Austerlitz ist der Verlierer von Waterloo* in 3.1.1).

Nach einleitenden Bemerkungen und einer vorläufigen Definition von „Referenz" in Kap. 1, einem (meiner Ansicht nach wichtigen) Diskurs zu Wort und Begriff in Kap. 2 und einem Überblick über die Forschungslage zur Referenz in Kap. 3 bietet Kap. 4 eine Übersicht über die wichtigsten Referenzbereiche. Von den dort aufgelisteten Bereichen wurden nur Situationsreferenz (als übergeordnete Referenzform), Dingreferenz (als der klassische Fall von Referenz), Ortsreferenz (Positionierung bzw. Direktionalisierung eines Dings oder einer Situation) und Zeitreferenz (die temporale Relationen zwischen Situationen betrifft) in den folgenden Kapiteln behandelt, und zwar Situationsreferenz in Kap. 5, Dingreferenz (inkl. Determination, Quantifikation und Gebrauch von Eigennamen) in Kap. 6, die verschiedenen Arten von Ortsreferenz in Kap. 7 und Zeitreferenz (mit den Tempora als Schwerpunkt) in Kap. 8.

---

[206] Da SEARLE (1969) den „Prädikatsakt" dem Referenzakt gegenüberstellt, klammert er diesen Teil eines Satzes praktisch von der Referenz aus, was mehr als problematisch ist (vgl. 1.2). Da man in einem Satz auf mehrere Referenten referieren kann, müsste man dann mehrere Referenzakte annehmen (auch innerhalb des Prädikatsakts!).

Ding-, Orts- und Zeitreferenz sind dabei immer an Situationsreferenz gebunden. Die ebenfalls in 4. erwähnten eher marginalen Bereiche Eigenschaftsreferenz und Modalitätsreferenz wurden hier weitgehend ausgeklammert; Quantitätsreferenz wurde im Zusammenhang mit Dingreferenz (in 6.4) behandelt.

Da sprachliche Kommunikation in Texten vor sich geht, wurden in Kap. 9 auch Referenz von Sprachausdrücken in Texten und Referenzrelationen zwischen Ausdrücken in Texten behandelt. Dabei zeigte sich, dass die von KLEIN / VON STUTTERHEIM (1987) inaugurierte Analyse der referenziellen Bewegung in Texten wie auch die Analyse von Koreferenzbeziehungen mit Hilfe von Netzwerk-Diagrammen, wie sie DE BEAUGRANDE / DRESSLER (1981) vorschlagen, sehr aufschlussreiche Ergebnisse in Bezug auf Referenzeigenschaften sprachlicher Ausdrücke in Texten liefern. Die referenzielle Bewegung in Texten ließ sich auch mit der von DUCROT (1989) und PÉRENNEC (1994) postulierten Polyphonie von Texten verbinden (vgl. (9-16) und die Abbildungen 9-5 und 9-6).

Viele behandelte Probleme konnten hier nicht ausdiskutiert, geschweige denn gelöst werden. Es ist zu hoffen, dass dieses Buch Referenz-Spezialisten wie auch Referenz-Studierenden einen Anreiz zum Knobeln und zur weiteren Forschung bietet.

Bibliographie

Aarts, Jan / Calbert, Joseph (1979). *Metaphor and Non-Metaphor*. Tübingen: Niemeyer (= *LA* 74).

Abney, Steven (1987). *The English Noun Phrase in its Sentential Aspect*. Cambridge/ MA: MIT (Ph.D.Diss.).

Abraham, Werner (1987). Zur Typologie des Mediums in der Westgermania. In: Abraham/ Arhammer (eds.) 1987. *Linguistik in Deutschland. Akten des 21. Ling. Koll., Groningen 1986*. Tübg.: Niemeyer (= *LA* 182), 3-23.

Abraham, Werner (ed.) (1985). *Erklärende Syntax des Deutschen*. Tübingen: Narr (= *SDG* 25).

Abraham, Werner / Janssen, Theo (eds.) (1989). *Tempus – Aspekt – Modus. Die lexikalischen und grammatischen Formen in den germanischen Sprachen*. Tübingen: Niemeyer (= *LA* 237).

Ágel, Vilmos (2000). *Valenztheorie*. Tübingen: Narr (= *narr studienbücher*).

Aitchison, Jean (1987). *Words in the Mind: An Introduction to the Mental Lexicon*. Oxford: Blackwell.

Allwood, Jens / Andersson, Lars-Gunnar / Dahl, Östen (1977). *Logic in Linguistics*. Cambridge: Cambridge University Press.

Althaus, Hans Peter / Henne, Helmut / Wiegand, Herbert E. (eds.) (1980^2). *Lexikon der germanistischen Linguistik*. Tübingen: Niemeyer (Abk.: *LGL*).

Altmann, Hans (1998). Deiktische Lokal- und Direktionaladverbien in einem mittelbairischen Dialekt. *Zeitschrift für Dialektologie und Linguistik* LXV, 3: 257–279.

Anderson, Stephen R. (1992). *A-Morphous Morphology*. Cambridge: Cambridge Univ. Press.

Andersson, Sven-Gunnar (1978). *Aktionalität im Deutschen. Eine Untersuchung unter Vergleich mit dem russischen Aspektsystem. II. Korpusanalyse. Mit einem Exkurs über Aktionalität im deutschen Verbalformsystem*. Stockholm: Almquist & Wiksell.

Arnold, Wilhelm / Eysenck, Jürgen / Meili, Rich. (eds.) (1971, 1991). *Lexikon der Psychologie*. Freibg., Wien: Herder.

Aschoff, Jürgen (1983). Die innere Uhr des Menschen. In: Peisl, A. / Mohler, A. (eds.) (1983):133-144.

Askedal, John Ole/ Christensen, Christen / Findreng, Ådne/ Leirbukt, Oddleif (eds.) (1983). *Festschrift für Laurits Saltveit zum 70. Geburtstag am 31. Dezember 1983*. Oslo: Universitetsforlaget.

Atkinson, Richard C. / Shiffrin, Richard M. (1968). Human memory: A proposed system and its control processes. In: Spence, Kenneth W. / Spence, Janet T. (eds.) (1968). *The psychology of learning and motivation*, vol. II. London, N. York: Academ. Press, 89–195.

Austin, John L. (1961). A Plea for Excuses. In: Austin, John L. *Philosophical Papers*. Oxford: Clarendon, 123–152.

Austin, John L. (1962). *How to do Things with Words*. Oxford: Oxford Univ. Press.

Aveni, Anthony (1990). *Empires of Time: Calendars, Clocks and Cultures*. London: Tauris & Co. Dt. (1991). *Rhythmen des Lebens. Eine Kulturgeschichte der Zeit*. Stuttgart: Klett-Cotta.

Bach, Emmon (1968). Nouns and Noun Phrases. In: Bach, E. / Harms, R. T. (eds.) (1968):91-122.

Bach, Emmon / Harms, Robert T. (eds.). *Universals in Linguistic Theory*. New York, Chicago: Holt, Rinehart & Winston.

Bach, Kent (1987). *Thought and Reference*. Oxford: Clarendon Press.

Baddeley, Alan D. (1964). Semantic and acoustic similarity in short-term memory. *Nature* 204: 1116-1117.

Bærentzen, Per (1986). Form und Inhalt der deutschen Tempora. In: Debus, F. / Dittmer, E. (eds.) (1986). *Sandbjerg 85: dem Andenken von Heinr. Bach gewidmet*. Neumünster: Wachholtz, 143-160.

Ballweg, Joachim (1988a). *Die Semantik der deutschen Tempusformen*. Düsseldorf: Schwann (= *Sprache der Gegenwart* 70).

Ballweg, Joachim (1988b). Präsensperfekt und Präteritum im Deutschen. In: Ehrich, Veronika / Vater, Heinz (eds), 1988: 81-95.

Bartlett, Frederic Charles (1932). *Remembering: a study in experimental and social psychology*. Cambridge: CUP.

Bartsch, Renate (1972). *Adverbialsemantik*. Frankfurt: Athenäum.

Bartsch, Werner (1969). Über ein System der Verbformen. In: *Der Begriff Tempus*, 90-110.

Bartsch, Werner (1980). *Tempus, Modus, Aspekt. Die systembildenden Ausdrücke beim deutschen Verbalkomplex*. Frankfurt: Diesterweg (= *Schule und Forschung: Neusprachliche Abtlg.*).

Barwise, Jon (1991). Situationen und kleine Welten. In: Stechow, A. von / Wunderlich, D. (eds.) (1991): 80–89.

Barwise, Jon / Perry, John (1983). *Situations and Attitudes*. Cambridge, London: MIT Press.

Bäuerle, Rainer / Schwarze, Christoph / von Stechow, Arnim (eds.) (1983). *Meaning, Use, and Interpretation of Language*. Berlin: de Gruyter.

Bennis, Hans / Groos, Anneke (1982). Die Rektions-Bindungs-Theorie. Neue Aspekte seit den „Aspekten". *ZS* 1/2:251–288.

Berdychowska, Zofia (2002). *Personaldeixis. Typologie, Interpretation und Exponenten im Deutschen und im Polnischen*. Kraków: Universitas.

Berezowski, Leszek (2001). *Articles and Proper Names*. Wrocław: Wydawnictwo Uniwersytetu Wrocławskiego.

Bever, Thomas / Carroll, John M. / Miller, Lance A. (eds.) (1984). *Talking Minds: the Study of Language in Cognitive Science*. Cambridge, Mass.: MIT Press.

Bhatt, Christa (1990): *Die syntaktische Struktur der Nominalphrase im Deutschen*. Tübingen: Narr (= *SDG* 38).

Bhatt, Christa / Schmidt, Claudia Maria (1993). Die *am*+INF-Konstruktionen im Kölnischen und im umgangssprachlichen Standarddeutschen als Aspekt-Phrasen. In: Abraham, Werner / Bayer, Josef (eds.) (1993). *Dialektsyntax* (= *LB, Sonderh.* 5), 71-98.

Bierwisch, Manfred (1970). Semantics. In: Lyons, J. (ed.) (1970). *New Horizons in Linguistics*. Harmondsworth: Penguin, 166-184. Dt. Übersetzung: *Neue Perspektiven in der Linguistik*. Reinbek: Rowohlt 1975 (= *rororo Studium Linguistik* 66), 150-167.

Bierwisch, Manfred (1979). Wörtliche Bedeutung – eine pragmatische Gretchenfrage. In: Grewendorf, G. (ed.) (1979):119-148.

Bierwisch, Manfred (1983a). Semantische und konzeptuelle Repräsentation lexikalischer Einheiten. In: Růžička, Rudolf / Motsch, Wolfgang (eds.) (1983). *Untersuchungen zur Semantik*. Berlin: Akademie-Verlag (= *studia grammatica* XXII), 61-99.

Bierwisch, Manfred (1983b). Psychologische Aspekte der Semantik natürlicher Sprachen. In: Motsch, W. / Viehweger, D. (eds.) (1983). *Richtungen der modernen Semantikforschung*. Berlin: Akademie-Vl., 15–64.

Bierwisch, Manfred (1987). Linguistik als kognitive Wissenschaft – Erläuterungen zu einem Forschungsprogramm. *Zeitschrift für Germanistik* 6:645-667.

Bierwisch, Manfred (1988). On the Grammar of Local Prepositions. In: Bierwisch, M./ Motsch, W./ Zimmermann, I. (eds.)(1988). *Syntax, Semantik und Lexikon*. Bln.: Akad.-Vl. (= *st. gr.* xxix), 1–65.

Bierwisch, Manfred (1989). Event Nominalizations: Proposals and Problems. *Linguistische Studien* A 194, 1-73.

Bierwisch, Manfred / Heidolph, Karl Erich (eds.) (1970). *Progress in Linguistics. A Collection of Papers*. The Hague, Paris: Mouton.

Bierwisch, Manfred / Lang, Ewald (eds.) (1987). *Grammatische und konzeptuelle Aspekte von Dimensionsadjektiven*. Berlin: Akademie-Verlag (= *studia grammatica* XXVI/XXVII).

Bisle-Müller, Hansjörg (1991). *Artikelwörter im Deutschen. Semantische und pragmatische Aspekte ihrer Verwendung*. Tübingen: Niemeyer (= *LA* 267).

Black, Max (1949). *Language and Philosophy*. N. York: Cornell UP.

Blühdorn, Hardarik (1993). Deixis und Deiktika in der deutschen Gegenwartssprache. *Deutsche Sprache* 21: 44–62.

Blühdorn, Hardarik (1995). Was ist Deixis? *Linguistische Berichte* 156: 109–142.

Bogusławski, Andrzej (1982). Semantic and pragmatic aspects of reference: selected problems. In: Daneš, František / Viehweger, Dieter (eds.) (1982): 1–111.

Borer, Hagit (2004). *Structuring Sense*. Oxford: Oxf. University Press.

Bosshardt, Hans-Georg (ed.) (1986). *Perspektiven auf Sprache. Interdisziplinäre Beiträge zum Gedenken an Hans Hörmann*. Berlin: de Gruyter.

Braunmüller, Kurt (1977). *Referenz und Pronominalisierung. Zu den Deiktika und Proformen des Deutschen*. Tübingen: Niemeyer (= *LA* 46).

Breuer, Christoph / Dorow, Ralf (1996). *Deutsche Tempora der Vorvergangenheit*. Trier: WVT (= *Fokus* 16).

Brinker, Klaus (1971): *Das Passiv im heutigen Deutsch*. München: Hueber, Düsseldorf: Schwann.

Brinker, Klaus (1985; 1999^3). *Linguistische Textanalyse*. Berlin: E. Schmidt (= *Grundlagen der Germanistik* 29).

Brinker, Klaus (1991). Aspekte der Textlinguistik. Zur Einführung. In: Brinker, K. (ed.) (1991): 7–17.

Brinker, Klaus (ed.) (1991). *Aspekte der Textlinguistik*. Hildesheim: Olms (= *Germanist. Linguistik* 106-107).

Brons-Albert, Ruth (1982). *Die Bezeichnung von Zukünftigem in der gesprochenen deutschen Standardsprache*. Tbg.: Narr (= *SDG* 17).

Bühler, Karl (1934; 1982^3). *Sprachtheorie. Die Darstelungsfunktion der Sprache*. Stuttgart: Fischer.

Bull, William (1968). *Time, Tense, and the Verb*. Berkeley/ Los Angeles: University of California Press.

Burge, Tyler (1973). Reference and Proper Names. *Journal of Philosophy* 70: 425-439.

Burton-Roberts, Noël 1976: On the Generic Indefinite Article. *Language* 52:427-448.

Bussmann, Hadumod (1983, 2002^3). *Lexikon der Sprachwissenschaft*. Stuttgart: Kröner.

Calbert, Joseph (1975). Toward the Semantics of Modality. In: Calbert, J. / Vater, H. (1975): 1-70.

Calbert, Joseph / Vater, Heinz (1975). *Aspekte der Modalität*. Tübingen: Narr (= *Studien zur dt. Gramm.* 1).

Carnap, Rudolf (1928). Der logische Aufbau der Welt. Hamburg: Meiner.

Carnap, Rudolf (1947, 1956^2). *Meaning and Necessity*. Chicago: Univ. of Chicago Press. Dt. *Bedeutung und Notwendigkeit*. Wien 1972.

Carroll, John B. (ed.) (1956). *Language, thought and reality: selected writings of Benjamin Lee Whorf*. Cambridge, Mass.: M.I.T. Press.

Carston, Robyn (1988). Language and Cognition. In: Newmeyer (1988), III:38-68.

Cassirer, Ernst (1923). *Philosophie der symbolischen Formen*. Engl. Übers. v. R. Manheim (1953). *The philosophy of symbolic forms*, vol. 1, Language. New Haven: Yale University Press.

Charolles, M. (1983). Towards a heuristic approach to text-coherende problems. In: Neubauer, F. (ed.) (1983). *Coherence in natural language texts*. Hamburg: Buske, 3-16.

Chesterman, Andrew (1991). *On definiteness. A study with special reference to English and Finnish*. Cambridge: Cambr. Un. Press.

Chomsky, Noam (1957). *Syntactic Structures*. The Hague: Mouton.

Chomsky, Noam (1965). *Aspects of the Theory of Syntax*. Cambridge/Mass.: The MIT Press.

Chomsky, Noam (1970). Remarks on Nominalization. In: Jacobs, R. A. / Rosenbaum, P. S. (eds.) (1970):184-221.

Chomsky, Noam (1981). *Lectures on Government and Binding: The Pisa Lectures*. Dordrecht: Foris.

Chomsky, Noam (1986). *Barriers*. Cambridge, Mass.: The MIT Press.

Chomsky, Noam (1988). *Language and Problems of Knowledge. The Managua Lectures*. Cambridge, Mass.: The MIT Press.

Chur, Jeannette (1993). *Generische Nominalphrasen im Deutschen. Eine Untersuchung zu Referenz und Semantik*. Tübingen: Niemeyer (= *LA* 291).

Cole, Peter (1978). On the Origins of Referential Opacity. In: Cole, P. (ed.) (1978): 1–22.

Cole, Peter (ed.) (1978). *Pragmatics*. New York: Academic Press (= *Syntax and Semantics* 9).

Cole, Peter / Morgan, Jerry L. (eds.) (1975). *Syntax and Semantics 3: Speech Acts*. New York: Academic Press.

Comrie, Bernard (1976). *Aspect: An Introduction to the Study of Verbal Aspect and Related Problems*. Cambridge: Cambridge University Press.

Comrie, Bernard (1985). *Tense*. Cambridge: Cambridge Univ. Press.

Comrie, Bernard (1989). On identifying future tense. In: Abraham, W. / Janssen, Th. (eds.), 1989:51-63.

Confais, Jean-Paul (1985): Article zéro ou absence d'article? *Nouveaux Cahiers d' Allemand* 1985/1. 21-31; 2. 123-137.

Confais, Jean-Paul (1992). No future? Les „futurs" de fanøais et de l'allemand. In: Gréciano, G./ Kleiber, G. (eds.). *Systèmes interactifs. Mélanges en l'honneur de Jean Paul David (= Recherches Linguistiques XVI)*. Paris: Klincksieck, 81-93.

Consten, Manfred (2004). *Anaphorisch oder deiktisch? Zu einem integrativen Modell domänengebundener Referenz*. Tübingen: Niemeyer (= *LA* 484).

Cresswell, M. J. (1973). *Logics and Languages*. London: Methuen.

Cresswell, M. J. (1991). Die Weltsituation. In: Stechow, A. von / Wunderlich, D. (eds.) (1991): 71–79.

Czochralski, Jan A. (1972). *Verbalaspekt und Tempussystem im Deutschen und Polnischen*. Warszawa: Wydawnictwa Uniwersytetu Warszawskiego.

Daneš, František / Viehweger, Dieter (eds.) (1982) *Pragmatische Komponenten der Satzbedeutung. Linguist. Studien*, Reihe A: *Arbeitsberichte* 91/1. Berlin: Akad. der Wiss. der DDR

Davidson, Donald (1967). The Logical Form of Action Sentences. In: Rescher, N. (ed.) (1967). *The Logic of Decision & Action*. Pittsburg: U. of Pittsburg Press, 81-95. Wieder in Davidson (1980). *Essays on Actions and Events*. Oxford: Clarendon, 105–122.

Davidson, Donald / Harman, Gilbert (eds.) (1972). *Semantics of Natural Language*. Dordrecht: Reidel.

De Beaugrande, Robert-Alain / Dressler, Wolfgang U. (1981). *Einführung in die Textlinguistik*. Tübingen: Niemeyer (= *Konzepte der Sprach- u. Lit.wissenschaft* 28).
Der Begriff Tempus – eine Ansichtssache? Düsseldorf 1969: Schwann (= *Beihefte zur Zeitschrift 'Wirkendes Wort'* 20).
Di Meola, Claudio (1994). Kommen *und* gehen. *Eine kognitiv-linguistische Untersuchung der Polysemie deiktischer Bewegungsverben*. Tübingen: Niemeyer (= *LA* 325).
Dijk, Teun A. van (1977). *Text and Context. Explorations in the Semantics and pragmatics of Discourse*. London: Longman.
Dijk, Teun A. van (1980). *Textwissenschaft*. München: dtv (= *dtv wissenschaft* 4364).
Dittmann, Jürgen (1976). *Sprechhandlungstheorie und Tempusgrammatik. Futurformen und Zukunftsbezug in der gesprochenen deutschen Standardsprache*. München: Hueber (= *Heutiges Deutsch* I/ 8).
Dohrn van Rossum, Gerhard (1992). *Die Geschichte der Stunde. Uhren und moderne Zeitordnungen*. München, Wien: Hanser.
Donnellan, Keith S. (1966). Reference and Definite Descriptions. *Philosophical Review* 75, 281–304. Wieder in Steinberg, D. / Jakobovits, L. (1971):100–114.
Donnellan, Keith S. (1972). Proper names and identifiying descriptions. In: Davidson / Harman (eds.) (1972), 356–380.
Donnellan, Keith S. (1978). Speaker reference, descriptions and anaphora. In: Cole (ed.) (1978): 47–68.
Dowty, David R. (1986). The Effects of Aspectual Class on the Temporal Structure of Discourse: Semantics or Pragmatics. *Linguistics and Philosophy* 9: 37-61.
Droste, Flip G. (1978). Reference without referents. In: Dressler, Wolfgang U. / Meid, Wolfgang (eds.) (1978). *Proceedings of the Twelfth International Congress of Linguists, Vienna 1977*. Innsbruck: Institut für Sprachwissenschaft, 178–181.
Ducrot, Osvald (1989). *Logique, Structure, Enonciation*. Paris: Editions de Minuit.
DUDEN (1984[4]). *Grammatik der deutschen Gegenwartssprache*. (Duden Bd. 4). Mannheim/ Wien/ Zürich: Dudenverlag.
Dürscheid, C. / Ramers, K. H. / Schwarz, M. (eds.) (1997). *Sprache im Fokus. Festschrift für Heinz Vater zum 65. Geburtstag*. Tübingen: Niemeyer.
Ebbinghaus, Hermann (1908). *Abriß der Psychologie*. Leipzig: Veit.
Ehlich, Konrad (1983). Deixis and anapher. In: Rauh (1983): 79–98.
Ehlich, Konrad / Rehbein, Joachim (1972). Zur Konstitution pragmatischer Einheiten in einer Institution: Das Speiserestaurant. In: Wunderlich, D. (ed.) (1972): 209–254.
Ehrich, Veronika (1983). *Da* im System der lokalen Demonstrativadverbien des Deutschen. *Zeitschrift für Srachwissenschaft* 2: 197-219.
Ehrich, Veronika (1989). Die temporale Festlegung lokaler Referenz. In: Habel / Herweg / Rehkämper (eds.) (1989): 1–16.
Ehrich, Veronika (1991). Nominalisierungen. In: von Stechow / Wunderlich (eds.) (1991): 441-458.
Ehrich, Veronika (1992). *Hier und Jetzt. Studien zur lokalen und temporalen Deixis im Deutschen*. Tübg.: Niemeyer (= *LA* 283).
Ehrich, Veronika / Vater, Heinz (1989). Das Perfekt im Dänischen und Deutschen. In: Abraham / Janssen (eds.) (1989): 103-132.
Ehrich, Veronika / Vater, Heinz (eds.) (1988). *Temporalsemantik*. Tübingen: Niemeyer (= *LA* 201).
Eichinger, Ludwig M. (1989). *Raum und Zeit im Verbwortschatz des Deutschen. Eine valenzgrammatische Studie*. Tübingen: Niemeyer (= *LA* 224).
Einstein, Albert (1954). Vorwort zu Jammer 1954 (Dt. Übersetzung 1960).

Eisenberg, Peter (1986, 1989²). *Grundriss der deutschen Grammatik.* Stuttgart: Metzler.

Eisenberg, Peter (ed.) (1977). *Semantik und künstliche Intelligenz. Beiträge zur automat. Sprachbearbeitung* II. Berlin: de Gruyter.

Engel, Ulrich (1977, 1994³). *Syntax der deutschen Gegenwartssprache*. Berlin: Erich Schmidt Verlag (= *Grundlagen der Germanistik* 22).

Engel, Ulrich (1992). Der Satz und seine Bedeutung. In Ágel, V. / Hessky, R. (eds.) (1992): 53–76.

Engel, Ulrich (2004). *Deutsche Grammatik*. Neubearbeitung. München: iudicium.

Engelkamp, Johannes (1974). *Psycholinguistik*. München: Fink (= *UTB* 297).

Engelkamp, Johannes (1986). Sprache, Wahrnehmen und Denken. In: Bosshardt, H.-G. (ed.) (1986): 111–129.

Erben, Johannes (1972¹¹). *Deutsche Grammatik – Ein Abriß*. München: Hueber.

Eroms, Hans-Werner (1981). *Valenz, Kasus und Präpositionen. Untersuchungen zur Syntax und Semantik präpositionaler Konstruktionen in der deutschen Gegenwartssprache*. Heidelberg: Winter.

Eroms, Hans-Werner (1983). Relativer und absoluter Gebrauch des Plusquamperfekts im Deutschen. In: Askedal et al. (eds.) (1983):58-71.

Eroms, Hans-Werner (1984). Die doppelten Perfekt- und Plusquamperfektformen im Deutschen. In: Eroms, H.-W. et al (eds.) (1984). *Studia linguistica et philologica. Festschrift für Klaus Matzel zum 60. Geburtstag*. Heidelberg: Winter, 343-351.

Eroms, Hans-Werner (1985). Eine reine Dependenzgrammatik für das Deutsche. *Deutsche Sprache* 13: 306–326.

Fabricius-Hansen, Cathrine (1986). *Tempus fugit. Über die Interpretation temporaler Strukturen im Deutschen*. Düsseldorf: Schwann (= *Sprache der Gegenwart* 64).

Fabricius-Hansen, Cathrine (1991). Tempus. In: Stechow, Arnim von / Wunderlich, Dieter (eds.) (1991): 722-748.

Fanselow, Gisbert / Felix, Sascha (1987, 1993³). *Sprachtheorie. Eine Einführung in die Generative Grammatik*. 2 Bde. Tübingen: Francke (= *UTB* 1441/1442).

Fettweis, E. (1958). Orientierung und Messung in Raum und Zeit bei Naturvölkern. *Studium Generale* 11/1: 1-12.

Fiehler, Reinhard (1990). *Kommunikation und Emotion: theoretische und empirische Untersuchungen zur Rolle von Emotionen in der verbalen Interaktion*. Berlin, N.York: de Gruyter.

Fillmore, Charles J. (1968). The Case for Case. In: Bach, E. / Harms, R. T. (eds.) (1968):1–88.

Fillmore, Charles J. (1971). *Santa Cruz lectures on deixis*. Bloomington, Ind.: Indiana University Linguistics Club.

Fodor, Jerry A. (1975). *The Language of Thought*. New York: Crowell.

Fodor, Jerry A. (1983). *The Modularity of Mind. An Essay on Faculty Psychology*. Cambridge, Mass.: MIT Press.

Foerster, Heinz von (1981, 1991⁷). Das Konstruieren einer Wirklichkeit. In: Watzlawick (ed.) (1991⁷): 39–60.

Frege, Gottlob (1891). Funktion und Begriff. Vortrag in der Jenaischen Gesellschaft für Medizin und Naturwissenschaft. Wieder in: Frege, G. (1962): 18-39.

Frege, Gottlob (1892a). Über Sinn und Bedeutung. *Zeitschrift für Philosophie und philosophische Kritik* 100: 25-50. Wieder in: Frege, G. (1962): 40-65.

Frege, Gottlob (1892b). Über Begriff und Gegenstand. *Vierteljahresschrift für wissenschaftliche Philosophie* 16: 192-205. Wieder in: Frege, G. (1962): 66-80.

Frege, Gottlob (1895). Ausführungen über Sinn und Bedeutung, Zitiert nach G. Gabriel (ed.) (1978). *Gottlob Frege. Schriften zur Logik und Sprachphilosophie. Aus dem Nachlass*. Hamburg: Meiner, 25–34.

Frege, Gottlob (1962). *Funktion, Begriff, Bedeutung. Fünf logische Studien* (Günther Patzig ed.). Göttingen: Vandenhoeck & Ruprecht (= *Vandenhoeck-Reihe* 1144).

Friederici, Angela (1989). Raumreferenz unter extremen perzeptuellen Bedingungen: Perzeption, Repräsentation und sprachliche Abbildung. In: Habel/ Herweg/ Rehkämper (eds.), 1989: 17-36.

Fries, Norbert (1983). *Syntaktische und semantische Studien zum frei verwendeten Infinitiv und zu verwandten Erscheinungen im Deutschen*. Tübingen: Narr (= *Studien zur deutschen Gramm.* 21).

Fuchs, Anna (1988). Dimensionen der Deixis im System der deutschen Tempora. In: Ehrich, V./ Vater, H. (eds.) (1988): 1-25.

Gabriel, G. / Kambartel, F. / Thiel, C. (eds.) (1980). *Gottlob Freges Briefwechsel*. Hamburg: Meiner.

Geeraerts, Dirk (1985). *Paradigm and Paradox: Explorations into a Paradigmatic Theory of Meaning and its Epistemological Background*. Leuven: Leuven University Press.

Geiger Richard A. (1988). The problem of reference and the indeterminacy of refer. In: Hüllen / Schulze (eds.) (1988), 85-96.

Geiger, Richard A. (1995a). Introduction: toward a new synthesis. In: Geiger, Richard A. (ed.) (1995): 11–26.

Geiger, Richard A. (1995b). References to REFERENCE and related phenomena: A Multidisciplinary Bibliography. In: Geiger, Richard A. (ed.) (1995): 651–749.

Geiger, Richard A. (ed.) (1995). *Reference in Multidisciplinary Perspective, Philosophical Object, Cognitive Object, Intersubjective Process*. Hildesheim: Olms.

Gelhaus, Hermann (1969). Zum Tempussystem der deutschen Hochsprache. In: *Der Begriff Tempus*, 5-22.

Gelhaus, Hermann (1974). Die Tempuswahl in *nachdem*-Sätzen. Ergebnisse einer Korpus-Analyse. In: Gelhaus, H./ Latzel, S. (eds.) (1974): 128-166.

Gelhaus, Hermann (1975). Das Futur in ausgewählten Texten der geschriebenen deutschen Sprache der Gegenwart. München: Hueber (= *Heutiges Deutsch* I/5).

Gelhaus, Hermann / Latzel, Sigbert (eds.) (1974). *Studien zum Tempusgebrauch im Deutschen*. Tübingen: Narr (= *IdS, Forschungsberichte* 15).

Gentner, D. / Stevens, A.L. (eds.) (1983). *Mental Models*. Hillsdale, N.J.: Lawrence Erlbaum.

Geschwind, Norman (1988[9]). Die Großhirnrinde. In: *Gehirn und Nervensystem*, 112-120.

Ghazarian, H. (1980). *Quantitative elektrookulographische Untersuchungen der Augenbewegungen beim Lesen verschieden schwieriger Texte*. Med. Diss. Berlin: Freie Universität.

Glinz, Hans (1952, 1972[6]). *Die innere Form des Deutschen*. Bern: Francke.

Glinz, Hans (1962, 1966[2]). *Ansätze zu einer Sprachtheorie*. Düsseldorf: Schwann.

Glinz, Hans (1970). *Deutsche Grammatik I. Satz – Verb – Modus – Tempus*. Frankfurt a.M.: Athenäum.

Glinz, H. (2002). *Languages and their use in our life as human beings*. Based on Glinz (1962, 1966[2]) and translated into English by Kurt R. Jankowsky. Münster: Nodus.

Görz, Günther (ed.) (1993). *Einführung in die Künstliche Intelligenz*. Bonn: Addison-Wesley.

Grewendorf, Günther (1982). Zur Pragmatik der Tempora im Deutschen. *Deutsche Sprache* (1982):213-136.

Grewendorf, Günther (1988). *Aspekte der deutschen Syntax*. Tübingen: Narr (= *Studien zur deutschen Grammatik* 33).

Grewendorf, Günther (ed.) (1979). *Sprechakttheorie und Semantik*. Frankfurt a.M.: Suhrkamp.

Grice, Paul H. (1975). Logic and Conversation. In: Cole, P. / Morgan, J. L. (eds.) (1975):41-58.

Grimm, Hannelore / Engelkamp, Johannes (1981). *Sprachpsychologie. Handbuch und Lexikon der Psycholinguistik*. Berlin: Schmidt.

Gross, Harro (1974). *Der Ausdruck des ‚Verbalaspekts' in der deutschen Gegenwartssprache.* Hamburg: Buske.

Grüsser, Otto-Joachim (1983). Zeit und Gehirn. Zeitl. Aspekte der Signalverarbeitung in den Sinnesorganen und im Zentralnervensystem. In Peisl, A. / Mohler, A. (eds.) (1983): 79-132.

Guenthner, Franz / Hoepelman, Jaap / Rohrer, Christian (1978). A note on the Passé Simple. In: Rohrer, C. (ed.) (1978): 11-36.

Gvozdanovic, Jadranka / Janssen, Theo (eds.) (1991). *The Function of Tense in Texts*. Amsterdam: North Holland.

Habel, Christopher (1986). *Prinzipien der Referentialität: Untersuchungen zur propositionalen Reräsentation von Wissen.* Berlin: Springer (= *Informatik-Fachberichte* 122).

Habel, Christopher / Herweg, Michael / Rehkämper, Klaus (eds.) (1989). *Raumkonzepte in Verstehensprozessen. Interdisziplinäre Beiträge zu Sprache und Raum.* Tübingen: Niemeyer (= *LA* 233).

Haider, Hubert (1988). Die Struktur der deutschen NP. *Zeitschrift für Sprachwissenschaft* 7,1: 32-59.

Halliday, M.A.K. / Hasan, Ruqaya (1976). *Cohesion in English.* London: Longman.

Hamburger, Käthe (1953). Das epische Präteritum. *Deutsche Vierteljahrsschrift für Literaturwissenschaft und Geistesgeschichte* 27: 329-357.

Handke, Jürgen (1995). *The Structure of the Lexicon.* Berlin, New York: Moton de Gruyter.

Hartman, Tom (1984). The heterodox interpretation of reference talk. *Philosophical Studies* 46: 145-169.

Harweg, Roland (1968, 1979[2]). *Pronomina und Textkonstitution.* München: Fink.

Harweg, Roland (1979). Dauer-Deixis oder wie sind Beschriftungen zu lesen? *Orbis* 28: 526.

Haspelmath, Martin (1994). The Tense System of Lezgian. In: Thieroff, R. / Ballweg,J. (eds.) (1994): 267-277.

Hauser-Suida, Ursula / Hoppe-Beugel, Gabriele (1972). *Die Vergangenheitstempora in der deutschen geschriebenen Sprache der Gegenwart.* München: Hueber (= *Heutiges Deutsch* I/ 4).

Hawking, Stephen W. (1988). *A Brief History of Time: From the Big Bang to the Black Holes.* New York: Bantam. Dt. Übs. v. H. Kober (1989). *Eine kurze Geschichte der Zeit. Die Suche nach der Urkraft des Universums.* Hamburg: Rowohlt.

Hawkins, John (1978). *Definiteness and Indefiniteness: A Study in Reference and Grammaticality Prediction.* London: Croom Helm.

Heger, Klaus (1965). Personale Deixis und grammatische Person. *Zeitschr. f. roman. Philologie* 81: 76–97.

Heger, Klaus (1967). Temporale Deixis und Vorgangsquantität („Aspekt" und „Aktionsart"). *Zeitschr. f. roman.Philologie* 1967: 512-582.

Heidegger, Martin (1924). *Der Begriff der Zeit.* Vortrag vor der Marburger Theologenschaft. Neu herausgeg. u. m. einem Nachwort versehen von H. Tietjen (1989). Tübingen: Niemeyer.

Heidegger, Martin (1953[7],1963[10]). *Sein und Zeit.* Tübingen: Niemeyer.

Heidolph, Karl Erich et al. (1981). *Grundzüge einer deutschen Grammatik.* Berlin: Akademie-Verlag.

Heim, Irene (1982). *The semantics of definite and indefinite noun phrases.* Ph.D. Diss. Amherst: Univ. of Massachusetts. Konstanz: Arbeitspapier 73 des SFB 99 der Univ. Konstanz.

Heim, Irene (1983). File change semantics and the familiarity theory of defniteness. In: Bäuerle, R. / Schwarze, C. / von Stechow, A. (1983): 164–189.

Helbig, Gerhard / Schenkel, Wolfgang (1978[4]). *Wörterbuch zur Valenz und Distribution deutscher Verben.* Leipzig: VEB Verlag Enzyklopädie.

Helbig, Gerhard / Buscha, Joachim (1972, 1984[8]). *Deutsche Grammatik. Ein Handbuch für den Ausländerunterricht*. Leipzig: VEB Enzyklopädie.

Hellan, Lars (1988). Anaphora in Norwegian and the Theory of Grammar. Dordrecht: Foris (= *Studies in Generative Gramm.* 33).

Hellwig, Peter (1984). Grundzüge einer Theorie des Textzusammenhangs. In: Rothkegel, A. / Sandig, B. (eds.), 1984: 51-79.

Hempel, H., 1937. Vom 'Präsens historicum' im Deutschen. Zs. f. dt. Bildung 13: 47-53. Wieder in: Hempel, H., Kleine Schriften (H.M. Heinrichs ed.). Heidelberg: Winter, 1966: 422-429.

Hentschel, Elke / Weydt, Harald (1995). Das leidige bekommen-Passiv. In: Popp, H. (ed.) (1995). *Deutsch als Fremdsprache: an den Quellen eines Fachs. Festschr. für Gerhard Helbig zum 65. Geburtstag*. München: iudicium , 165-183.

Herweg, Michael (1989). Ansätze zu einer semantischen Beschreibung topologischer Präpositionen. In: Habel, C. / Herweg, M. / Rehkämper, K. (eds.) (1989): 99-127.

Hetland, Jorunn (1992). *Satzadverbien im Fokus*. Tübingen: Narr (= *SDG* 43).

Heyer, Gerhard (1987). *Generische Kennzeichnungen. Zur Logik und Ontologie generischer Bedeutung*. München, Wien: Philosophia.

Hill, Clifford (1982). Up/down, front/back, left/right. A contrastive study of Hausa and English. In: Weissenborn, J. / Klein, W. (eds.), 1982: 13-42.

Himmelmann, Nikolaus (1997). *Deiktikon, Artikel, Nominalphrase. Zur Emergenz syntaktischer Struktur*. Tübingen: Niemeyer (= *LA* 362).

Hintikka, Jaakko / Sandu, Gabriel (1994). The Fallacy of the New Theory of Reference. *Synthese* 104: 245-283.

Hlavsa, Zdenek / Viehweger, Dieter (eds.) (1985). *Aspects of Text Organization*. Prag: Československá akademie věd.

Hoffmann, Ludger (ed.) (1992): *Deutsche Syntax: Ansichten und Aussichten*. Berlin, New York. (= *IDS-Jahrbuch* 1991).

Hörmann, Hans (1967). *Psychologie der Sprache*. Berlin, Heidelberg, New York: Springer (verbesserter Nachdruck 1970).

Hörnig, Robin (2003). *Eigennamen referieren – Referieren mit Eigennamen. Zur Kontextinvarianz der namentlichen Bezugnahme. Studien zur Kognitionswissenschaft*. Wiesbaden: Deutscher Universitäts-Verlag.

Huang, Yan (1984). *Anaphora in Chinese: towards a pragmatic analysis*. Ph.D. Diss. Cambridge: Cambr. Univ. Press.

Hüllen, Werner / Schulze, Rainer (eds.) (1988). *Understanding the Lexicon: meaning, Sense and World Knowledge in Lexical Semantics*. Tübingen: Niemeyer (= *Linguist. Arbeiten* 210).

Imbs, Paul (1960). *L' emploi des temps verbaux en français moderne: essai de grammaire descriptive*. Paris: Klincksieck.

Isačenko, Alexander V. (1962). *Die russische Sprache der Gegenwart. Teil I, Formenlehre*. Halle: VEB Max Niemeyer.

Iturrioz Leza, José (1986). Individuation and determination I: on the interaction of both dimensions in the use of the articles and other phenomena related to nominal sub-categorization and reference. *Funcion* 1: 201–245.

Jackendoff, Ray (1983). *Semantics and Cognition*. Cambridge, Mass.: The MIT Press (= *Current Studies in Linguistics*, Series 8).

Jackendoff, Ray (1984). Sense and reference in a psycholinguistically based semantics. In: Bever / Carroll / Miller (eds.) (1984): 49–72.

Jackendoff, Ray (1987). On Beyond Zebra: The Relation of Linguistic and Visual Information. *Cognition* 26: 89-114.

Jackendoff, Ray (1997). *The Architecture of the Language Faculty*. Cambridge, Mass.: MIT Press (= *Ling. Inquiry Monographs* 28).

Jacobs, Joachim (1994). Das lexikalische Fundament der Unterscheidung von obligatorischen und fakultativen Ergänzungen. *ZGL* 22: 284-319.

Jacobs, Joachim et al. (eds.) (1993). *Syntax. Ein internationales Handbuch zeitgenössischer Forschung. 1. Halbband*. Berlin: de Gruyter.

Jacobs, Roderick A. / Rosenbaum, Peter S. (eds.) (1970). *Readings in English Transformational Grammar*. Waltham/ MA: Ginn.

Jakobson, Roman (1932). Zur Struktur des russischen Verbums. In: Jakobson, Roman (1971): 3-15.

Jakobson, Roman (1971). *Selected Writings* II (reprint). The Hague: Mouton.

Jammer, Max (1954). *Concepts of space*. Dt. Übers. 1960. *Das Problem des Raumes* (mit einem Vorwort von Albert Einstein). Darmstadt: Wissenschaftl. Buchgesellschaft.

Janssen, Theo (1988). Tense and temporal composition in Dutch. In: Ehrich, V. / Vater, H. (eds.), 1988: 96-128.

Jarvella, Robert J. / Klein, Wolfgang (eds.) (1982). *Speech, Place, and Action. Studies in Deixis and Related Topics*. New York: Wiley.

Jaworski, Adam (1983). Referring: a sciolinguistic perspective. *Studia Anglica Posnaniensia* 16:161–171.

Johnson-Laird, Philip N. (1980). Mental Models in Cognitive Science. *Cognitive Science* 4: 71-115.

Johnson-Laird, Philip N. (1988). *The Computer and the Mind. An Introduction to Cognitive Science*. London: Fontana.

Jørgensen, Peter (1964). *Tysk Grammatik III*. Kopenhagen. Engl. Übers. (1966). *German Grammar III*. London: Heinemann.

Kallmeyer, Werner / Meyer-Hermann, Reinhard (1980^2). Textlinguistik. In: Althaus / Henne / Wiegand (eds.) (1980^2): 242-258.

Kamp, Hans (1979). Events, Instants and Temporal Reference. In: Bäuerle, R. / Egli, U. / Stechow, A.v. (eds.) (1979). *Semantics from Different Points of View*. Berlin: De Gruyter, 376-471.

Kant, Immanuel (1787^2; 1993). *Kritik der reinen Vernunft*. Nach der 1. u. 2. Original-Ausg. hg. v. Raymund Schmidt. Hamburg: Meiner.

Kaplan, David (2004). Bemerkungen zu starren Bezeichnern. In: Textor, M. (ed.), 31–37.

Katz, Jerrold (1972). *Semantic Theory*. New York: Harper & Row.

Katz, Jerrold J./ Fodor, Jerry A. (1963). The Structure of a Semantic Theory. *Language* 39:170-210. Dt. Übersetzung in: Steger, H., (ed.) (1970). *Vorschläge für eine strukturale Grammatik des Deutschen*. Darmstadt: Wissenschaftl. Buchgesellschaft, 202-268.

Kaufmann, Ingrid (1989). Direktionale Präpositionen. In: Habel, C. / Herweg, M. / Rehkämper, K. (eds.) (1989): 128-149.

Keenan, Edward (ed.) (1975). *Formal Semantics of Natural Language*. Cambridge: CUP.

Kellerwessel, Wulf (1995). Referenztheorien in der analytischen Philosophie. *problemata* 136. Stuttgart-Bad Cannstatt: Friedrich Frommann Verlag, Günther Holzboog.

Kemmerling, Andreas (1976). Probleme der Referenz. In: Savigny, Eike von (ed.) (1976). *Probleme der sprachlichen Bedeutung*. Kronberg/Ts.: Scriptor, 39–71.

Kiefer, Ferenc (1982). The Aspectual System of Hungarian. In: Kiefer (ed.) (1982). *Hungarian General Linguistics*. Amsterdam: Benjamins, 293-329.

Kindt, Walter / Wirrer, Jan (1976). Zu Teun van Dijks Aufsätzen 'Generative Semantik und Texttheorie' und 'Textgenerierung und Textproduktion'. In: Kindt, W. / Schmidt, S. J. (eds.)

(1976). *Interpretationsanalysen. Argumentationsstrukturen in literaturwissenschaftlichen Interpretationen*. München: Fink, 116-132.

Kintsch, Walter / Van Dijk, Teun A. (1978). Toward a Model of Text Comprehension and Production. *Psychological Review* 85: 363-394.

Kiparsky, Paul / Kiparsky, Carol (1970). Fact. In: Bierwisch, M. / Heidolph, K. E. (eds.) (1970): 143–173.

Klappenbach, Ruth / Steinitz, Wolfgang (eds.) (1977[2]). *Wörterbuch der deutschen Gegenwartssprache*. Berlin: Akademie-Verlag.

Klaus, Georg (1964). *Moderne Logik. Abriss der formalen Logik*. Berlin: VEB Deutscher Verl. der Wissenschaften.

Klaus, Georg / Buhr, Manfred et al. (1964, 1975[11]). *Philosophisches Wörterbuch*. 2 Bände. Leipzig: VEB Bibliographisches Institut.

Kleiber, Georges (1988). Prototype, stereotype: un air de famille? *DLRV* 38:1–66.

Kleiber, George (1990). *La sémantique du prototype*. Paris: P.U.F. Dt. Übers. (1993). *Prototypensemantik: eine Einführung*. Tübingen: Narr (= *Narr Studienbücher*).

Klein, Wolfgang (1979). Wegauskünfte. *Lili* 33: 9–57.

Klein, Wolfgang (1981). Some Rules of Regular Ellipsis in German. In: Klein/ Levelt (eds.), (1981). *Crossing the Boundaries in Linguistics. Studies Presented to Manfred Bierwisch*. Dordrecht: Reidel, 51-78.

Klein, Wolfgang (1982). Local Deixis in Route Directions. In: Jarvella / Klein (eds.)(1982): 161-182.

Klein, Wolfgang (1991). Raumausdrücke. *Linguistische Berichte* 132:77-114.

Klein, Wolfgang (1994). *Time in language*. London: Routledge.

Klein, Wolfgang (1999). Wie sich das deutsche Perfekt zusammensetzt. In: Klein, W. / Musan, R. (eds.) (1999): 52–85.

Klein, Wolfgang / Musan, Renate (eds.) (1999). *Das deutsche Perfekt*. Stuttgart, Weimar: Metzler (= *Zeitschr. für Literaturwissenschaft und Linguistik* Heft 113).

Klein, Wolfgang / Stutterheim, Christiane von (1987). Quaestio und referentielle Bewegung in Erzählungen. *Linguistische Berichte* 109: 163-183.

Klein, Wolfgang / Stutterheim, Christiane von (1991). Text structure and referential movement. *Sprache und Pragmatik* 22: 1-32.

Klein, Wolfgang / Vater, Heinz (1998). The Perfect in English and German. In: Kulikov / Vater (eds.): 215-235.

Klix, Friedhart (1984). *Human and Artificial Intelligence*. Amsterdam, New York, Oxford: North Holland Publishing Company.

Kniffka, Gabriele (1986). Zur Distanzstellung von Quantoren und Qualifikatoren. In: Vater (ed.) (1986): 57-82.

Kniffka, Gabriele (1996). *NP-Aufspaltung im Deutschen*. Hürth: Gabel (= *KLAGE* 31).

Kniffka, Hannes (1980). *Soziolinguistik und empirische Textanalyse*. Tübingen: Niemeyer (= *Linguistische Arbeiten* 94).

Kolde, Gottfried (1989). *Der Artikel in deutschen Sachverhaltsnominalen*. Tübg.: Niemeyer.

Koschmieder, Ernst (1927; 1965[2]). Der Einfluß des Aspekts auf den Formenbestand des polnischen Verbums. *Archiv für slavische Philologie* 21 (1927): 262-295.

Koschmieder, Ernst (1929). *Zeitbezug und Sprache*. Leipzig/ Berlin (= *Wissenschaftl. Grundfragen. Phil. Abhandlungen*, XI). Neudruck (1974). Darmstadt: Wissenschaftliche Buchgesellschft.

Koseska-Toszewa, Violetta (with the cooperation of G. Gargov) (1991). *The Semantic Category of Definiteness / Indefiniteness in Bulgarian and Polish*. Warszawa: WPAN (= *Prace Slawistyczne*).

Kratzer, Angelika (1978). *Semantik der Rede. Kontexttheorie – Modalwörter – Konditionalsätze*. Königstein/Ts.: Scriptor.

Krifka, Manfred (1989). Nominalreferenz, Zeitkonstitution, Aspekt, Aktionsart: eine semantische Erklärung ihrer Interaktion. In: Abraham / Janssen (eds.) (1989): 227–258.

Krifka, Manfred (1990). *Nominalreferenz und Zeitkonstitution. Zur Semantik von Massentermen, Pluraltermen und Aspektklassen*. München: Fink (= *Studien zur theoretischen Linguistik* 10).

Kripke, Saul (1972). Naming and Necessity. In: Davidson, D. / Harman, G. (eds.)(1972): 254–353.

Kripke, Saul (1972). Naming and Necessity. In: Davidson / Harman (eds.) (1972): 253–355. Wieder 1980 als *Naming and Necessity*. Cambridge, Mass.: Harvard Univ. Press. Deutsch (1981) als *Name und Notwendigkeit*. Frankfurt-M.: Suhrkamp.

Kripke, Saul (2004). Starre Bezeichner. In: Textor, M. (ed.), 25–30.

Kulikov, Leonid / Vater, Heinz (eds.) (1998). *Typology of Verbal Categories*. Tübingen: Niemeyer (= *LA* 382).

Künne, Wolfgang; Anduschus, Martin; Newen, Albert (eds.) (1997). *Direct Reference, Indexicality and Proposition Attitudes*. Stanford: CSLI Publications.

Kutschera, Franz von (1967). *Elementare Logik*. Wien: Springer.

Labov, William (1973). The Boundaries of Words and their Meanings. In: Bailey, Ch. / Shuy, R. (eds.) (1973). *New Ways of Analyzing Variation in English*. Washington, D.C.: Georgetown Univ. Press, 340–373.

Lakoff, George (1987). *Women, fire and dangerous things. What categories reveal about the mind*. Chicago: Univ. of Chicago Press.

Lang, Ewald (1973). Über einige Schwierigkeiten beim Postulieren einer Textgrammatik. In: Kiefer, F./ Ruwet, N. (eds.), 1973. *Generative Grammar in Europe*, Dordrecht: Reidel, 284-314.

Lang, Ewald (1977). *Semantik der koordinativen Verknüpfung*. Berlin: Akademie-Verlag (= *studia grammatica* XIV).

Lang, Ewald (1987). Semantik der Dimensionsauszeichnung räumlicher Objekte. In: Bierwisch / Lang (eds.) (1987): 287-458.

Lang, Ewald (1989). Primärer Orientierungsraum und inhärentes Proportionsschema: Interagierende Kategorisierungsraster bei der Konzeptualisierung räumlicher Objekte. In: Habel, C. / Herweg, M. / Rehkämper, K. (eds.) (1989): 150-173.

Lang, Ewald (1994). Semantische vs. konzeptuelle Struktur: Unterscheidung und Überschneidung. In: Schwarz, M. (ed.) (1994): 25–40.

Langacker, Ronald (1969). On Pronominalization and the Chain of Commans. In: Reibel, D.A. / Schane, S.A. (eds.) (1969): 160–186.

Latzel, Sigbert (1968). Zur Tempus-Theorie von Harald Weinrich. Kritische Bemerkungen. *Deutschunterricht für Ausländer* 18, 1/ 2: 21-33.

Latzel, Sigbert (1974). Zum Gebrauch der deutschen Vergangenheitstempora. In: Gelhaus, H./ Latzel, S. (eds.) (1974):169-346.

Latzel, Sigbert (1977). HABEN + Partizip und ähnliche Verbindungen. *Deutsche Sprache* (1977): 289-312.

Latzel, Sigbert (2004). *Der Tempusgebrauch in deutschen Dramen und Hörspielen*. München: iudicium.

Lavric, Eva (1995). Referential ambiguities, possible worlds, and universes – the problem of substitution in contexts of propositional attitude. In: Geiger, Richard A. (ed.) (1995): 45-62.

Leech, Geoffrey (1974). *Semantics*. Harmondsworth: Penguin.

Lees, Robert B. / Klima, Edward S. (1969). Rules for English Pronominalization. In: Reibel, D.A. / Schane, S.A. (eds.) (1969): 145–159.

Leirbukt, Oddleif (1997). *Untersuchungen zum* bekommen-Passiv *im heutigen Deutsch*. Tbg.: Niemeyer (= *RGL* 177).

Leirbukt, Oddleif (ed.) (2003). *Tempus / Temporalität und Modus / Modalität im Sprachvergleich*. Tübingen: Stauffenburg (*Eurogermanistik* 18).

Leiss, Elisabeth (1985). Zur Entstehung des neuhochdeutschen analytischen Futurs. *Sprachwissenschaft* 10: 250-273.

Leiss, Elisabeth (1992). *Die Verbalkategorien des Deutschen. Ein Beitrag zur Theorie der sprachlichen Kategorisierung*. Berlin, New York: De Gruyter.

Lemmon, E. J. (1967). Comments on Davidson's The Logical Form of Action Sentences. In: Rescher, N. (ed.) (1967). *The Logic of Decision and Action*. Pittsburgh: U. of Pittsburgh Press, 9–103.

Lenerz, Jürgen (1981). Zur Generierung der satzeinleitenden Positionen im Deutschen. In: Kohrt, M. / Lenerz, J. (eds.) (1981). *Sprache, Formen und Strukturen. Akten des 15. Linguistischen Kolloquims Münster*, Bd. 1. Tübingen: Niemeyer, 171–182.

Lenerz, Jürgen (1986). Tempus und Pragmatik – oder: Was man mit Grice so alles machen kann. *Linguistische Berichte* 102: 136-154.

Lenerz, Jürgen (1997). Werden und das deutsche Futur. In: Dürscheid, C. / Ramers, K.H. / Schwarz, M. (eds.) (1997): 399-412.

Lerch, Eugen (1942). Das Futurum des zu Erwartenden im Französischen und im Deutschen. *Neuphilologische Mitteilungen* 43: 161-171.

Levelt, Willem J. M. (1986). Zur sprachlichen Abbildung des Raumes: Deiktische und intrinsische Perspektive. In: Bosshardt, H.-G. (ed.), 187-211.

Levinson, Stephen C. (1983). *Pragmatics*. Cambridge: Cambridge Univerity Press.

Lewandowski, Theodor (1990[5]). *Linguistisches Wörterbuch*. 3 Bde. Heidelberg: Quelle & Meyer (= *UTB* 1518).

Leys, Odo (1973). Nicht-referentielle Nominalphrasen. *Deutsche Sprache* 2: 1–15.

Leys, Odo (1979). Was ist ein Eigenname? Ein pragmatisch orientierter Standpunkt. *Leuvense Bijdragen* 68: 61–86.

Lindgren, Kai (1957). *Über den oberdeutschen Präteritumschwund.* Helsinki: Suomalainen Tiedeakatemia.

Link, Godehart (1974). Quantoren-Floating im Deutschen. In: Kiefer, Ferenc / Perlmutter, David (eds.) (1974). *Syntax und generative Grammatik*, Bd. 2, Frankfurt/M.: Athenäum, 105–127.

Linsky, Leonard (1967). *Referring*. London: Routledge & Kegan.

Linsky, Leonard (1971). Reference and Referents. In: Steinberg / Jakobovits (eds.) (1971): 76-85.

Linsky, Leonard (1971, 1979[2]). Reference, Essentialism, and Modality. In: Linsky (ed.) (1979[2]): 88–100.

Linsky, Leonard (ed.) (1971; 1979[2]). *Reference and Modality*. Oxford: Oxford Univ. Press.

Löbach, Brigitte (2000). *Semantikerwerb. Ein Beitrag zu einer empiristisch-naturalistischen Bedeutungstheorie*. Tübingen: Niemeyer (= *LA* 423).

Löbel, Elisabeth (1990). D und Q als funktionale Kategorien in der Nominalphrase. *Linguistische Berichte* 127, 232-64.

Löbner, Sebastian (1988). Ansätze zu einer integralen semantischen Theorie von Tempus, Aspekt und Aktionsarten. In: Ehrich, V./ Vater, H. (eds.), 1988: 163-191.

Löbner, Sebastian (1990). *Wahr neben falsch. Duale Operatoren als die Quantoren natürlicher Sprachen*. Tübingen: Niemeyer.

Löbner, Sebastian (2003). *Semantik. Eine Einführung*. Berlin, New York: de Gruyter. Vom Autor übersetzt. Engl. Original (2002): *Understanding Semantics*. London: Arnold.

Lohnstein, Horst (1996). *Formale Semantik und natürliche Sprache*. Opladen: Westdeutscher Verlag.

Lyons, John (1968). *Introduction to Theoretical Linguistics*. Cambridge: CUP.

Lyons, John (1975). Deixis as the source of reference. In: Keenan, Edward L. (ed.) (1975), 61–84.

Lyons, John (1977). *Semantics*, Vol. 1 und 2. Cambridge: Cambridge University Press.

Maienborn, Claudia (1996). *Situation und Lokation. Die Bedeutung lokaler Adjunkte von Verbalprojektionen*. Tbg.: Stauffenburg (= *SDG* 53).

Martinich, Aloysius P. (1984). *Communication and Reference*. Berlin: de Gruyter.

Matzel, Klaus / Ulvestad, Bjarne (1982). Futur I und futurisches Präsens. *Sprachwissenschaft* 7: 282-328.

McCawley, James D. (1981). *Everything that Linguists have Always Wanted to Know about Logic but were Ashamed to Ask*. Oxford: Blackwell.

McTaggart, John (1927). *The Nature of Existence*. Cambridge: CUP.

Meibauer, Jörg (1999). *Pragmatik: eine Einführung*. Tübingen: Stauffenburg (= *Stauffenburg-Einführungen*).

Meibauer, Jörg / Demske, Ulrike / Geilfuß-Wolfgang, Jochen / Pafel, Jürgen / Ramers, Karl Heinz / Rothweiler, Monika / Steinbach, Markus (2002). *Einführung in die germanistische Linguistik*. Stuttgart: Metzler.

Meixner, Uwe (2004). *Einführung in die Ontologie*. Darmstadt: Wissenschaftliche Buchgesellschaft.

Mill, John Stuart (1843, Neuaufl. 1862). *System der deduktiven und induktiven Logik*. 2 Bde. Braunschweig.

Miller, George A. (1956). The magical number seven, plus or minus two: Some limits on our capacity for processing information. *Psychological Review* 63: 81-97.

Miller, George A. / Johnson-Laird, Philip N. (1976). *Language and Perception*. Cambridge: Cambridge University Press.

Minsky, Marvin (1975). A Framework for Representing Knowledge. In: Winston, P.H. (ed.) (1975). *The Psychology of Computer Vision*. New York: McGraw-Hill, 211-280.

Minsky, Marvin / Papert, S. (1969). *Perceptions*. Cambridge, Mass.: MIT Press.

Moilanen, Markku (1979). *Statische lokative Präpositionen im heutigen Deutsch*. Tbg.: Niem. (= *LA* 70).

Montague, Richard (1969). On the Nature of Certain Philosophical Entities. *The Monist* 53: 159–194.

Morik, Katharina (1993). Maschinelles Lernen. In: Görz, G. (ed.) (1993): 247–301.

Morris, Charles (1938). *Foundations of the Theory of Signs*. Chicago: The University of Chicago Press.

Mrazovič, Pavica / Teubert, Wolfgang (eds.) (1988): *Valenzen im Kontrast. Ulrich Engel zum 60. Geburtstag*. Heidelberg: Groos.

Mugler, Alfred (1988). *Tempus und Aspekt als Zeitbeziehungen*. München: Fink (= *Studien zur Theoret. Linguistik* 9).

Nauta, Walle J. H. / Feirtag, Michael (1988^9). Die Architektur des Gehirns. In: *Gehirn und Nervensystem*, 1988^9: 88-98.

Neef, Martin (1996). *Wortdesign. Eine deklarative Analyse der deutschen Verbflexion*. Tübingen: Stauffenburg (*SDG* 52).

Neisser, U. (ed.) (1987). *Concepts and conceptual development: Ecological and intellectual factors in categorization*. Cambridge: Cambridge University Press.

Neisser, U. (1967). *Cognitive Psychology*. New York: Meredith.

Newmeyer, Frederick J. (ed.) (1988). *Linguistics: The Cambridge Survey*. 4 Bde. Cambridge a.o.: Cambridge University Press.

Nimtz, Christian (2002). *Wörter, Dinge, Stellvertreter. Quine, Davidson und Putnam zur Unbestimmtheit der Referenz*. Paderborn: mentis.

Norman, Donald A./ Rumelhart, David E. (1975). *Explorations in cognition*. San Francisco: Freeman & Comp.

Ogden, Charles K. / Richards, I. A. (1923; 10th ed., 8th impression 1972). *The Meaning of Meaning*. London: Routledge & Kegan.

Öhlschläger, Günther (1989). *Zur Syntax und Semantik der Modalverben des Deutschen*. Tübingen: Niemeyer (= *LA* 144).

Olsen, Susan (1991). Die deutsche Nominalphrase als „Determinansphrase". In: Olsen / Fanselow (eds.), *35-56.*

Olsen, Susan / Fanselow, Gisbert (eds.) (1991). *>DET, COMP und INFL<. Zur Syntax funktionaler Kategorien und grammatischer Funktionen.* Tübingen: Niemeyer *(= LA* 263).

Oversteegen, Eleonore (1988). Temporal adverbials in the two track theory of time. In: Ehrich, V. / Vater, H. (eds.) (1988): 129–162.

Oversteegen, Eeonore (1989). *Tracking Time. A Proposal for the Representation of Temporal Expressions in Dutch*. Diss. Rijksuniversiteit te Utrecht.

Padilla Gálvez, Jesús (1988). *Referenz und Theorie der möglichen Welten. Darstellung und Kritik der logisch-semantischen Theorie in der Sprachanalytischen Philosophie*. Fankfurt, Bern: Lang.

Padučeva, Elena (1988). Referentielle Aspekte der Semantik des Satzes. In: Bierwisch, M. / Mortsch, W. / Zimmermann, I. (eds.). *Syntax, Semantik und Lexikon. R. Růžička zum 65.Geburtstag*. Berlin: Akedamie-Verlag (= *studia grammatica* XXIX), 171–184.

Parsons, Terence (1980). *Nonexistent Objects*. New Haven, CN: Yale University Press.

Peisl, Anton / Mohler, Armin (eds.) (1983). *Die Zeit*. München, Wien: Oldenbourg.

Pérennec, Marie-Hélène (1993): Was leistet der Null-Artikel, falls es ihn gibt? In: Vuillaume et al. (1993). 19-40.

Pérennec, Marie-Hélène (1994). Polyphonie und Textinterpretation. *Cahier d'Etudes Germaniques* 27: 125–135.

Perlmutter, David (1970). On the article in English. In: Bierwisch, M. / Heidolph, K.E. (eds.) (1970): 223–248.

Perry, John. The problem of the essential indexical. *Noûs* 13: 3–21.

Piaget, Jean (1974). *Der Aufbau der Wirklichkeit beim Kinde*. Stuttgart: Klett.

Piaget, Jean / Bussmann, E. / Méyer, E./ Richlin, V. / Van Remoortel, M. (1946). *Le développement de la notion du temps chez l'enfant*. Paris: Presses Universitaires de France.

Piaget, Jean / Inhelder, Bärbel (1975). *Die Entwicklung des räumlichen Denkens beim Kinde*. Stuttgart: Klett.

Piaget, Jean / Inhelder, Bärbel (1977). *Die Psychologie des Kindes*. Frankfurt/ M.: Fischer.

Platon (1990[3]). Kratylos. In Eigler, G. (ed.): *Werke in 8 Bänden; griechisch und deutsch*, Bd. 3. Darmstadt: Wissensch. Buchgesellsch.

Pollak, Wolfgang (1968). Linguistik und Literatur. Zu Harald Weinrich, Tempus, Besprochene und erzählte Welt. *Zeitschr. f. roman. Phil.* 84: 380-480.

Popper, Karl R. (1971[4]). *Logik der Forschung*. Tübingen: Mohr.

Postal, Paul (1969). On So-Called „Pronouns“ in English. In: Reibel, D.A. / Schane, S.A. (eds.) (1969):201–224.

Prior, Arthur N. (1967). *Past, Present and Future*. Oxford: Clarendon.

Prior, Arthur N. (1968). *Papers on Time and Tense*. Oxf.: Clarendon.

Putnam, Hilary (1976). Reference and Understanding. In: Margalit, A. (ed.) (1976). *Meaning and Use*. Dordrecht: Reidel, 199-217.

Putnam, Hilary (2004). Synonymie und die Analyse von Überzeugungssätzen. In: Textor, M. (ed.), 51-59.

Quine, Willard Van Orman (1960, 1981[12]). *Word and Object*. Cambridge, Mass.: M.I.T. Press.

Quine, Willard Van Orman (1971). The inscrutability of reference. In: Steinberg / Jakobovits (eds.) (1971): 142–154.

Quine, Willard Van Orman (1974). *The Roots of Reference*. La Salle, Ill.: Open Court Publishing. Dt. Übs. (1976). *Die Wurzeln der Referenz*. Frankfurt: Suhrkamp (= *stw* 764).

Quintin, Hervé (1986). Pour une mise en place raisonnée des formes de «futur» en allemand. *Verbum* 3 (1986): 379-410.

Radden, Günter (1989). Das Bewegungskonzept: *To come* und *to go*. In: Habel / Herweg / Rehkämper (eds.), (1989): 228-248.

Radford, Andrew (1988). *Transformational Grammar*. Cambridge: Cambr. Univ. Press (= *Cambr. Textbooks in Linguistics*).

Rauh, Gisa (1983a). Aspects of Deixis. In: Rauh (ed.) (1983): 9-60.

Rauh,Gisa (1983b). Tenses as Deictic Categories. An Analysis of English and German Tenses. In: Rauh (ed.) (1983): 229-275.

Rauh, Gisa (1988). Temporale Deixis. In: Ehrich / Vater (eds.) (1988): 26-51.

Rauh, Gisa (ed.) (1983). *Essays on Deixis*. Tübingen: Narr (= *TBL* 188).

Recanati, Francois (1993). *Direct Reference: From Language to Thought*. Oxford: Blackwells.

Reibel, David A. / Schane, Sanford A. (eds.) (1969). *Modern Studies in English*. Englewood Cliffs: Prentice-Hall.

Reichenbach, Hans (1947). *Elements of Symbolic Logic*. New York: Macmillan.

Reinhart, Tanya (1976). *The Syntactic Domain of Anaphora*. MIT Diss.: Cambridge, Mass.: MIT.

Reis, Marga (1977). *Präsuppositionen und Syntax*. Tübingen: Niemeyer (= *LA* 51).

Reis, Marga (1980). *Grundbegriffe der Semantik*. Arbeitspapier Universität Köln.

Reis, Marga / Vater, Heinz (1980). Beide. In: Brettschneider, G. / Lehmann, C. (eds.) (1980). *Wege zur Universalienforschung*. Tübingen: Narr, 365-390.

Rescher, Nicholas / Urquhart, Alasdair (1971). *Temporal logic*. New York: Springer.

Richardson, K. / Bhavani, K. K. (1984). How a Concept is Formed: Prototype or Contingency Abstraction? *The British Journal of Psychology* 17: 507–519.

Rickheit, Gert / Strohner, Hans (1993). *Grundlagen der kognitiven Sprachverarbeitung*. Tübingen: Francke (= *UTB* 1735).

Rohrer, Christian (ed.) (1978). *Papers on Tense, Aspect and Verb Classification*. Tübingen: Narr (= *Tübinger Beitr. z. Ling*. 110).

Rohrer, Christian (ed.) (1980). *Time, Tense, and Quantifiers*. Tübingen: Niemeyer (= *LA* 83).

Roncador, Manfred von (1988). *Zwischen direkter und indirekter Rede. Nichtwörtliche direkte Rede, erlebte Rede, logophorische Konstruktionen und Verwandtes*. Tübg.: Niemeyer (= *LA* 192).

Rosch, Eleanor (1977). Human Categorization. In: Warren, N. (ed.) (1977). *Studies in Cross-cultural Psychology*, vol. 1. London: Academic Press, 1-49.

Rosenbaum, Peter S. (1967). *The Grammar of English Predicate Complement Constructions*. Cambridige/ Mass..: MIT Press.

Rothkegel, Annely / Sandig, Barbara (eds.) (1984). Text – Textsorten – Semantik. Linguistische Modelle und maschinelle Verfahren. Hamburg: Buske.

Runggaldier, Edmund (1985). *Zeichen und Bezeichnetes. Sprachphilosophische Untersuchungen zum Problem der Referenz*. Berlin, New York: Walter de Gruyter.

Runggaldier, Edmund (1995). Indexical reference and subjectivity. In: Geiger, R. (ed.) (1995): 131–140.

Russell, Bertrand (1904). Brief an Frege vom 12.XII. 1904. Zitiert bei Hörnig (2003: 54) nach Gabriel / Kambartel / Thiel (eds.) (1980).

Russell, Bertrand (1905). On Denoting. *Mind* 30: 479-493.

Rytel-Kuc, Danuta (1988). Die täterabgewandten -no/-to-Konstruktionen im Polnischen und ihre Entsprechungen im Deutschen. In: Mrazovič / Teubert (eds.) (1988): 347-356.

Salmon, Nathan (1982). *Reference and Essence*. Oxford: Blackwell.

Salmon, Nathan (1986). *Frege's Puzzle*. Cambridge, Mass.: MIT Press.

Salmon, Nathan (2004). Wie man Millianer wird. In: Textor, M. (ed.), 38–47.

Saltveit, Laurits (1960). Besitzt die deutsche Sprache ein Futur? *Der Deutschunterricht* 12: 46-65.

Saltveit, Laurits (1962). *Studien zum deutschen Futur*. Bergen, Oslo: Norwegian Universities Press.

Saltveit, Laurits (1970). Synonymik und Homonymie im deutschen Tempussystem. In: Moser, H. et al. (eds.) (1970). *Studien zur Syntax des heutigen Deutsch. Paul Grebe zum 60. Geburtstag*. Düsseldorf: Schwann (= *Sprache der Gegenwart* VI), 137-153.

Sanford, A. J. / Garrod, S. C. (1981). *Understanding Written Language: Explorations in Comprehension Beyond the Sentence*. Chichester: Wiley.

Saussure, Ferdinand de (1916, 1969³). *Cours de linguistique générale*. Paris: Payot. Dt. Übers. (1967²): *Grundfragen der allgemeinen Sprachwissenschaft*. Berlin: de Gruyter.

Schank, Roger C. / Abelson, Robert P. (1977). *Scripts, Plans, Goals and Understanding*. Hillsdale, N.J.: Erlbaum.

Schank, Roger C. / Colby, Kenneth M. (eds.) (1973). *Computer Models of Thought and Language*. San Francisco: Freeman.

Scherner, Maximilian (1984). *Sprache als Text*. Tübingen: Niemeyer (= *RGL* 48).

Scherner, Maximilian (1994). Textverstehen als „Spurenlesen" – Zur texttheoretischen Tragweite dieser Metapher. In: Canisius, P. / Herbermann, C. P. / Tschauder, G. (eds.) (1994). *Text und Grammatik. Festschrift für Roland Harweg zum 60. Geburtstag*. Bochum: Brockmeyer, 317–340.

Scherner, Maximilian (1998). Text. In: Ritter, Joachim / Gründer, Karlfried (eds.). *Historisches Wörterbuch der Philosophie*. Darmstadt: Wissensch. Buchgesellschaft, 1038-1044.

Schipporeit, Luise (1971). *Tenses and time phrases in modern German*. München: Hueber.

Schopf, Alfred (ed.) (1974). *Der englische Aspekt*. Darmstadt: Wissensch. Buchgesellschaft (= Wege der Forschung CCLII).

Schwarz, Monika (1992). *Kognitive Semantiktheorie und neuropsychologische Realität. Repräsentationale und prozedurale Aspekte der semantischen Kompetenz*. Tübingen: Niemeyer (= *LA* 273).

Schwarz, Monika (1992, 1996²). *Einführung in die Kognitive Linguistik*. Tübingen: Francke (= *UTB* 1636).

Schwarz, Monika (1995). Reference as process – towards a theory of cognitive reference. In: Geiger, R. (ed.) (1995): 461–470.

Schwarz, Monika (1997). Anaphern und ihre diversen Antezedenten. In: Dürscheid, C. / Ramers, K. H. / Schwarz, M. (eds.) (1997): 445–455.

Schwarz, Monika (2000). *Indirekte Anaphern in Texten. Studien zur domänengebundenen Referenz und Kohärenz im Deutschen*. Tübingen: Niemeyer (= *LA* 413).

Schwarz, Monika (ed.) (1994). *Kognitive Semantik / Cognitive Semantics*. Tübingen: Narr (= *TBL* 395).

Schwarz, Monika / Chur, Jeannette (1993). *Semantik. Ein Arbeitsbuch*. Tübingen: Narr (= *Narr Studienbücher*).

Schweizer, Harro (ed.) (1985). *Sprache und Raum. Psychologische und linguistische Aspekte der Aneignung und Verarbeitung von Räumlichkeit*. Stuttgart: Metzler.

Searle, John R. (1965). What is a Speech Act? In: Black, M. (ed.) (1965). *Philosophy in America*. Ithaca: Cornell University Press, 221-239. Dt. Übs. Was ist ein Sprechakt. In: Holzer, H. / Steinbacher, K. (eds.) (1972). *Sprache und Gesellschaft*. Hamburg: Hoffmann & Campe, 153–173.

Searle, John R. (1969). *Speech Acts*. Cambridge: Cambr. Univ. Press.

Searle, John R. (1971). The problem of proper names. In: Steinberg, D. /Jakobovits, L. (eds.) (1971): 134–141.

Searle, John R. (1979). Intentionalität und der Gebrauch der Sprache. In: Grewendorf, G. (ed.) (1979): 149-171.

Searle, John R. (1983). *Intentionality. An Essay in the philosophy of mind*. Cambridge: Cambridge University press.

Seidel, Eugen (1939/40). Zur Futurbedeutung des Praesens perfectivum im Slavischen. *Slavia* XVII: 1-32.

Seiler, Hansjakob (1968). Probleme der Verb-Subkategorisierung mit Bezug auf Bestimmungen des Ortes und der Zeit. *Lingua* 20: 337-367.

Shetter, William (1966). The Meaning of German *noch*. *Language* 42, 1: 42-66.

Shopen, Tim (1973). Ellipsis as Grammatical Indeterminacy. *Foundations of Language* 10:65-77.

Siebert-Ott, Gesa (1983). *Kontroll-Probleme in infiniten Komplementkonstruktionen*. Tübingen: Narr (= *SDG* 22).

Siewierska, Anna (1984). *The passive: a comparative linguistic analysis*. London: Croom Helm.

Slobin, Dan (1969). *Psycholinguistics*. Glenview, Illinois/ London: Scott, Foresman and Company. Dt. Übersetzung: *Einführung in die Psycholinguistik*. Kronberg/ Ts. 1974: Scriptor.

Smith, Carlota S. (1964). Determiners and Relative Clauses in a Generative Grammar of English. *Language* 40: 37–52.

Smith, Carlota S. (1983). A theory of aspectual choice. *Language* 59: 479-501.

Snodgrass, Joan Gay (1984). Concepts and their Surface Representations. *Journal of Verbal Learning and Verbal Behavior* 23: 3-22.

Socka, Anna (2004). *Sprachliche Merkmale der erlebten Rede im Deutschen und Polnischen*. Tübingen: Niemeyer (= *LA* 485).

Stalnaker, Robert (1970). Pragmatics. *Synthese* 22. Wieder in: Davidson, D. / Harman, G. (eds.) (1972). *Semantics of Natural Language*. Dordrecht: Reidel, 380-397.

Stalnaker, Robert (1978). Assertion. In: Cole, P. (ed.) (1978): 315-322.

Stalnaker, Robert (1981). Indexical Belief. *Synthese* 49: 129-151.

Stechow, Arnim v. / Wunderlich, Dieter (eds.) (1991). *Semantik. Ein internationales Handbuch der zeitgenössischen Forschung*. Berlin, New York: de Gruyter (= *Handbücher zur Sprach- und Kommunikationswissenschaft* 6).

Steinberg, Danny D. / Jakobovits, Leon A. (eds.) (1971). *Semantics: An Interdisciplinary Reader in Philosophy, Linguistics and Psychology*. Cambridge: Cambridge University Press.

Steinitz, Renate (1969). *Adverbial-Syntax*. Berlin: Akademie-Verlag (= *studia grammatica* X).

Steinitz, Renate (1974). Nominale Proformen. In: Kallmeyer, W. et al. (eds.) (1974). *Lektürekolleg zur Textlinguistik, Bd. 2: Reader*. Fankfurt/M.: Athenäum Fischer Taschenb. Verl., 246–265.

Steinitz, Renate (1977). Zur Semantik und Syntax durativer, inchoativer und kausativer Verben. *Linguistische Studien. Reihe A. Arbeitsberichte*, 35:85-129.

Steube, Anita (1980). *Temporale Bedeutung im Deutschen*. Berlin: Akademie-Verlag (= *studia grammatica* XX).

Steube, Anita (1988). Zeitverlaufsstrukturen von Sätzen. In: Ehrich, V./ Vater, H. (eds.), 1988: 192-220.

Steube, Anita (1995). A model for temporal reference in texts. In: Geiger, Richard A. (ed.) (1995): 63-81.

Strawson, Peter F. (1950). On Referring. *Mind* 59: 320-344.

Strohner, Hans / Rickheit, Gert (1990). Kognitive, kommunikative und sprachliche Zusammenhänge: Eine systemtheoretische Konzeption linguistischer Kohärenz. *Linguistische Berichte* 125: 3-23.

Stroud, J. M. (1967). The fine structure of psychological time. In: Fischer, R. (ed.) (1967). *Interdisciplinary perspectives of time. Annals of the New York Academy of Sciences* 138, 623–631.

Strube, Gerhard (1993). Kognition. In: Görz, G. (ed.) (1993): 303-365.

Strube, Gerhard / Habel, Christopher / Hemforth, Barbara / Konieczny, Lars / Becker, Barbara (1993). Kognition. In: Görz, G. (ed.) (1993): 303–365.

Textor, Mark (ed.) (2004). *Neue Theorien der Referenz*. Paderborn: mentis.

Thieroff, Rolf (1992). *Das finite Verb im Deutschen. Tempus – Modus – Distanz*. Tübingen: Narr (= *Studien zur dt. Grammatik*).

Thieroff, Rolf (1994). Inherent Verb Categories and Categorizations in European Languages. In: Thieroff, R./ Ballweg, J. (eds.) (1994): 3-46.

Thieroff, Rolf (ed.) (1995). *Tense Systems in European Languages II*. Tübingen: Niemeyer (= *LA* 338).

Thieroff, Rolf / Ballweg, Joachim (eds.) (1994). *Tense Systems in European Languages*. Tübingen: Niemeyer (= *LA* 308).

Thrane, Torben (1980). *Referential-semantic analysis. Aspects of a theory of linguistic reference*. Cambridge: Cambridge University Press (= *Cambridge Studies in Linguistics* 28).

Tulving, E. (1972). Episodic and Semantic Memory. In: Tulving, E. / Donaldson, W. (eds.) (1972). *The Organization of Memory*. New York: Academic Press, 382-404.

Tulving, E. (1983). *Elements of Episodic Memory*. New York: Oxford Univ. Press.

Uhr, Heike (1993). *Das vergangenheitsbezogene Präsens im Deutschen*. Magister-Arbeit Univ. zu Köln.

Vater, Heinz (1963). *Das System der Artikelformen im gegenwärtigen Deutsch*. Tübingen: Niemeyer (1979^2 als *LA* 78).

Vater, Heinz (1965). Eigennamen und Gattungsbezeichnungen. *Muttersprache* 75: 207-213.

Vater, Heinz (1973). *Dänische Subjekt- und Objektsätze. Ein Beitrag zur generativen Dependenzgrammatik*. Tübingen: Niemeyer (= *LA* 3).

Vater, Heinz (1975). *Werden* als Modalverb. In: Calbert, J.P. / Vater, H. (1975), 71-148.

Vater, Heinz (1976). Wie-Sätze. In: Braunmüller, K./ Kürschner, W. (eds.) (1976). *Grammatik: Akten des 10. Linguist. Kolloquiums Tübingen 1975*. Bd. 2. Tübingen: Niemeyer (= *LA* 32), 209-222.

Vater, Heinz (1980). Modalverben und Sprechakte. In: Dyhr, M. / Hyldgaard-Jensen, K. / Olsen, L. (eds.) (1980). *Festschrift für Gunnar Bech. Zum 60. Geburtstag am 23.3.1980*. Kopenhagen: Stoutgaard Jenden, 291-308.

Vater, Heinz (1982). Der „unbestimmte Artikel“ als Quantor. In: Welte, W. (ed.) (1982). *Sprachtheorie und Angewandte Linguistik. Festschr. Alfr. Wollmann zum 60. Geburtstag*. Tbg.: Narr, 67-74.

Vater, Heinz (1983). Zum deutschen Tempussystem. In: Askedal, J.O. et al. (eds.), 201-214.
Vater, Heinz (1984). Determinantien und Quantoren im Deutschen. *Zeitschrift für Sprachwissenschaft* 3: 19-42.
Vater, Heinz (1986a). *Einführung in die Referenzsemantik*. Köln: Univ. Köln (= *KLAGE* 11).
Vater, Heinz (1986b). Zur NP-Struktur im Deutschen. In: Vater, H. (ed.) (1986): 123-145.
Vater, Heinz (1988). Mittelkonstruktionen im Englischen, Dänischen und Deutschen. In: Mrazovič / Teubert (1988): 398-417.
Vater, Heinz (1991a). Referenzrelationen in Texten. In: Brinker, K. (ed.) (1991). *Aspekte der Textlinguistik.* Hildesheim: Olms (= *Germanistische Linguistik* 106-107), 19-54.
Vater, Heinz (1991b). Determinantien in der DP. In: Olsen, S. / Fanselow, G. (eds.), 15-34.
Vater, Heinz (1992, 2001³). *Einführung in die Textlinguistik. Struktur, Thema und Referenz in Texten.* München: Finck (= *UTB* 1660).
Vater, Heinz (1993). Zu den Tempora des Deutschen. In: Darski, J./ Vetulani, Z. (eds.) (1993). *Sprache – Kommunikation – Informatik. Akten des 26. Ling. Kolloquiums, Poznan 1991*, Bd 2. Tübingen: Niemeyer (= LA 294), 685-694.
Vater, Heinz (1994). Prototypen in der semantischen Analyse. *Convivium. Germanist. Jahrbuch Polen 1994*. Bonn: DAAD, 195-209.
Vater, Heinz (1994, 2002⁴). *Einführung in die Sprachwissenschaft*. München: Fink (= *UTB* 1799).
Vater, Heinz (1994³). *Einführung in die Zeit-Linguistik*. Hürth: Gabel (= *KLAGE* 25).
Vater, Heinz (1995). The Tense System of Polish. In: Thieroff, R. (ed.) (1995): 153-165.
Vater, Heinz (1996). Textuelle Funktionen von Tempora. In: Harras, G. / Bierwisch, M. (eds.), 1996. *Wenn die Semantik arbeitet. Klaus Baumgärtner zum 65. Geburtstag*. Tübingen: Niemeyer, 237-255.
Vater, Heinz (1996³). *Einführung in die Raum-Linguistik*. Hürth: Gabel (= *KLAGE* 24).
Vater, Heinz (1997). Determination im Deutschen und Polnischen. In: Koniuszaniec, G. / Prokop, I. (eds.). *Festschrift für Andrzej Z. Bzdęga zum 70. Geburtstag (= Studia Germanica Posnaniensia XXII*), 215-229.
Vater, Heinz (1999). Wort und Begriff. Eine terminologische Klärung. In: Kątny, Andrzej (ed.) (1999). *Deutsch von innen und außen. Ulrich Engel zum siebzigsten Geburtstag*. Poznan: Wydawnictwo Naukowe UAM, 147–153.
Vater, Heinz (2000). „Pronominantien" – oder: Pronomina sind Determinantien. In: Thieroff, R. / Tamrat, M. / Fuhrhop, N. / Teuber, O. (eds.) (2000). *Deutsche Grammatik in Theorie und Praxis*. Tübingen: Niemeyer, 185–199.
Vater, Heinz (2002a). The magical number *one*. In: Scholz, S./ Klages, M./ Hantson, E./ Römer,U. (eds.). *Context & Cognition. Papers in Honour of Wolf-Dietrich Bald's 60th Birthday*. Mch.: Langenscheidt-Longman, 309–325.
Vater, Heinz (2002b). Präteritum und Perfekt im Deutschen. *Estudios Filológicos Alemanes* 1 (2002), 35-72.
Vater, Heinz (2002c). *Sein* + participle constructions in German. In: Kaufmann, Ingrid / Stiebels, Barbara (eds.). *More than Words. A Festschrift for Dieter Wunderlich*. Bln.: Akademie-Vl., 355–368.
Vater, Heinz (2003). Valency Potential and Valency Realization. In: Agel, V. / Eichinger, L. / Eroms, H.-W. / Hellwig, P. / Heringer, H. J. / Lobin, H. (eds.) (2003). *Dependenz und Valenz. Ein internat. Handb. der zeitgenöss. Forschung*. Berlin, N. York: de Gruyter, 794–802.
Vater, Heinz (ed.) (1986). *Zur Syntax der Determinantien.* Tübingen: Narr (= *SDG* 31).
Vendler, Zeno (1957). Verbs and Times. Philosophical Review 66:143-160. Wieder in Schopf, Alfred (ed.) (1974): 217-234.

Vendler, Zeno (1967). Facts and Events. In: Vendler, Z. (ed.) (1967). *Linguistics and Philosophy*. Ithaca, N.Y.: Cornell Univ. Press, 122–146.

Vergauwen, Roger (1993). *A Metalogical Theory of Reference. Realism and Essentialism in Semantics*. Lanham, New York, London: University Press of America.

Verkuyl, Henk J. (1972). *On the Compositional Nature of the Aspect*. Dordrecht: Reidel (= *Foundations of Language, Supplement Series* 15).

Viehweger, Dieter (1989). Coherence – Interaction of Moduls. In: Heydrich, W. et al. (1989). *Connexity and Coherence. Analysis of Text and Discourse*. Berlin, New York: de Gruyter, 256-274

Watzlawick, Paul (ed.) (1981, 1991[7]). *Die erfundene Wirklichkeit*. München, Zürich: Piper.

Weber, Hans (1945). *Das Tempussystem des Deutschen und des Französischen. Übersetzungs- und Strukturprobleme*. Bern: Franke.

Weinreich, Uriel (1966). Explorations in Semantic Theory. In: Sebeok, Thomas (ed.), Current *Trends in Linguistics* 3: 395-477.

Weinrich, Harald (1964, 1977[3]). *Tempus: Besprochene und erzählte Welt*. Stuttgart: Kohlhammer.

Weissenborn, Jürgen / Klein, Wolfgang (eds.) (1982). *Here and There. Cross-Linguistic Studies on Deixis and Demonstration*. Amsterdam, Philadelphia: Benjamin.

Wertheimer, Max (1923). Laws of Organization in Perceptual Forms. Reprinted in Ellis, W. (ed.) (1938). A Source Book of Gestalt Psychology. London: Routledge & Kegan, 71-88.

Wessells, Michael (1984). *Cognitive Psychology*. New York: Harper & Row. Deutschsprachige Ausg. *Kognitive Psychologie*. New York: Harper & Row (= *UTB für Wissenschaft, Große Reihe*).

Wettler, Manfred (1980). *Sprache, Gedächtnis, Verstehen*. Berlin / New York: de Gruyter.

Wettstein, Howard (1981): Demonstrative Reference and Definite Descriptions. *Philosophical Studies* 40: 241-257.

Whitrow, G. J. (1988). *Time in History*. Oxford: Oxf. Un. Press. Dt. Übs. v. D. Gerstner 1991. *Die Erfindung der Zeit*. Hbg.: Junius.

Whorf, Benjamin Lee vgl. Carrol, John (ed.) (1956).

Wiese, Richard (1983). *Psycholinguistische Aspekte der Sprachproduktion. Sprechverhalten und Verbalisierungsprozesse*. Hamburg: Buske.

Wiese, Richard (1987). Versprecher als Fenster zur Sprachstruktur. *Studium Linguistik* 21: 45-55.

Williams, Edward (1980). Predication. *Linguistic Inquiry* 11: 203-238.

Wimmer, Rainer (1979). *Referenzsemantik*. Tübingen: Niemeyer (= RGL 19).

Winograd, Terry (1973). A Procedural Model of Language Understanding. In: Schank / Colby (eds.) (1973): 152–186. Dt. Übersetzg. (1977): Ein prozedurales Modell des Sprachverstehens. In: Eisenberg, P. (ed.) (1977): 142-179.

Winograd, Terry (1980). What does it Mean to Understand a Language? *Cognitive Science* 4: 209-241.

Winograd, Terry (1983). *Language as a Cognitive Process*. Vol. 1: *Syntax*. Reading, Mass.: Addison-Wesley.

Wittgenstein, Ludwig (1967). *Philosophische Untersuchungen*. Frankfurt a.M.: Suhrkamp.

Wolf, Werner (1975). Zur Semantik und Pragmatik des Futurs im heutigen Deutsch. *Deutsche Sprache* 1: 59-85.

Wright, S. / Givón, Talmy (1987). The pragmatics of indefinite reference. Quantified text-based studies. *Studies in Language* 11: 1–33.

Wunderlich, Dieter (1970). *Tempus und Zeitreferenz im Deutschen*. München: Hueber (= *Linguistische Reihe* 5).

Wunderlich, Dieter (1974). *Grundlagen der Linguistik*. Reinbek: Rowohlt.

Wunderlich, Dieter (1976). *Studien zur Sprechakttheorie*. Frankfurt a.M.: Suhrkamp (= *stw* 172).

Wunderlich, Dieter (1982). Sprache und Raum. *Studium Linguistik* 12: 1-19; 13: 37-59.

Wunderlich, Dieter (1993). Diathesen. In: Jacobs, J. et al. (1993) : 730-747.

Wunderlich, Dieter / Herweg, Michael (1991). Lokale und Direktionale. In: Stechow, A. v. / Wunderlich, D. (eds.) (1991): 758-785.

Wunderlich, Dieter (ed.) (1972). *Linguistische Pragmatik*. Frankfurt/M.: Athenäum.

Wygotski, Lew S. (1934, dt. 1964). *Denken und Sprechen*. Aus dem Russ. übers. v. G. Sewekow. Berlin: Akademie-Verlag.

Zifonun, Gisela (1992). Das Passiv im Deutschen: Agenten, Blockaden und (De-)Gradierungen. In: Hoffmann, L.(ed.) (1992): 250-275.

Quellenangaben

Aberle, Gerhard. *Stehkneipen. Gespräche an der Theke*. Frankfurt a. M. (1971): Fischer (= *Fischer-Tb*. 1194).

Busch, Wilhelm. Julchen. *Gesammelte Werke in sechs Bänden*; hg. und eingel. von H. Werner. Stuttgart (o. J.): Fackel-Verlag, Bd. 4: 169–234.

Die Bibel nach der Übersetzung Martin Luthers. Stuttgart (1984): Deutsche Bibelgesellschaft.

Eco, Umberto. *Der Name der Rose* (dt. Übers. von *Il nome della rose)*. München (1982): Hanser.

Goethe, Johann Wolfgang von. Faust I. In: *Goethes Werke. Hamburger Ausgabe*. hg. v. Erich Trunz, Bd. 3. München (1999, 16. Aufl.): Beck.

Goethe, Johann Wolfgang von. Wilhelm Meisters Lehrjahre. In: *Goethes Werke. Hamburger Ausgabe*, hg. v. E. Trunz, Bd. 7. München (1999, 16. Aufl.): Beck.

Grundgesetz für die Bundesrepublik Deutschland. 23.5.1949; zuletzt geändert durch Änderungsgesetz vom 26.7.2002. Veröffentlicht im *Bundesgesetzblatt* (*BGBl*).

Kölner Stadtanzeiger (*KStA*). *Kölnische Zeitung*. Köln: DuMont Schauberg.

Kunze, Horst (ed.). *Dunkel war's, der Mond schien helle*. München (1943): Heimeran.

Lichtenstein, Alfred. *Die Dämmerung*. In: Pinthus, Kurt (ed.). *Menschheitsdämmerung. Ein Dokument des Expressionismus*. Hamburg (1986^3): Rowohlt (= *Reclams Universalbibl*. Bd. 404), 57–58.

Mann, Thomas. *Der Zauberberg*, Berlin (1925): S. Fischer.

Mann, Thomas. Tonio Kröger. In: Thomas Mann. *Sämtliche Erzählungen*. Frankfurt/M. (1963): Fischer, 213–266.

Mann, Thomas. Der Tod in Venedig. In: Mendelssohn, P. von (ed.). Thomas Mann. *Gesammelte Werke in Einzelbänden*. Frankfurter Ausgabe, Bd. 5. *Frühe Erzählungen*. Frankfurt/M. (1981): Fischer, 559–641; Ausschnitt S. 641.

Morgenstern, Christian. *Gedichte – Verse – Sprüche*. Genf (1994): Lechner.

Platon. Kratylos. In: *Werke in acht Bänden, griechisch und deutsch* (bearb. von D. Kurz). Darmstadt (1990, 3. Aufl.): Wissenschaftl. Buchgesellschaft. Bd. 3: 395–575).

Pongs, Hermann. *Das kleine Lexikon der Weltliteratur*. Stuttgart, Zürich, Salzburg (o. J.): Europäischer Buchklub.

Röhrich, Lutz. *Der Witz. Seine Formen und Funktionen. Mit tausend Beispielen in Wort und Bild*. München (1980): Deutscher Taschenbuch Verlag.

Roth, Joseph. *Radetzkymarsch*. Berlin (1979): Aufbau-Verlag.

Schmoll, Jeannette. *Der Fuß in der Prosodischen Phonologie*. Hausarbeit im Fach Germanistik, Univ. zu Köln (1998).

Stein, Gertrude. The Soft Lena. In: *Three Lives*. (1909). Dt. Übs. Die sanfte Lena. In: *Drei Leben. Erzählungen*. Zürich (1988^2): Die Arche, 269-317 (Ausschnitt S. 288-291).

Stötzel, G. / Wengeler, M.. *Kontroverse Begriffe: Geschichte des öffentlichen Sprachgebrauchs in der Bundesrepublik Deutschland*. Berlin, New York (1995): de Gruyter.

Stramm, August. Wunder. In: Pinthus, Kurt (ed.). *Menschheitsdämmerung. Ein Dokument des Expressionismus*. Hamburg (1986^3): Rowohlt (= *Reclams Universalbibl*. Bd. 404), 153-154.

Tai chi chuan – der authentische Yang-Stil. Köln (1996): ITCCA-Schule (Leiter: A. Heyden).

Verwendete Abkürzungen

CUP	Cambridge University Press
DLRV	*Documentation et Recherche en Linguistique Allemande, Vincennes*
KLAGE	*Kölner Linguistische Arbeiten, Germanistik*
KStA	*Kölner Stadtanzeiger*
LA	*Linguistische Arbeiten*
LB	*Linguistische Berichte*
LGL	*Lexikon der germanistischen Linguistik*
RGL	*Reihe Germanistische Linguistik*
SDG	*Studien zur deutschen Grammatik*
stw	*Suhrkamp Taschenbücher Wissenschaft*
TBL	*Tübinger Beiträge zur Linguistik*
ZS	*Zeitschrift für Sprachwissenschaft*

Sachregister